MICHAEL HOPPE

Die klassische und neoklassische Theorie der Genossenschaften

Volkswirtschaftliche Schriften

Herausgegeben von Dr. J. Broermann, Berlin

Heft 241

Die klassische und neoklassische Theorie der Genossenschaften

Ein Beitrag zur Dogmengeschichte und zur neueren Genossenschaftstheorie

Von

Dr. Michael Hoppe

DUNCKER & HUMBLOT / BERLIN

Gedruckt 1976 bei Buchdruckerei A. Sayffaerth - E. L. Krohn, Berlin 61
Printed in Germany

ISBN 3 428 03501 1

Vorwort

Wer sich als Ökonom bemüht, sich jene wissenschaftliche Disziplin zu erschließen, die als „Genossenschaftswesen" bezeichnet wird, gewinnt sehr schnell den Eindruck, daß Volkswirtschaftslehre und Genossenschaftswesen nur durch eine ganz schmale Brücke miteinander verbunden sind: die neuere volkswirtschaftliche Standardliteratur enthält oft nicht einmal Hinweise auf den genossenschaftlichen Sektor der Volkswirtschaft, Grundzüge einer Theorie der Genossenschaften entstehen — vertraut man der neueren Literatur über Genossenschaften — erst nach dem Zweiten Weltkrieg, das Genossenschaftswesen erscheint — ob man von den dort behandelten Fragestellungen, den Forschungsmethoden oder der Zahl der in diesem Gebiet arbeitenden Wissenschaftler ausgeht — als ein eigenartiges Sondergebiet, zumal nahezu alle volkswirtschaftlich orientierten Arbeiten zum Genossenschaftswesen beklagen, daß die Genossenschaften in der Volkswirtschaftslehre nicht oder nicht genügend beachtet worden seien.

Michael Hoppe beweist in der vorliegenden Arbeit, daß der These von der Vernachlässigung der Analyse genossenschaftlicher Probleme in der Volkswirtschaftslehre jede Grundlage fehlt. Seine Arbeit fördert nach Umfang und Qualität beachtliche Beiträge zu den Genossenschaften und ihren Problemen von solchen Ökonomen zutage, deren Namen in einer Liste der verdienstvollsten, scharfsinnigsten und als Theoretiker allgemein anerkannten Ökonomen nicht fehlen würde: J. St. Mill, J. E. Cairnes, L. Walras, V. Pareto, E. Barone, A. Marshall und A. C. Pigou haben sich nicht nur beiläufig, sondern grundsätzlich, systematisch und an zentaler Stelle ihrer Werke mit Genossenschaftsproblemen befaßt. Es ist schwer zu erklären, daß und warum die in dieser Arbeit mit großer Sorgfalt systematisch dargestellten und interpretierten Beiträge großer Ökonomen in der Genossenschaftsliteratur bis heute ignoriert wurden. Die Arbeit zeigt nicht nur, daß die Theorie der Genossenschaften nicht traditionslos ist, sondern auch, daß sie lange Zeit Teil der ökonomischen Theorie war. Vielleicht regt sie auch — entsprechend den Intentionen von E. Böttcher und E. Dülfer — dazu an, das Genossenschaftswesen als wissenschaftliche Disziplin nicht länger als eigenartiges, isoliertes Sondergebiet mit eigener Betrachtungsweise und eigenen Methoden erscheinen zu lassen, sondern als angewandte Wirtschaftswissenschaft.

Heinz Lampert

Die vorliegende Untersuchung wurde während meiner Assistentenzeit bei Prof. Dr. Lampert am Seminar für Genossenschaftswesen der Universität zu Köln angefertigt und am 29. Januar 1975 von der Wirtschafts- und Sozialwissenschaftlichen Fakultät als Dissertation angenommen.

Herrn Prof. Dr. Lampert, Direktor des Seminars für Genossenschaftswesen bis zu seinem Weggang von der Universität zu Köln im Herbst 1973, gebührt mein herzlicher Dank für die Anregung dieser Arbeit, für kritische Durchsichten und eine Fülle wertvoller Ratschläge. Herrn Prof. Dr. Engelhardt, Dozent und kommissarischer Direktor des Seminars für Genossenschaftswesen, danke ich für die Übernahme des Korreferats und seine besondere Aufgeschlossenheit gegenüber „meinen" dogmengeschichtlichen Problemen. Meine Kollegen des Seminars für Sozialpolitik der Universität zu Köln, Herr Akad. Oberrat Dr. Kleinhenz und Herr Dr. Weger haben das Entstehen dieser Arbeit nicht nur durch ungezählte klärende Diskussionen, sondern auch durch eine freundschaftliche Arbeitsatmosphäre gefördert. Frau Strey danke ich für geduldige technische Hilfe.

Michael Hoppe

Inhaltsverzeichnis

Einleitung

Anlaß, Zielsetzung und Methode der dogmengeschichtlichen Erschließung vernachlässigter genossenschaftswissenschaftlicher Beiträge aus bedeutenden Epochen der Volkswirtschaftslehre

Erstes Kapitel

Die Behandlung der Genossenschaften in der ausgehenden Klassik in England bei J. St. Mill, Cairnes und Fawcett

Zweites Kapitel

Die wirtschaftspolitische und wirtschaftstheoretische Interpretation der Genossenschaften in der französisch-italienischen Neoklassik bei Léon Walras, Pareto, Pantaleoni, Barone und Gobbi

Drittes Kapitel

Die Behandlung der Genossenschaften in der englischen Neoklassik bei Marshall und Pigou

Schluß

Einleitung

Anlaß, Zielsetzung und Methode der dogmengeschichtlichen Erschließung vernachlässigter genossenschaftswissenschaftlicher Beiträge aus bedeutenden Epochen der Volkswirtschaftslehre

A. Ausgangspunkt und Zielsetzung

Seit Beginn des 20. Jahrhunderts enthalten nahezu alle volkswirtschaftlich orientierten Beiträge der Genossenschaftsliteratur den Hinweis, daß die Genossenschaften in der Volkswirtschaftslehre nicht oder nur ungenügend beachtet worden seien.

Diese Aussage scheint mit Wygodzinski (1911), Sassen (1914), Liefmann (1927), Emelianoff (1948), Ohm (1955) und Eschenburg (1971) zu einer festen Überlieferung der Genossenschaftsliteratur geworden zu sein[1]. Dogmengeschichtliche Beiträge in der Genossenschaftsliteratur[2] beziehen sich zumeist auf die spezifisch genossenschaftliche Ideengeschichte ohne eine Verbindung zur allgemeinen wirtschaftswissenschaftlichen Dogmengeschichte, forschen unter zu engen Aspekten, z. B. der Wesensanalyse, ignorieren ausländische Beiträge oder enthalten nur vordergründige Einzeldarstellungen der Genossenschaftsauffassungen bestimmter Autoren ohne die Erfassung ihrer volkswirtschaftstheoretischen Grundzusammenhänge.

Eine systematische und vergleichende Analyse der Behandlung der Genossenschaften in den bedeutendsten Epochen der Volkswirtschaftslehre fehlt vollständig.

---

[1] Vgl. dazu *W. Wygodzinski*, Das Genossenschaftswesen in Deutschland, Leipzig 1911, S. III; *J. L. Sassen*, Die Entwicklung der Genossenschaftstheorie im Zeitalter des Kapitalismus, München 1914, S. 2; *I. V. Emelianoff*, Economic Theory of Cooperation, Washington 1948, S. 31 f.; *H. Ohm*, Die Genossenschaft und ihre Preispolitik, Karlsruhe 1955, S. 2; *R. Eschenburg*, Ökonomische Theorie der genossenschaftlichen Zusammenarbeit, Tübingen 1971, S. 1.

[2] Vgl. *J. L. Sassen*; *O. Beck*, Die Genossenschaft als Objekt der wirtschaftswissenschaftlichen Theorie, Diss. Münster 1960; *M. Boson*, La pensée sociale et coopérative de Léon Walras, Paris 1963; *L. Dal Pane*, Die Genossenschaftsbewegung und die italienische Wirtschaftswissenschaft, in: Annalen der Gemeinwirtschaft, Bd. 36, Lüttich 1967, S. 145 ff.; *Y. D. Devadhar*, Alfred Marshall über das Genossenschaftswesen, in: Annalen der Gemeinwirtschaft, Bd. 41, Lüttich 1972, Heft 1, S. 19 ff.

Der liberalen Nationalökonomie wurde eine Vernachlässigung der Genossenschaften als wissenschaftliches Forschungsobjekt schon sehr früh unterstellt und die unterstellte Vernachlässigung als eine Ablehnung der Genossenschaften ausgegeben, die aus dem Mißtrauen gegenüber jeglicher Koalitionserscheinung in der Marktwirtschaft resultiere und den Genossenschaften nur wenig Wirkungsmöglichkeiten in einer auf wirtschaftliche Randbereiche beschränkten „Aschenputtelrolle" zugestehen wolle[3]. Überprüft man die in der Genossenschaftsliteratur herrschenden dogmengeschichtlichen Eindrücke jedoch eingehender anhand der volkswirtschaftlichen Originalliteratur, z. B. anhand der Werke von J. St. Mill, Cairnes, Pareto, Marshall oder Pigou, so ergibt sich ein ganz anderes Bild, welches eine systematische Untersuchung der Hauptwerke der Klassiker und Neoklassiker des älteren ökonomischen Liberalismus auf Beiträge zum Genossenschaftswesen hin überfällig erscheinen läßt.

Schon die vorläufigen Ergebnisse einer solchen Überprüfung gaben dem Verfasser Anlaß zu der Vermutung, daß Emelianoff, dessen „Economic Theory of Cooperation" die Entwicklung der modernen ökonomischen Genossenschaftstheorie nach dem Zweiten Weltkrieg eingeleitet hat, mit der Behauptung, die Genossenschaften seien in der nationalökonomischen Theorie nahezu unbeachtet geblieben, nicht nur unter dogmengeschichtlichem Aspekt irreführend gewirkt, sondern auch wichtige Quellen für eine auf dem Vorhandenen aufbauende, kontinuierliche Weiterentwicklung der ökonomischen Genossenschaftstheorie für seine Nachfolger[4] Phillips und Ohm sowie auch für Eschenburg[5] zugeschüttet hat. Die inhaltlich unvollständige und methodisch inadäquate Literaturanalyse Emelianoffs dürfte entscheidend dazu beigetragen haben, daß der Eindruck einer weitestgehenden Geschichtslosigkeit der wirtschaftswissenschaftlichen Genossenschaftstheorie — gleichsam einer Stunde Null des notwendigen Beginns von Anfang an —

---

[3] Vgl. *Ch. Gide*, Has Co-operation introduced a new Principle into Economics?, in: Economic Journal, Bd. VIII, London 1898, S. 492; derselbe, Le Programme Coopératiste et l'Economie politique libérale, Paris 1923/24, S. 21 ff.

[4] Zur Anknüpfung der Genossenschaftstheorie von *H. Ohm* (Die Genossenschaft und ihre Preispolitik) sowie von *R. Phillips* (Economic Nature of the Cooperative Association, Diss. Ames, Iowa, 1952) an die Arbeit von *Emelianoff* vgl. den Aufsatz von *H. Ohm*, Stand und neuere Entwicklung der Genossenschaftstheorie in den USA, in: Zeitschrift für das gesamte Genossenschaftswesen, Bd. 5, Göttingen 1955, S. 102 ff.

[5] Zu den Berührungspunkten der Beiträge von *Ohm* und *Phillips* mit der in Münster entwickelten ökonomischen Kooperationstheorie und ihren Hauptbeiträgen von *R. Eschenburg* (Ökonomische Theorie der genossenschaftlichen Zusammenarbeit) und *W. Benecke* (Kooperation und Wachstum in Entwicklungsländern, Tübingen 1972) vgl. *E. Boettcher*, Genossenschaften — Demokratie und Wettbewerb, in: Zeitschrift für das gesamte Genossenschaftswesen, Bd. 22, Göttingen 1972, S. 107 ff.

entstehen konnte. Die für die Entwicklung wissenschaftlicher Disziplinen förderlichen Möglichkeiten der dogmengeschichtlichen Rückbesinnung, des Aufbaues auf oder der Auseinandersetzung mit den vorhandenen theoretischen Ansätzen blieben auf diese Weise nahezu ungenutzt.

Obwohl Emelianoff einen vollständigen Überblick über die volkswirtschaftliche Behandlung der Genossenschaften anstrebt, bezieht er Mill nur in wenigen Sätzen ein, Fawcett, Cairnes, Walras, Pareto, Barone, Marshall und Pigou werden überhaupt nicht erwähnt.

Die immer noch bestehende Abschirmung der Genossenschaftswissenschaft gegenüber relevanten Ansätzen in der älteren allgemeinen Volkswirtschaftslehre wird augenfällig, wenn z. B. von der Kooperationsforschung Münsteraner Prägung der Anspruch vertreten wird, die Möglichkeit der Diffusion des technischen Fortschritts vom genossenschaftlichen Organbetrieb in die Mitgliederbetriebe sei dort erstmals herausgearbeitet worden[6], obwohl Marshall und Pigou Probleme der Innovation durch Kooperation bereits seit 1923 ausführlich behandelt und damit einen sehr lange ungenutzt gebliebenen Boden genossenschaftswissenschaftlicher Forschung bereitet haben. Ähnliches gilt für M. Neumann, wenn er versucht, die konstitutive Rolle der Solidarität für die ökonomische Funktionsfähigkeit der Kooperation, die bei den „älteren" Autoren Henzler und Draheim zwar impliziert sei, aber undeutlich anmute, wissenschaftlich klarer zu bestimmen[7], obwohl Pareto dazu schon im vorigen Jahrhundert durch die Anwendung seiner Theorie der Verhaltensstruktur von „Residuen" und „Derivationen" auf die ökonomische Rolle der Genossenschaftsideologie eine sehr bemerkenswerte Lösung angeboten hat.

Eine weitere Aufzählung von Beispielen über Doppelarbeit in der genossenschaftswissenschaftlichen Forschung, die auf unzureichender dogmengeschichtlicher Erschließung beruht, erscheint müßig, da dies nicht der Gegenstand, sondern nur der Anlaß der vorliegenden Literaturanalyse ist und in dieser Arbeit überdies nicht die genaue Festlegung der zeitlichen Priorität von wissenschaftlichen Ansätzen, sondern deren Erschließung überhaupt interessiert. Die fortdauernde Tendenz der Genossenschaftsforschung, die relevanten Beiträge in der allgemeinen nationalökonomischen, nicht primär genossenschaftlich orientierten Literatur sowohl bei Arbeiten zur Dogmengeschichte als auch bei der aktuellen Weiterentwicklung der ökonomischen Genossen-

---

[6] Vgl. *E. Boettcher,* Genossenschaften — Demokratie und Wettbewerb, S. 112.

[7] Vgl. *M. Neumann,* Konflikt- oder Harmonietheorie der Genossenschaften, in: Zeitschrift für das gesamte Genossenschaftswesen, Bd. 23, Göttingen 1973, S. 46 ff.

schaftstheorie zu vernachlässigen, bildet den Ausgangspunkt für die Zielsetzung der vorliegenden Untersuchung.

Die dieser Arbeit zugrunde liegende Auffassung, daß die ökonomische Genossenschaftstheorie nicht als eigenartiges, isoliertes Sondergebiet für Genossenschaftsanhänger zu sehen ist, sondern, da sie keine spezifisch eigene Betrachtungsweise hat, aus der Anwendung allgemeiner wirtschaftswissenschaftlicher Theorien auf das Phänomen der Genossenschaft besteht, dürfte sich in neuerer Zeit mit den bereits aufgeführten genossenschaftswissenschaftlichen Arbeiten von Emelianoff, Phillips, Ohm, Eschenburg, Benecke und Neumann sowie mit dem Beitrag von Lampert[8] durchgesetzt haben.

Um so notwendiger erscheint daher der Versuch, die von Anfang an vernachlässigten und im Laufe der Zeit vollständig verschütteten Grundansätze zur wirtschaftswissenschaftlichen Behandlung der Genossenschaften in den bedeutenden Lehrsystemen der älteren allgemeinen Nationalökonomie aus der Vergessenheit zu befreien und sie in möglichst systematischem Zusammenhang und entsprechend dem Stand der allgemeinen volkswirtschaftlichen Dogmengeschichte zu präsentieren. Ist auch ein großer Teil des darzustellenden Materials eng mit wissenschaftlichen Anschauungen verbunden, die aus solchen drängenden zeitgenössischen wirtschaftlich-sozialen Problemen entstanden sind, die heute zumindest für entwickelte Länder als überwunden gelten, so kann dennoch neben der Suche nach dogmenhistorischen Erkenntnissen ebenso die Suche nach Anknüpfungspunkten der heutigen Forschung befruchtet werden, wenn man der Ansicht Schumpeters folgt: „Der Wirtschaftswissenschaftler, der den historischen Werdegang seiner Disziplin verfolgt, empfängt in der Regel mehr neue Antriebe, Anregungen und wertvolle, wenn auch befremdende Lehren, als der Naturwissenschaftler, der sich gemeinhin darauf verlassen kann, daß von dem Werk seiner Vorgänger so gut wie nichts Lohnendes verlorengegangen ist[9]."

B. Abgrenzung und Aufbau der Literaturanalyse

Die aus der Zielsetzung notwendige Abgrenzung des Untersuchungsbereichs erfolgt von verschiedenen Gesichtspunkten her. Allgemein geht es darum, unbeachtet gebliebene und vergessene Beiträge wieder ans Licht und „zum Sprechen" zu bringen. Die Ansicht des Verfassers, daß

[8] Vgl. *H. Lampert*, Zur Zielfunktion von Genossenschaften in der wachsenden Wirtschaft, in: Zeitschrift für das gesamte Genossenschaftswesen, Bd. 22, Göttingen 1972, S. 341 ff.

[9] *J. Schumpeter*, Geschichte der ökonomischen Analyse, 2 Bde., Göttingen 1965, 1. Bd., S. 35.

die Genossenschaftstheorie als angewandtes Gebiet der allgemeinen Wirtschaftstheorie aufzufassen ist, bestimmt die weitere Auswahl aus der unübersehbaren Fülle älterer genossenschaftswissenschaftlich relevanter Schriften. Um einen Anschluß der genossenschaftswissenschaftlichen Dogmengeschichte an die allgemeine wirtschaftswissenschaftliche Dogmengeschichte herzustellen, erscheint es fruchtbar, die Auswahl des zu behandelnden Stoffs an bedeutenden Schulen oder Epochen der Wirtschaftswissenschaft zu orientieren, damit die Zusammenhänge der allgemeinen Theorien mit den angewandten genossenschaftstheoretischen Ansätzen möglichst deutlich werden.

Während die Stellung der Genossenschaften im Frühsozialismus, z. B. bei Fourier, Owen und Blanc sowie im wissenschaftlichen Sozialismus bei Lassalle und Marx Gegenstand ausführlicher Analysen geworden[10] und in Standardwerke der Dogmengeschichte eingegangen ist[11], findet die Behandlung der Genossenschaften im ökonomischen Liberalismus der Klassik und Neoklassik — selbst unter Berücksichtigung des unterschiedlichen Stellenwerts der Genossenschaften in den beiden Grundrichtungen der älteren Ökonomie — eine unverhältnismäßig geringe Beachtung. Das Ziel, zur Ausfüllung dieser Lücke beizutragen, bestimmt den Objektbereich der vorliegenden Arbeit: Die Behandlung der Genossenschaften in der Volkswirtschaftslehre der englischen Klassik sowie der französisch-italienischen und der englischen Neoklassik.

Die regelmäßige Behandlung der modernen Genossenschaften in der politischen Ökonomie der englischen Klassik setzte um die Mitte des 19. Jahrhunderts ein. Der Spätklassiker John Stuart Mill dürfte der erste gewesen sein, der das Genossenschaftswesen sowohl als gegebene Realität als auch als Entwicklungsperspektive in seine volkswirtschaftstheoretische und -politische Lehre einbezogen hat. Bei Mill setzt daher die Untersuchung den Anfangspunkt. Die Ansätze Mills wurden von

---

10 Vgl. *J. L. Sassen; G. Mladenatz*, Histoire des Doctrines Coopératives, Paris 1933; *P. Lambert*, La Doctrine Coopérative, 2. Aufl., Paris 1959. Speziell zur Owen-Forschung vgl. *W. W. Engelhardt*, Robert Owen und die sozialen Reformbestrebungen seit Beginn der Industrialisierung, Bonn 1972 und die dort angegebene Literatur; derselbe, Robert Owen als früher freiheitlicher Sozialist, in: *H. Flohr, K. Lompe, L. Neumann* (Hrsg.), Freiheitlicher Sozialismus, Festschrift zum 75. Geburtstag von G. Weisser, Bonn—Bad Godesberg 1973, S. 3 ff,; speziell zu Karl Marx' Genossenschaftsauffassungen siehe *E. Boettcher*, Kommunistische Genossenschaftspolitik, in: Betriebswirtschaftliche Strukturfragen, hrsg. v. *K. Alewell*, Wiesbaden 1967, S. 55 ff.; *J. Gans*, Karl Marx et la Coopération, in: Revue d'Etudes Coopératives, Bd. 47, Paris 1968, S. 97 ff.

11 Vgl. die Abhandlungen bei *Ch. Gide, Ch. Rist*, Geschichte der volkswirtschaftlichen Lehrmeinungen, 3. Aufl., Jena 1923, insbes. S. 251 ff. sowie bei *J. Schumpeter*, Geschichte der ökonomischen Analyse, 1. Bd., S. 561 ff. und *G. Stavenhagen*, Geschichte der Wirtschaftstheorie, 3. Aufl., Göttingen 1964, S. 132 ff.

seinen Schülern John Elliot Cairnes und Henry Fawcett aufgegriffen, erweitert und in einer Vielzahl von Aspekten auf die Beurteilung der Genossenschaften in der Praxis angewendet. Die Behandlung der Genossenschaften durch die genannten drei Autoren auf der Basis des Normensystems und der ökonomisch-theoretischen Lehrsätze der englischen Spätklassik ist der Gegenstand des ersten Kapitels dieser Arbeit.

Das zweite Kapitel, das sich mit der Behandlung der Genossenschaften in der französisch-italienischen Neoklassik bei Léon Walras, Vilfredo Pareto, Maffeo Pantaleoni, Enrico Barone und Ulisse Gobbi beschäftigt, bietet ein kontrastreiches Bild und ermöglicht aufschlußreiche Vergleiche, da wesentliche Unterschiede und zusätzliche Aspekte nicht nur aus den theoretisch-analytischen Fortschritten der Neoklassik gegenüber der Klassik, sondern auch aus einem sehr verschiedenen Grundansatz zur Behandlung der Genossenschaften resultieren.

Die Genossenschaftslehre der englischen Neoklassik bei Alfred Marshall und Arthur Cecil Pigou wird im dritten Kapitel behandelt. Diese Beiträge setzen sich wiederum stark von denen der französisch-italienischen Autoren ab, bauen auf den Ansätzen der englischen Spätklassiker auf, erreichen jedoch eine Erweiterung und analytisch exaktere Fundierung durch neue theoretische Konzepte, wie z. B. in den „Economics of Welfare“ bei Pigou. Der Beitrag Pigous ist der letzte in volkswirtschaftlichen Standardwerken der Neoklassik, bevor die oben genannte Entwicklung der modernen ökonomischen Genossenschaftstheorie durch Emelianoff eingeleitet wurde. Er bildet daher den Endpunkt der Untersuchung.

Bei der Frage der Einordnung des Untersuchungsmaterials der jeweiligen Kapitel in eine möglichst klare Systematik ergeben sich zunächst verschiedene grundsätzliche Möglichkeiten, z. B. eine rein chronologische, eine rein aspektbezogene oder eine Ordnung nach der Methode der Beiträge. Ein Vorgehen streng nur nach einer dieser Möglichkeiten kommt aber nicht in Betracht, da dies zu Wiederholungen, Überschneidungen und Unübersichtlichkeit führen würde. Die Systematik der Darstellung wird daher primär aspektbezogen aufgebaut, die Einzelbeiträge zu den jeweiligen Aspekten sollen — nach dem jeweiligen Autor gekennzeichnet — soweit wie möglich in chronologischer Reihenfolge geordnet werden.

Die in den drei Hauptteilen der Arbeit behandelten Autorengruppen werden — abgesehen von ihren zur Interpretation heranzuziehenden, nicht spezifisch genossenschaftswissenschaftlichen Beiträgen — hauptsächlich anhand der folgenden Schriften[12] analysiert:

---

12 Bei der Auswahl der zugrundezulegenden Ausgaben der Schriften der hier behandelten Autoren wurde wie folgt verfahren: Grundsätzlich wurden

Die Behandlung der Genossenschaften bei den englischen Spätklassikern

Mill, J. St.: Grundsätze der politischen Ökonomie mit einigen ihrer Anwendungen auf die Sozialphilosophie, 7. Aufl. 1871, übersetzt von H. Gehrig, 2 Bde., Jena 1924

— Closing Speech on the Co-operative System, o. J., abgedruckt unter dem unrichtigen Titel[13]: Further reply to the debate on Population, in: Archiv für Sozialwissenschaft und Sozialpolitik, 62. Bd., Tübingen 1929, S. 225 - 239 und S. 466 - 467

Cairnes, J. E.: Co-operation in the Slate Quarries of North Wales, in: derselbe, Essays in Political Economy, London 1873, Neudruck New York 1965, S. 166 ff.

— Some Leading Principles of Political Economy — Newly Expounded, London 1874

Fawcett, H.: Manual of Political Economy, 8. Aufl., London 1907

Die Behandlung der Genossenschaften in der französisch-italienischen Neoklassik

Walras, L.: Les Associations populaires de consommation, de production et de crédit, Paris 1865, Neudruck Rom 1969

— Etudes d'économie sociale, Lausanne—Paris 1896

— Etudes d'économie politique appliquée, Lausanne—Paris 1898

Pareto, V.: Cours d'économie politique, 2 Bde., Lausanne 1896/97

— Lettre d'Italie: Les sociétés coopératives, in: G. Busino (Hrsg.), Oeuvres complètes de V. Pareto, Bd. IV, Libre-Echangisme, Protectionnisme et Socialisme, Genf 1965, S. 126 ff.

— Lettre a Maffeo Pantaleoni, 1890 - 1923, 2 Bde., besorgt von G. de Rosa, Rom 1960

— Les systèmes socialistes, 2 Bde., 2. Aufl., Paris 1926

Pantaleoni, M.: Principii di Economia Pura, Florenz 1889, Neudruck Mailand 1931

— Esame critico dei principii theorici della cooperazione, in: Giornale degli Economisti, Rom 1898, S. 202 - 220, S. 308 - 323, S. 404 - 421

Gobbi, U.: Trattato di economia, 2 Bde., 2. Aufl., Mailand 1924

---

nur die fremdsprachigen Originaltexte zugrunde gelegt, Ausnahmen wurden lediglich in drei Fällen gemacht: Bei J. St. Mills „Principles" wurde die in Deutschland verbreitete und zumeist verwendete Übersetzung von Gehrig herangezogen, die Übereinstimmung der Übersetzung mit dem englischen Original wurde bei allen zitierten Stellen vom Verfasser überprüft. Bei Barones Hauptwerk wurde die in Deutschland verbreitete Übersetzung von H. Staehle verwendet, da die Originalschrift dem Verfasser nicht erreichbar war. Auch die in der Aufstellung zuletzt genannte deutschsprachige Kurzfassung der Wohlfahrtstheorie Pigous konnte im englischen Originaltext nicht aufgefunden werden.

[13] Die Richtigstellung ist übernommen von: *J. M. Robson*, The Improvement of Mankind, The Social and Political Thought of John Stuart Mill, London 1968, S. 278.

Die Behandlung der Genossenschaften in der englischen Neoklassik

Barone, E.: Grundzüge der theoretischen Nationalökonomie, übersetzt von H. Staehle, Bonn 1927

Marshall, A.: The Future of the Working Classes (1873), in: A. C. Pigou (Hrsg.), Memorials of Alfred Marshall, London 1925, S. 101 ff.

— Co-operation, Presidential address to the Cooperative Congress, 1889, in: A. C. Pigou (Hrsg.), Memorials of Alfred Marshall, S. 227 ff.

— Principles of Economics, 1. Bd.: Text und 2. Bd.: Anmerkungen, hrsg. nach der 8. Aufl., London 1920, von C. W. Guillebaud, London 1961

— Economics of Industry, 3. Aufl. 1899, Neudruck London 1949

— Industry and Trade, London 1923

Pigou, A. C.: The Economics of Welfare, 4. Aufl. 1932, Neudruck London 1952

— Volkswirtschaftlicher und privatwirtschaftlicher Reinertrag und die Lehre von der Maximalbefriedigung, in: H. Mayer (Hrsg.), Die Wirtschaftstheorie der Gegenwart, 3. Bd., Einkommensbildung, Wien 1928, S. 45 ff.

C. Zur Methode der Literaturanalyse

Eine der Hauptursachen, daß einschlägige Ansätze der Volkswirtschaftslehre in der Genossenschaftswissenschaft, insbesondere bei Emelianoff, unbeachtet geblieben sind, scheint eine unreflektierte Methode der Literaturanalyse gewesen zu sein. Daher gewinnt dieses Problem eine grundsätzliche Bedeutung auch für diese Arbeit und bedarf einiger Vorüberlegungen.

Emelianoff ordnet den Beitrag J. St. Mills zur Behandlung der Genossenschaften abwertend in den Bereich der „Genossenschaftsphilosophie" ein und schließt ihn aufgrund dieser Bewertung mit folgendem Argument als nicht ökonomisch-theoretisch aus der weiteren Betrachtung aus:

„If an economist in his treatment of cooperation endeavors, even with the best intentions, to direct economic behaviour, to make proposals for the cure of existing socio-economic evils or in any other way to express his views on matters of economic policies, he necessarily departs from the realm of theoretical economics[14]."

Mit dieser dogmatischen methodischen Eingrenzung der theoretischen Ökonomie an ältere Literatur heranzutreten, insbesondere an die vom utilitaristischen Selbstverständnis getragene, auf Wirklichkeitsnähe und die Lösung praktischer sozialökonomischer Probleme abgestellte normative Ökonomik der englischen Klassik, erscheint nicht nur für die rein dogmengeschichtliche Forschung unfruchtbar, sondern auch für die

---

[14] *I. V. Emelianoff*, S. 33 f.

Suche nach geeigneten Anknüpfungspunkten der heutigen Theorie an ältere Lehren vollkommen verfehlt. Eine schematische *Bewertung* der älteren Literatur anhand neuzeitlicher und zumal sehr eng gefaßter erkenntnistheoretischer Kriterien muß zwangsläufig zu weitestgehender Selektion führen und eine fruchtbare *Auswertung* des Materials von vornherein verhindern.

In der vorliegenden Untersuchung geht es nicht um eine Bewertung der wissenschaftlichen Qualität der zu behandelnden Beiträge. Es wäre vermessen, die ältere Literatur anhand heutiger Maßstäbe beurteilen zu wollen. Schumpeter vertritt zu diesem Problem die These, daß ältere volkswirtschaftliche Werke, besonders auch das J. St. Mills, im Keim sehr viel von dem enthalten, was nach ihnen geleistet wurde und geleistet werden kann. Solche Werke sind nach Schumpeter unerschöpfliche Fundgruben sozialwissenschaftlicher Einsicht, nicht aber Vorratskammern gespeicherten Wissens neuesten Datums: „Der tut ihnen Unrecht und versteht sie nicht, der in ihnen ‚nachschlägt' wie in einem Lexikon oder der neuesten Monographie[15]."

Aus dieser vom Verfasser übernommenen und dieser Arbeit zugrunde gelegten Ansicht ergeben sich folgende Konsequenzen für die vorliegende Untersuchung: Es reicht nicht, die Aussagen der zu behandelnden Autoren zum Genossenschaftswesen lediglich geordnet aufzuzeichnen, da manches in unvermittelter Gegenüberstellung mit der heutigen Genossenschaftswissenschaft befremdend, zusammenhanglos, ja unverständlich wirken könnte. Um das hier zu präsentierende Material sowohl rein dogmengeschichtlich als auch aus der Sicht der heutigen Problemstellungen der Genossenschaftswissenschaft möglichst zugänglich zu machen, soll angestrebt werden: Zum einen eine dem jeweiligen Dogmensystem immanente Analyse unter Herausarbeitung der allgemein-theoretischen Verwurzelungen der Genossenschaftsauffassungen und zum anderen eine Interpretation dieser Auffassungen mit Hilfe der Ansätze und der Terminologie der heutigen Theorie. Entsprechend dem erstgenannten Ziel geht es also nicht darum, „obiter dicta" berühmter Ökonomen zum Genossenschaftswesen zu sammeln, sondern es geht um den Nachweis der Verwurzelungen der Genossenschaftslehren in den allgemein-theoretischen Systemen der behandelten Autoren. Die systemimmanente, an die allgemeine volkswirtschaftliche Dogmengeschichte anknüpfende Analyse ist erforderlich, um nicht nur Aussagen darzustellen, sondern Einsichten über die Stellung der Genossenschaften in den Lehrsystemen zu erarbeiten. Nicht nur über den Inhalt der jeweiligen Behandlung der Genossenschaften, sondern auch

[15] *J. Schumpeter*, Gustav v. Schmoller und die Probleme von heute, in: *R. Jochimsen, H. Knobel* (Hrsg.), Gegenstand und Methoden der Nationalökonomie, Köln 1971, S. 129.

über das Ausmaß der Wahl der Genossenschaften als Forschungsgegenstand kann durch die Aufdeckung der Zusammenhänge Aufschluß erzielt werden.

Um die zweite oben genannte Zielsetzung zu realisieren, soll die Untersuchung nicht nur mit der volkswirtschaftlichen Dogmengeschichte, sondern ebenso mit Fragestellungen der aktuellen Genossenschaftstheorie verbunden werden, indem die behandelten Beiträge unter dem Referenzsystem der heutigen Forschungsaspekte, -methoden und Terminologie — soweit dies sinnvoll und aus dem Originalmaterial berechtigt erscheint — interpretiert werden.

Um die unvermeidbare Distanz zwischen dem Originalmaterial und einer Sekundärdarstellung und -interpretation möglichst gering zu halten bzw. um sie zumindest transparent werden zu lassen, soll eine größere Zahl von Originalzitaten in den Text eingeflochten werden.

Erstes Kapitel

Die Behandlung der Genossenschaften in der ausgehenden Klassik in England bei J. St. Mill, Cairnes und Fawcett

A. Die Grundlagen der wissenschaftlichen Beschäftigung mit den Genossenschaften

I. Die Verbreitung der Genossenschaftsideen und genossenschaftlichen Unternehmensformen und die Einstellung der Spätklassiker zur sozialen Frage als Anstoß zur wissenschaftlichen Auseinandersetzung mit den Genossenschaften

In der ersten Hälfte des 19. Jahrhunderts versuchte der Genossenschaftssozialismus[1], eine Spielart des utopischen Sozialismus, mit einer Fülle theoretischer Vorstellungen und praktischer Versuche dazu beizutragen, auf genossenschaftlichem Wege die in der Folge des Liberalismus und der Industrialisierung verschärft hervortretende soziale Frage zu lösen. Während im Schrifttum[2] Utopien wie Fouriers Idee der Phalangen, Blancs Produktivgenossenschaften und Owens Assoziationen große Beachtung und ausgiebige Diskussionen hervorriefen[3], vollzog sich die Realisierung der frühen genossenschaftlichen Experimente in England nur mit großen Rückschlägen und konnte bis zum Jahre 1839 als gescheitert angesehen werden[4].

Der entscheidende Durchbruch der modernen Genossenschaftsbewegung in England erfolgte erst mit dem zweiten Anlauf. Er wurde eingeleitet durch die Gründung der Genossenschaft der „Redlichen Pioniere

---

[1] Zu Inhalt und dogmengeschichtlicher Einordnung siehe *Ch. Gide, Ch. Rist*, Geschichte der volkswirtschaftlichen Lehrmeinungen, S. 251 ff.; *J. Schumpeter*, Geschichte der ökonomischen Analyse, 1. Bd., S. 563 ff.; *G. Stavenhagen*, Geschichte der Wirtschaftstheorie, S. 132 ff.

[2] Einen Überblick über die Hauptschriften der verschiedenen Richtungen des Genossenschaftssozialismus bieten: *J. L. Sassen, G. Mladenatz, P. Lambert.*

[3] *G. D. H. Cole*, Ein Jahrhundert englische Genossenschaftsbewegung, Hamburg 1950, S. 30 f. vermittelt einen Eindruck über die umfangreiche literarische Bearbeitung in zeitgenössischen Schriften.

[4] Vgl. *B. Webb*, Die britische Genossenschaftsbewegung, Leipzig 1893, S. 44; *W. Kulemann*, Die Genossenschaftsbewegung, Berlin 1922, S. 136; *G. D. H. Cole*, S. 44.

von Rochdale" im Jahre 1844 und begünstigt durch eine allgemeine Verbesserung der wirtschaftlich-sozialen Lage der unteren Bevölkerungsschichten. Die — in der Sprache der heutigen Genossenschaftslehre — soziale Untergrenze der Genossenschaftsbildung[5] wurde weitgehend überschritten. So sehen Cole[6], Hall und Watkins[7] in der stark wachsenden, zunehmend auch für die Arbeiter fühlbar werdenden Prosperität, in der Entwicklung der Gewerkschaften, in der Fabrikgesetzgebung und in der Einrichtung des öffentlichen Gesundheitsfürsorge- und Schulsystems fördernde Faktoren für die Entstehung funktionsfähiger genossenschaftlicher Selbsthilfeeinrichtungen unter der Initiative und Führung gebildeter und fähiger Persönlichkeiten. Außerdem rückten die drängenden Probleme der sozialen Frage immer stärker in das Bewußtsein der Öffentlichkeit, verdeutlichten die Notwendigkeit von Reformen und schufen ein für die Entwicklung der Genossenschaften günstiges Milieu[8].

Nicht allein der Erfolg der „Pioniere von Rochdale" und die Ausbreitung der Genossenschaften in England, Schottland und Irland waren ausschlaggebend, daß die Genossenschaften in der zweiten Hälfte des 19. Jahrhunderts zu einem unübersehbaren Bestandteil der englischen Wirtschaft und Gesellschaft herangewachsen waren. Diese Entwicklung fand auch ihren Niederschlag in der Verkündung des Genossenschaftsgesetzes von 1852 (Industrial and Provident Societies Act), in der Gründung der föderativen Vereinigung „Central Co-operative Agency" und der Propagandaorganisation „Co-operative League" 1852, im Aufbau der Großeinkaufsgesellschaft und ihrer Eigenproduktion 1862 und besonders in den in der Öffentlichkeit stark beachteten jährlichen Genossenschaftskongressen[9].

Als sozialökonomisches Phänomen mit rapide zunehmender Bedeutung mußte die Genossenschaftsbewegung in ihren ideengeschichtlichen und praktischen Erscheinungsformen die traditionell um Wirklichkeitsnähe bemühte englische Wirtschaftswissenschaft zu empirischen Untersuchungen, theoretischen Erklärungen und Prognosen der zukünftigen Entwicklung sowie zu beratenden Stellungnahmen geradezu herausfordern.

Das wissenschaftliche Urteil der zur Zeit J. St. Mills vorherrschenden liberalen politischen Ökonomie über die Genossenschaften als wirt-

[5] Vgl. dazu *G. Draheim,* Die Genossenschaft als Unternehmungstyp, Göttingen 1952, S. 23 f.

[6] *G. D. H. Cole,* S. 44.

[7] *F. Hall, W. P. Watkins,* Co-operation, A Survey of the History, Principles, and Organization of the Co-operative Movement in Great Britain and Ireland, Manchester 1948, S. 75 ff.

[8] Vgl. ebenda, S. 80 f.

[9] Vgl. *W. Kulemann,* S. 136 ff.

schaftlich-soziale Reformeinrichtungen mußte um so schwerer wiegen, als zentrale Lehrsätze der hergebrachten klassischen Volkswirtschaftslehre die ganze Schärfe der sozialen Frage als Resultat sozialökonomischer Zusammenhänge begründet hatten[10] und sich die Überzeugung der Notwendigkeit sozialreformatorischer Eingriffe erst allmählich durchzusetzen begann. Die Bezichtigung der klassischen politischen Ökonomie durch ihre Gegner wie Carlyle und Ruskin[11] als eine „dismal science", eine unheilverkündende, menschenverachtende Wissenschaft bezog sich auf herausragende Theorien der Klassik. Der Lohnfondstheorie zufolge war die Lohnhöhe dem unmittelbaren Einfluß der Arbeiter entzogen und die Aussichtslosigkeit der Gewerkschaften offensichtlich. Das Bevölkerungsgesetz prognostizierte einen permanenten Druck der Bevölkerungszunahme auf den verfügbaren Nahrungsmittelspielraum. Das Rentengesetz sagte der den Besitzenden zufließenden Bodenrente einen immer größeren Anteil an dem Einkommen voraus[12]. Die verbreitete Regel der Nichteinmischung des Staates und der Glaube an die Aussichtslosigkeit gesetzgeberischer Maßnahmen in den Kernbereichen der sozialen Frage wurden erst allmählich durch eine theoretisch fundierte Interventionslehre mit sozialpolitischem Bezug differenziert[13].

Gide nennt Mills klassische Vorgänger Malthus und Ricardo „die Pessimisten", „weil sie nicht an die Möglichkeit glaubten, den Lauf dieser unabänderlichen Gesetze wandeln zu können, denen nach ihrer Ansicht gesetzgeberische Reformen ebenso wie die organisierte Betätigung eines zielbewußten Willens ohnmächtig gegenüberstehen. Ihr Vertrauen auf das, was wir Fortschritt nennen, war alles in allem äußerst gering"[14].

---

[10] Vgl. *Ch. Gide, Ch. Rist,* Geschichte der volkswirtschaftlichen Lehrmeinungen, S. 386 ff.

[11] Zur Einstellung von *Ruskin* und *Carlyle* — der Letztgenannte stand in intensiven Beziehungen mit J. St. Mill — zur englischen Klassik vgl. *Ch. Gide, Ch. Rist,* Geschichte der volkswirtschaftlichen Lehrmeinungen, S. 560 f. und *J. M. Robson,* S. 80 ff.

[12] Vgl. *Ch. Gide, Ch. Rist,* Geschichte der volkswirtschaftlichen Lehrmeinungen, S. 301 ff.

[13] *J. Schumpeter,* Geschichte der ökonomischen Analyse, 1. Bd., S. 670 begründet den Glauben der Klassiker an die praktische Vorzugswürdigkeit des Laisser-faire-Prinzips und die Unterbewertung der Effektivität staatlicher Eingriffe zum Teil mit der Unvollkommenheit der zeitgenössischen Verwaltungseinrichtungen. Für die Theorie der Wirtschaftspolitik der Klassiker kann jedoch keineswegs vom Laisser-faire als oberstem Prinzip gesprochen werden, da zumindest in der Spätklassik eine ausgebaute Lehre insbes. ordnungs- und sozialpolitischer Maßnahmen des Staates entwickelt wurde, wie Robbins und Keller nachgewiesen haben: *L. Robbins,* The Theory of Economic Policy in English Classical Political Economy, London 1952, S. 34 ff.; *P. Keller,* Dogmengeschichte des wohlstandspolitischen Interventionismus, Diss. Zürich, Winterthur 1955, S. 128 ff.

[14] *Ch. Gide, Ch. Rist,* Geschichte der volkswirtschaftlichen Lehrmeinungen, S. 128.

Vor diesem Hintergrund bedeutete die Einstellung Mills als des führenden Vertreters der zeitgenössischen liberalen Ökonomie eine entscheidende Wendung[15]: Mill läßt den klassischen Pessimismus fallen, mildert die härtesten Schlußfolgerungen aus der Lohnfondstheorie[16] und beurteilt die Zukunft der Massen als „hoffnungsreich"[17], unterscheidet zwischen den gleichsam natürlichen Gesetzen der Produktion und den von Menschen geschaffenen und veränderbaren Regeln der Verteilung[18], behandelt den Sozialismus St. Simons und Fouriers mit Hochachtung[19], vertritt eine systematische Interventionslehre[20] und nimmt eine sehr wohlwollende Stellung auch zum Genossenschaftswesen ein.

J. St. Mill — von Schumpeter, Bain und Robbins charakterisiert durch besondere Aufnahmebereitschaft gegenüber Ideen unterschiedlicher Herkunft[21], durch große Emotionalität[22], Menschenliebe und englischen Gemeinsinn, durch seine Sympathie und persönliche Einsatzbereitschaft für die Schöpfer neuer und segensreich scheinender Ideen[23] — sieht in den Utopien der frühen Genossenschaftler wie Robert Owen und Louis Blanc die „Saat", die in den entstehenden Arbeiterassoziationen „blüht und Frucht trägt"[24], zeigt sich beeindruckt von Berichten über erfolg-

---

[15] Zur Modifizierung, der die Klassik durch die Positionen Mills zu den Fragen der Ordnungs-, Wirtschafts- und Sozialpolitik erfahren hat, vgl. ebenda, S. 402 f. und *J. Schumpeter*, Geschichte der ökonomischen Analyse, 1. Bd., S. 698.

[16] Zu Mills Auffassungen zur Lohnfondstheorie siehe ausführlicher unten, Abschnitt D. dieses Kapitels.

[17] *J. St. Mill*, Grundsätze der politischen Ökonomie mit einigen Anwendungen auf die Sozialphilosophie (im folgenden zitiert als: „Grundsätze"), 2. Bd., S. 396 ff.

[18] Vgl. *J. St. Mill*, Grundsätze, 1. Bd., S. 300 ff.

[19] *J. Schumpeter*, Geschichte der ökonomischen Analyse, 1. Bd., S. 650 nennt Mill einen „evolutionären Sozialisten mit assoziationistischen Zügen". Dieser Ansicht ist jedoch, wie schon *Gide* betont, Mills individualistisch-utilitaristische Grundposition entgegenzuhalten (*Ch. Gide, Ch. Rist*, Geschichte der volkswirtschaftlichen Lehrmeinungen, S. 402). Mills „Bekehrung" zum Sozialismus wird auch bestritten von *L. Robbins*, S. 166 f. und *P. Keller*, S. 162 ff. In jedem Falle dürfte aber Schumpeters Feststellung zutreffen, daß Mill „die absurde Beschuldigung widerlegt, daß die ‚klassischen' Wirtschaftswissenschaftler an die kapitalistische Wirtschaftsordnung glaubten, als sei sie die letzte und höchste aller Weisheiten, die in *secula seculorum* bestehen müsse" (Geschichte der ökonomischen Analyse, 1. Bd., S. 650, Hervorhebung im Original).

[20] Vgl. die Analysen bei *L. Robbins*, S. 34 ff. und *P. Keller*, S. 169 ff.

[21] *J. Schumpeter*, Geschichte der ökonomischen Analyse, 1. Bd., S. 558.

[22] *L. Robbins*, S. 143 f.

[23] *A. Bain*, J. St. Mill, in: *H. C. Recktenwald* (Hrsg.), Lebensbilder großer Nationalökonomen — Einführung in die Geschichte der Politischen Ökonomie, Köln—Berlin 1965, S. 265.

[24] *J. St. Mill*, Grundsätze, 2. Bd., S. 422. Dies heißt nicht, daß er mit diesen Ideen im einzelnen übereinstimmte, wie noch zu zeigen sein wird.

reiche genossenschaftliche Gründungen in Frankreich und England und räumt ihrer Wiedergabe in den „Grundsätzen“ über 30 Seiten ein, um schließlich seine eigene Vision von der allgemeinen Durchsetzung der Produktivgenossenschaften anzuschließen[25]. In einem Vortrag[26] vor der von Owen-Anhängern gegründeten Londoner „Co-operative Society“ weist Mill die Beschuldigung der liberalen Ökonomen als „lukewarm friends, or concealed enemies, of mankind“[27] zurück. Er bekennt sich zum gleichen Grundziel des sozialen Fortschritts wie die Genossenschaftler, setzt sich aber auf der Basis seiner eigenen genossenschaftlichen Vorstellungen sehr kritisch mit den Mitteln des Owenschen Systems zur Erreichung dieses Ziels auseinander[28].

Die positive, teilweise gar emphatische Aufnahme des Genossenschaftswesens in die politische Ökonomie Mills sollte über seine Schüler Fawcett und Cairnes und darüber hinaus, wie im dritten Kapitel zu zeigen sein wird, bis hin zu Marshall und Pigou die regelmäßige Behandlung des Genossenschaftswesens in den Standardwerken der älteren englischen Volkswirtschaftslehre begründen.

Fawcett widmet den Genossenschaften in weitgehender Anlehnung an Mill ein gesondertes Kapitel seines „Manual“, um an ihrem Beispiel zu demonstrieren, „how intimately Political Economy is connected with the practical questions of life“[29], untersucht die genossenschaftlichen Konzeptionen Lassalles und Schulze-Delitzsch' unter dem Aspekt des ordnungspolitischen Liberalismus und beschreibt die Stellung und Aufgaben der Produktiv- und Konsumgenossenschaften in England und Frankreich, der Molkereigenossenschaften in Dänemark und Irland sowie der Kreditgenossenschaften in Deutschland.

Auch Cairnes geht vorwiegend von den Berichten, Analysen, Prognosen und normativen Stellungnahmen Mills über die Genossenschaften aus und sucht sich mit ihnen auf der Basis der klassischen Preis-, Lohn-, Ordnungs- und Bevölkerungstheorie auseinanderzusetzen. Wie auch Fawcett sieht Cairnes die Behandlung der Genossenschaften im Rahmen der Aufgabe der politischen Ökonomie „of bringing theoretic doctrines into comparison with the facts presented by modern industry and commerce“[30].

---

[25] *J. St. Mill*, Grundsätze, 2. Bd., S. 421 ff.

[26] *J. St. Mill*, Closing Speech on the Co-operative System; zu den Umständen, unter denen diese Rede gehalten wurde, vgl. *J. St. Mill*, Autobiography, New York 1924, S. 86 ff.

[27] *J. St. Mill*, Closing Speech on the Co-operative System, S. 467.

[28] Zu den Auffassungen Mills im einzelnen siehe unten, insbes. Abschnitt C. I. dieses Kapitels.

[29] *H. Fawcett*, S. X.

[30] *J. E. Cairnes*, Some Leading Principles of Political Economy (im folgenden zitiert als: „Some Leading Principles“), S. VII.

Zusammengefaßt ergibt sich also für die Aufnahme der wissenschaftlichen Beschäftigung mit den Genossenschaften in der englischen Klassik folgendes Bild: Während die Genossenschaften Englands in der zweiten Hälfte des 19. Jahrhunderts zunehmende wirtschaftliche und soziale Bedeutung erlangten, wendete sich gleichzeitig die klassische politische Ökonomie mit J. St. Mill verstärkt den sozialen Aspekten der wirtschaftlichen Entwicklung zu. Die erklärte Sympathie der Klassiker für die Ziele der Genossenschaften als Selbsthilfeeinrichtungen bewirkte ihr Bestreben, mögliche Wege der Verwirklichung dieser Ziele besonders unter dem Aspekt der Konformität mit den Aussagen der liberalen Nationalökonomie zu untersuchen.

II. Normensystem, ökonomisch-theoretische Lehrsätze und der Genossenschaftsbegriff als Ansatzpunkte der Integration der Genossenschaften in die klassische normative Ökonomik

Die klassische englische „Political Economy" ist gekennzeichnet durch eine in ihrem Selbstverständnis begründete enge Verflechtung von Volkswirtschaftstheorie und wissenschaftlicher sowie praktischer Volkswirtschaftspolitik[31]. Die Klassiker erstrebten seit Adam Smith[32] Wirklichkeitsnähe und wirtschaftspolitische Anwendbarkeit ihrer Lehrsätze. Neben der Geschlossenheit ihres theoretischen Systems[33] begünstigten profunde Kenntnisse der englischen und ausländischen Wirtschaft und Wirtschaftsgeschichte, die Heranziehung sozialphilosophischer, soziologischer und politikwissenschaftlicher Grundlagen[34] und die auch für gebildete Laien verständliche Sprache den tiefgehenden Einfluß der Klassiker auf die Wirtschaft, die öffentliche Meinung und Politik[35]. Die

---

[31] Vgl. dazu *G. Myrdal,* Das politische Element in der nationalökonomischen Doktrinbildung, Neuauflage Hannover 1963, S. 5 ff.; *L. Robbins,* S. 4; *A. Kruse,* Geschichte der volkswirtschaftlichen Theorien, 4. Aufl., Berlin 1959, S. 99.

[32] Vgl. die berühmte programmatische Aussage bei *A. Smith:* „Political economy, considered as a branch of the science of a statesman or legislator, proposes two distinct objects: first to provide a plentiful revenue or subsistence for the people, or more properly to enable them to provide such a revenue or subsistence for themselves; and secondly to supply the state or commonwealth with a revenue sufficient for the public services" (*Adam Smith,* An Inquiry into the Nature and Causes of the Wealth of Nations, Ausgabe v. E. Cannan, London 1904, 1. Bd., S. 395).

[33] Vgl. dazu *Ch. Gide, Ch. Rist,* Geschichte der volkswirtschaftlichen Lehrmeinungen, S. 386 ff.; *G. Stavenhagen,* S. 52 f.; *H. Giersch,* Allgemeine Wirtschaftspolitik, 1. Bd., Wiesbaden 1960, S. 141.

[34] Zur Bedeutung der Nachbardisziplinen der Ökonomik für die Theorie der Wirtschaftspolitik vgl. *H. Giersch,* S. 24 ff.

[35] Das politische Engagement der Klassiker war nicht allein literarischer Art, sondern äußerte sich zudem in der Mitarbeit bei Parteien und anderen politischen Organisationen, in parlamentarischer und Regierungstätigkeit.

Wirtschaftswissenschaftler dieser Periode betrachteten „ihre politischen Empfehlungen als wissenschaftliche Ergebnisse, die aus einer wissenschaftlichen, wenn auch nicht immer rein ökonomischen Analyse hervorgingen“[36]. Entsprechend machten die Klassiker ihren Einfluß durch die Behandlung einer Vielzahl praktischer Fragen — wie z. B. der Kornzölle, der Koalitionsgesetze, der Währungspolitik, der Gewerkschafts- und nicht zuletzt der Genossenschaftsbewegung — geltend.

Robbins[37] sieht eine Gemeinsamkeit der Klassiker in ihrem Glauben, daß die praktische Anwendung der politischen Ökonomie letztlich größere Hoffnungen auf wirtschaftlichen und sozialen Fortschritt begründete, Giersch[38] betont die Geschlossenheit der englischen Klassik als einer sozial-ökonomischen Gesamtkonzeption zur durchgreifenden Reform der Gesellschafts- und Wirtschaftsordnung.

Wenn im folgenden die wirtschaftspolitische Konzeption der englischen Klassik mit Robbins und Giersch als normative Ökonomik aufgefaßt wird[39], als Verknüpfung von sozialphilosophisch begründeten Werturteilen[40] mit Aussagen der positiven Ökonomik zu einem wirtschaftspolitischen Programm, so ergeben sich daraus auch die zentralen Fragen nach den Ansatzpunkten der Einbeziehung der Genossenschaften in das klassische System: es ist zu untersuchen, welche Normen die Behandlung der Genossenschaften motivieren und beeinflussen, welche Aussagen der positiven Ökonomik als empirische und theoretische Grundlagen angewendet werden und welche Programmatik sich bei der Bildung des normativen Genossenschaftsbegriffs der Klassiker niederschlägt.

So waren J. St. Mill und Fawcett Parlamentsabgeordnete, Letzterer war bis 1884 Postminister. Zum politischen Engagement von Mill, Fawcett und Cairnes vgl. *J. Packe*, The Life of J. St. Mill, New York 1954; *G. O'Brien*, J. S. Mill and J. E. Cairnes, in: Economica, Cambridge 1943, S. 273 ff.

36 *J. Schumpeter*, Geschichte der ökonomischen Analyse, 1. Bd., S. 661.

37 *L. Robbins*, S. 4.

38 *H. Giersch*, S. 141.

39 Vgl. *L. Robbins*, S. 176 f. und *H. Giersch*, S. 26, S. 45 und S. 141 ff.

40 Daß zentrale Normen der Klassiker, wie z. B. die utilitaristische Norm, nicht erst in der neueren Erkenntniskritik als erfahrungswissenschaftlich unbegründbar aufgefaßt werden, sondern daß sie zum Teil schon im Selbstverständnis der Klassiker lediglich als sozialphilosophisch begründete Werturteile und Konventionen galten, wird immer noch nicht genügend berücksichtigt. So sieht *A. Bohnen* (Die utilitaristische Ethik als Grundlage der modernen Wohlfahrtsökonomik, Diss. Köln 1962, S. 8 ff.) in einem angeblichen Versuch J. St. Mills, die Geltung des Utilitätsprinzips erfahrungswissenschaftlich zu beweisen, einen „naturalistischen Trugschluß“. Bohnen zitiert Mill dabei aus der Sekundärliteratur und übersieht Mills Relativierung des „Beweises“ in der Originalschrift: “It is evident that this cannot be proof in the ordinary and popular meaning of the term. Questions of ultimate ends are not amenable to direct proof“ (*J. St. Mill*, Utilitarianism, New York—Bombay 1897, S. 6). Zur ausführlichen Interpretation des Normensystems der Klassiker vgl. *L. Robbins*, S. 169 ff.

Die Genossenschaftslehre bei Mill, Fawcett und Cairnes gründet sich auf zentrale Werte des klassischen Normensystems: den Utilitarismus, den Individualismus und die Idee der Evolution. Diese These soll am Beispiel Mills verdeutlicht werden, einmal weil Mill in eigenen Äußerungen reichhaltiges Originärmaterial bietet, zum anderen erscheint die Behandlung des Normensystems bei Mill als Grundlage der Genossenschaftslehre auch für seine Schüler Fawcett und Cairnes repräsentativ, da die Letztgenannten auf den gleichen Grundlagen aufbauen[41].

Die oberste Norm, die der wirtschaftspolitischen Konzeption der englischen Klassik zugrunde lag und an der die Zweckeignung aller politischen Maßnahmen, aller Gesetze und Institutionen letztlich gemessen werden sollte[42], war das in der Sozialphilosophie des Utilitarismus begründete Utilitätsprinzip.

Der Utilitarismus Mills geht auf Bentham[43] zurück und deckt sich im Kern mit dessen Prinzip: "the greatest happiness of the greatest number." Die Maxime des größten Glücks der größtmöglichen Menschenzahl ist Grundlage von Ethik und Politik und somit auch der Wirtschafts- und Sozialpolitik und soll befolgt werden durch die maximale Förderung des Glücks und die maximale Minderung des Unglücks der Individuen. Mill interpretiert das utilitaristische Prinzip mit dem letzten Ziel:

"an existence exempt as far as possible from pain, and as rich as possible in enjoyments, both in point of quantity and quality[44]."

Mills Utilitarismus räumt materiellen, wirtschaftlichen Werten keineswegs eine Vorrangstellung als Faktoren des menschlichen Glücks ein[45]. Er postuliert vielmehr die Priorität immaterieller, außerökonomischer Werte und betont die Bedeutung des Erfahrungshorizontes und Bildungsstandes der Individuen für ihre Urteilsfähigkeit über die Qualität des Glücks[46]. Da das utilitaristische Prinzip auf die Maximierung der

---

41 Zur Allgemeingültigkeit des Utilitarismus und Individualismus in der ganzen englischen Klassik vgl. *L. Robbins*, S. 176 ff.

42 Vgl. *L. Robbins*, S. 177 und *G. Myrdal*, S. 19 ff.

43 Zum Utilitarismus Benthams und Mills vgl. *J. Schumpeter*, Geschichte der ökonomischen Analyse, 1. Bd., S. 510 ff.; *G. Stavenhagen*, S. 61; *P. Keller*, S. 60 ff.

44 *J. St. Mill*, Utilitarianism, S. 17. Zur praktischen Geltung des Prinzips fährt Mill fort: "This, being, according to the utilitarian opinion, the end of human action is necessarily also the standard of morality; which may accordingly be defined, the rules and precepts for human conduct, by the observance of which an existence such as has been described might be, to the greatest extent possible, secured to all mankind."

45 *J. St. Mill*, Utilitarianism, S. 12 ff.

46 Ebenda, S. 17: "... the test of quality, and the rule for measuring it against quantity, being the preference felt by those, who, in their oppor-

Summe des Wohls der Individuen als auf eine gesamtgesellschaftliche Größe abzielt, steht bei Mill nicht das größte Glück jedes einzelnen Individuums im Vordergrund, sondern „the greatest amount of happiness altogether"[47]. Daraus folgt das bei den sozialreformatorischen, insbesondere auch den genossenschaftlichen Anschauungen Mills zur Geltung gelangte allgemeine Postulat, daß keineswegs die Verfolgung der unmittelbaren egoistischen Interessen zum Handlungsprinzip der Individuen zu erheben sei, sondern Altruismus und Opferbereitschaft der einzelnen dann zu befürworten seien, wenn sie die „sum total of happiness" erhöhen:

"... the happiness which forms the utilitarian standard of what is right in conduct, is not the agent's own happiness, but that of all concerned. As between his own happiness and that of others, utilitarianism requires him to be as strictly impartial as a disinterested and benevolent spectator. In the golden rule of Jesus of Nazareth, we read the complete spirit of the ethics of utility. To do as one would be done by, and to love one's neighbour as oneself, constitute the ideal perfection of utilitarian morality[48]."

Mills utilitaristische Auffassung zum gesellschaftlichen Optimum nimmt demgemäß zwar die Interessen der Individuen zum zentralen Ausgangspunkt, postuliert aber eine Gesinnung der Gesellschaftsmitglieder, die nicht auf die ungezügelte Verfolgung der unmittelbaren Eigeninteressen abzielt, sondern auf eine durch soziale Einsicht gemilderte, nur mittelbaren Egoismus und damit Solidaritätsbeziehungen einschließende Haltung hinausläuft.

Die beiden wichtigsten Mittel, diesem Ideal näherzukommen und in einer primär individualistisch orientierten Gesellschaft die erwünschte soziale Bindung der Individuen an das Ziel des gesamtgesellschaftlichen Wohlfahrtsoptimums zu ereichen, sieht J. St. Mill in der Schaffung einer geeigneten Gesellschafts- und Wirtschaftsordnung in Form von Gesetzen und gesellschaftlichen Einrichtungen sowie in der Ausweitung der Erziehung und Bildung[49].

Für Mill, der soziale und ökonomische Wirkungen stets im Zusammenhang sieht, muß sich eine am Utilitätsprinzip orientierte rationale

---

tunities of experience, to which must be added their habit of self — consciousness and self — observation, are best furnished with the means of comparison."

[47] Ebenda, S. 16.

[48] *J. St. Mill*, Utilitarianism, S. 24 f.

[49] "As the means of making the nearest approach to this ideal, utility would enjoin, first, that laws and social arrangements should place the happiness, or (as speaking practically it may be called) the interest, of every individual, as nearly as possible in harmony with the interest of the whole; and secondly, that education and opinion, which have so vast a power over human character, should so use that power as to establish in the mind of every individual an indissoluble association between his own happiness and the good of the whole" (Utilitarianism, S. 25).

Politik — in der Sprache heutiger Ordnungstheorie[50] — die soziotechnischen, Lenkungs- und gesellschaftspolitischen Funktionen der Gesetze und Institutionen gezielt zunutze machen sowie auch die Erziehung und Bildung als Instrument der Gesellschaftsgestaltung miteinbeziehen. Gesetze, Institutionen, Erziehung und Bildung dienen demnach dem „right working of the social machine"[51].

Der Utilitarismus ist für Mill also keine abstrakte, die politische Anwendbarkeit entbehrende Morallehre, sondern soll gleichsam in einem permanenten trial-and-error-Prozeß bei der Auswahl und Anwendung der geeignetsten Mittel der Gesellschaftsgestaltung konkretisiert werden[52].

Zwei zentrale Mittel, die vom Utilitarismus gesteckten Ziele zu realisieren, sind bei Mill einerseits das Wettbewerbsprinzip[53] als dominierendes soziales und ökonomisches Koordinationsprinzip und andererseits das Prinzip der freiwilligen, besonders der genossenschaftlich organisierten Zusammenarbeit.

Entspricht die Betonung des Wettbewerbsprinzips der primär individualistischen Grundausrichtung des Millschen Utilitarismus, so unterstreicht Mills Einstellung zur freiwilligen Kooperation sein Postulat nach sozialer Bindung des Individuums und nach einem durch fortschreitende Erziehung geförderten, nur mittelbaren, die soziale Abhängigkeit berücksichtigenden Eigennutzstreben.

Die im Utilitarismus Mills begründete Hochschätzung des Wettbewerbs einerseits und der freiwilligen Zusammenarbeit andererseits schlägt sich in seiner Position zur entstehenden Genossenschaftsbewegung nieder: Er weist die Ideen von Genossenschaftssozialisten zur Abschaffung des Wettbewerbs zurück, denn

„der Schutz gegen Konkurrenz ist ein Schutz der Faulheit und der geistigen Trägheit; ein Entheben von der Notwendigkeit, ebenso tätig und geistig regsam zu sein wie andere"[54].

Hingegen begrüßt Mill die Genossenschaften als gesellschaftlich fortschrittliche Einrichtungen, die durch Zusammenschluß und nicht Vereinzelung der Interessen „gemeinnützigen Geist, hochherzige Gerechtigkeits- und Gleichheitsgefühle"[55] fördern, ohne die Freiheit der Individuen aufzugeben.

---

[50] Vgl. *H. Lampert*, Die Wirtschaftsordnung — Begriff, Funktionen und typologische Merkmale, in: WiSt, Wirtschaftswissenschaftliches Studium, Heft 8/9, München—Frankfurt 1973, S. 393 ff.

[51] *J. St. Mill*, Closing Speech on the Co-operative System, S. 238.

[52] *J. St. Mill*, Utilitarianism, S. 34 ff.

[53] Zur Bedeutung des Wettbewerbsprinzips bei Mill siehe ausführlich unten Abschnitt C. I. dieses Kapitels.

[54] *J. St. Mill*, *Grundsätze*, 2. Bd., S. 454.

[55] *J. St. Mill*, Grundsätze, 2. Bd., S. 411.

„Das Ziel des Fortschrittes sollte nicht nur sein, Menschen in Verhältnisse zu bringen, wo sie ohne einander etwas ausrichten können, sondern sie fähig zu machen, mit- oder füreinander zu arbeiten in gegenseitigen Beziehungen, die durchaus nicht in Abhängigkeit auszuarten brauchen[56]."

Die Suche nach wirksamen, der utilitaristischen Norm adäquaten Institutionen der Gesellschafts- und Wirtschaftsgestaltung, die schon seit Bentham und Owen Berührungspunkte[57] des Utilitarismus mit der Genossenschaftsbewegung geschaffen hatte, dürfte die Aufgeschlossenheit Mills als eines sozialreformerisch engagierten Wissenschaftlers gegenüber dem Genossenschaftswesen also entscheidend mitbegründet haben.

Die utilitaristische Norm Mills ist verbunden mit dem Prinzip, daß der gesellschaftlich-wirtschaftliche Fortschritt nur durch die Evolution der bestehenden Ordnung und nicht durch ihren revolutionären Umsturz zu realisieren ist.

Dem Ideal des „größten Glücks der größten Zahl" ist also nicht durch umfassende plötzliche Umwälzungen kurzfristig näherzukommen, sondern nur in einem langsamen, kontinuierlichen Prozeß der moralischen, intelektuellen und technologischen Entwicklung zu jeweils höheren Kulturstufen der Gesellschaft[58]. Die Menschheit gewinnt nach Mill eine immer tiefere Erkenntnis der Naturgesetze sowie eine zunehmende technologische Kontrolle der Naturkräfte. Zugleich befreit sie sich mehr und mehr von falschen, antisozialen Anschauungen und Neigungen und entfaltet einen immer stärkeren Willen zur solidarischen Zusammenarbeit[59].

Da dieser Entwicklungsprozeß sich auf freiheitlich-individualistischer Basis vollziehen soll, hängt er in starkem Maße von der Bildung und Erziehung der breiten Bevölkerung ab und kann sich daher nur allmählich vollziehen[60]. Die revolutionäre Umwälzung der Gesellschaft ist für Mill ein höchst zweifelhaftes Mittel, sozialen und ökonomischen Fortschritt zu erzielen. Das Chaos, das der plötzliche Umsturz der be-

[56] Ebenda.

[57] Vgl. dazu *W. W. Engelhardt*, Robert Owen als früher freiheitlicher Sozialist, S. 10 ff. und die dort angegebene Literatur.

[58] Den Entwicklungsoptimismus Mills verdeutlicht folgendes Zitat: "Yet no one whose opinion deserves a moment's consideration can doubt that most of the great positive evils of the world are in themselves removable, and will, if human affairs continue to improve, be in the end reduced within narrow limits." (Utilitarianism, S. 21.)

[59] *J. St. Mill*, Utilitarianism, S. 20 ff.; derselbe, Grundsätze, 2. Bd. S. 315 f., 411 f. Zur eingehenden Darstellung und Kritik der psychologisch begründeten entwicklungsgesetzlichen Evolutionsauffassung Mills siehe *J. Schumpeter*, Geschichte der ökonomischen Analyse, 1. Bd., S. 566 f.; *A. L. Harris*, Economics and Social Reform, New York 1958, S. 24 ff.; *J. M.Robson*, S. 168. Zur Kritik *Poppers* an Mills Evolutionstheorie siehe den Schlußteil dieser Arbeit.

[60] *J. St. Mill*, Utilitarianism, S. 20 ff.

stehenden Ordnung im Gegensatz zur Methode der schrittweisen Veränderungen hervorrufen werde, sei eine allzu ungünstige Ausgangssituation für den geordneten Aufbau einer besseren Gesellschaft und berge die Gefahr, die Menschen für lange Perioden Machtkämpfe, Gewalt und tyrannischer Unterdrückung der Starken durch die Schwachen auszuliefern[61].

Zudem überschätzen kommunistische Pläne einer zentralistischen Wirtschaftsorganisation nach Mill sowohl die organisatorisch-administrativen Möglichkeiten der staatlichen Verwaltung als auch die Chancen, die Verhaltensweisen der Menschen kurzfristig zu ändern, in extremem Maße[62]. Der Haupteinwand Mills gegenüber revolutionärer, totaler Veränderung der Gesellschaft zielt jedoch auf die Einschränkungen der Freiheit ab und die Lähmung der letztlich von den Individuen getragenen Fortschrittsimpulse. Diese Einwände Mills sind weiter unten bei der Behandlung der individualistischen Norm noch im einzelnen auszuführen.

Die evolutionistische Norm in der englischen Klassik beeinflußte, wie weiter unten[63] ausführlich zu zeigen sein wird, besonders die Perzipierung und wissenschaftliche Behandlung der Idee der Produktivgenossenschaften als adäquate Instrumente zur Evolution der einzelwirtschaftlichen Produktionsverfahren bei Mill, Fawcett und Cairnes.

Der Utilitarismus und Evolutionismus der englischen Klassik verbindet sich mit der individualistischen Norm[64]. Die „sum total of happiness" leitet sich aus dem Glück der Individuen ab, die ihre Interessen möglichst frei und selbstbestimmt verfolgen. Der Wettbewerb ist für Mill der der Freiheit der einzelnen adäquate Koordinationsmechanismus der liberalen Gesellschaft im allgemeinen und der auf Privateigentum und freiem Markttausch basierenden Wirtschaft im besonderen[65].

Mill erhebt die freie Handlungsfähigkeit der Individuen nicht nur als geeignetes Mittel zur Erreichung gesellschaftlicher und sozialer Ziele

---

61 Zu Mills Sicht der revolutionären Gesellschaftsveränderung vgl. ausführlich: *A. L. Harris*, S. 61 f.

62 *J. St. Mill*, Grundsätze, 1. Bd., S. 307 ff.

63 Siehe dazu den Abschnitt B dieses Kapitels.

64 Zum Individualismus in der englischen Klassik vgl. *L. Robbins*, S. 181 ff.; *A. L. Harris*, S. 118; *H. Giersch*, S. 141 f.; *H. G. Schachtschabel*, Wirtschaftspolitische Konzeptionen, Berlin—Köln—Mainz 1967, S. 54.

65 Vgl. *L. Robbins*, S. 187. Mill betrachtet die Identifizierung des Wettbewerbes mit dem Wettbewerb um den Erwerb wirtschaftlicher Güter als zu eng und will das Konkurrenzprinzip weiter gefaßt als allgemeines gesellschaftliches Prinzip, z. B. auch in den Bereichen der Wissenschaft, Kultur, Bildung, Politik und Technik aufgefaßt wissen (vgl. *J. St. Mill*, On Liberty, London 1859, Neudruck New York 1947, S. 95 f. sowie derselbe, Closing Speech on the Co-operative System, S. 228).

zum Prinzip und behandelt die staatliche Intervention als Ausnahme, sondern er sieht in der Unabhängigkeit des Individuums einen hohen, unmittelbaren, eigenständigen Wert und zentralen Faktor des menschlichen Glücks:

"I presume, however, no one will deny that there is a pleasure in enjoying perfect freedom of action; that to be controlled, even if it be for our good, is in itself far from pleasant, and that other things being alike it is infinitely better to attain a given end by leaving people to themselves than to attain the same end by controlling them. It is delightful to man to be an independent being[66]."

Neben ihrem Eigenwert kommt der individuellen Handlungsfreiheit nach Mill ein hoher gesellschafts- und wirtschaftspolitischer instrumentaler Wert zu[67]. Der einzelne ist stärker motiviert, verständiger und geschickter bei mit seinem individuellen Vorteil verbundenen Tätigkeiten als der Staat. Die Eigenverantwortlichkeit fördert die für den gesellschaftlich-wirtschaftlichen Fortschritt höchst bedeutsame Erziehung der Individuen zu Strebsamkeit und Urteilsfähigkeit. Daneben erweitert für Mill jede neue, dem Staat übertragene Aufgabe den staatlichen Machtbereich und leistet damit den Möglichkeiten des Machtmißbrauchs Vorschub.

Die individualistische Norm dürfte ausschlaggebend für Mills Ablehnung des Owenschen Genossenschaftssystems als eines „system of universal regulation"[68] und für die Richtung der ordnungspolitischen Integration der Genossenschaften in die wirtschaftspolitische Konzeption der englischen Klassik gewesen sein[69].

Aus der Verknüpfung des Normensystems mit relevanten Aussagen der positiven Ökonomik bildet sich die normative Genossenschaftslehre der Spätklassiker. Nach der obigen Darstellung des Normensystems sind daher jetzt die Elemente der positiven Ökonomik aufzuzeigen, die der Behandlung der Genossenschaften zugrunde liegen. Es sind dies einerseits empirische Faktensammlungen zur Ideengeschichte und zu realen Erscheinungsformen der Genossenschaften und ihrer Umweltsituationen, andererseits theoretische „Gesetze" als Theoreme zur wissenschaftlichen Erklärung und Prognose der Entwicklung der Genossenschaften: Die klassische Theorie des Wettbewerbs bildet die Grundlage zur preistheoretischen Behandlung der Genossenschaften, insbesondere zur Erklärung der Konsumgenossenschaften. Das „Be-

66 *J. St. Mill*, Closing Speech on the Co-operative System, S. 234 f.

67 Siehe dazu im einzelnen: *J. St. Mill*, Grundsätze, 2. Bd., S. 678 ff.; ders., On Liberty, S. 95 ff.

68 *J. St. Mill*, Closing Speech on the Co-operative System, S. 234.

69 Vgl. dazu besonders die Behandlung der Staatshilfe für die Genossenschaften in der englischen Klassik, die weiter unten, Abschnitt C. I. 1. dieses Kapitels ausführlich dargestellt ist.

völkerungsgesetz" und das „Lohngesetz" stellen die theoretische Basis der sozial- und entwicklungspolitischen Behandlung dar.

Die Behandlung der Genossenschaften unter dem Wertsystem und mit dem theoretischen Instrumentarium der englischen Spätklassik mündet bei Mill, Fawcett und Cairnes in einen normativen Genossenschaftsbegriff.

Beeindruckt von den Utopien der Genossenschaftssozialisten und gedrängt vom wachsenden Problemdruck der sozialen Frage, den sie vor allem bevölkerungs- und lohntheoretisch erklären, sehen Mill, Fawcett und Cairnes die größte „Reinheit" des genossenschaftlichen Prinzips im Idealtyp der Produktivgenossenschaft realisiert. Mill betrachtet die „Beilegung des bestehenden Kampfes zwischen Arbeit und Kapital" in der Form der Produktivgenossenschaft als das „hohe Ideal", das sich „die Förderer des genossenschaftlichen Gedankens zur Richtschnur nehmen"[70] sollen:

„Die Form der Vereinigung jedoch, die wenn die Fortschritte der menschlichen Gesellschaft andauern, schließlich, unserer Erwartung nach, vorherrschen wird, ist nicht die zwischen einem Kapitalisten als Leiter und seinen Arbeitern ohne Stimmrecht in der Verwaltung, sondern die einer Vereinigung der Arbeiter selbst nach den Grundsätzen der Gleichheit mit gemeinsamem Besitz des zur Durchführung des Unternehmens nötigen Kapitals und mit der Arbeitsleistung unter von ihnen erwählten und wieder absetzbaren Leitern[71]."

Hilfswirtschaftliche Kooperationen mit angestellten Arbeitern ohne Teilhaberschaft, speziell die Konsumgenossenschaften, interpretiert Mill als inferiore genossenschaftliche Entwicklungsstufe, die fruchtbare rationalisierende Wirkungen entfaltet und ebenfalls als genossenschaftlich zu bezeichnen ist, jedoch den Produktivgenossenschaften gebühre der Vorrang:

„Genossenschaften, welche angestellte Arbeiter ohne eine Teilhaberschaft am Gewinn beschäftigen (und ich betone ausdrücklich, daß selbst die Produktionsgenossenschaft von Rochdale diesen Fehler gemacht hat), üben zweifellos ein ihnen gesetzlich zustehendes Recht aus, wenn sie ehrenhaft die bestehende Gesellschaftsverfassung zur Verbesserung ihrer Lage als Einzelpersonen verwenden, aber man kann von ihnen nicht erwarten, daß dieses System durch ein besseres jemals ersetzt werden wird[72]."

Wie für Mill verdienen auch für Fawcett Organisationen um so eher die Bezeichnung genossenschaftlich, je reiner das produktivgenossenschaftliche Prinzip der Identität von Kapitaleignern und Arbeitnehmern verwirklicht ist:

"Ultimately it may be hoped that there will be so much moral and social advancement as to enable a perfect union between capital and labour to be established: this is secured when labourers supply all the capital which

[70] *J. St. Mill*, Grundsätze, 2. Bd., S. 447 f.

[71] Ebenda, S. 421 f.

[72] *J. St. Mill*, Grundsätze, 2. Bd., S. 448.

is required to sustain the industry in which they are engaged. When this is accomplished there is cooperation in its highest form[73]."

Gleichwohl weist Fawcett darauf hin[74], daß das produktivgenossenschaftliche Prinzip als „most essential characteristic of cooperation" höchst selten praktiziert worden sei. In neun Zehntel aller Fälle handele es sich um Konsumgenossenschaften, die als modifizierte, vom obigen Prinzip abweichende Form aufzufassen seien, denn das Kapital dieser Vereinigungen gehöre den Kunden und Anteilseignern, der Gewinn werde auf diese, nicht aber auf die Arbeitnehmer verteilt. Dennoch behandelt aber auch Fawcett die Konsumgenossenschaften als „co-operative-societies".

Auch Cairnes berücksichtigt verschiedene genossenschaftliche Organisationsformen, wobei er wie Mill und Fawcett die Produktivgenossenschaften als „more genuine examples of cooperation" einstuft,

„— where associates not only trade but ‚work' together, where the labourers are also the capitalists, and wages and profits return to the same hands"[75].

Neben der Konsumgenossenschaft und der idealtypischen Produktivgenossenschaft sieht Cairnes Zwischenformen genossenschaftlicher Arbeitervereinigungen und demonstriert am Beispiel von Schieferbrüchen in Nord-Wales ein Vertragssystem, bei dem vom Bergwerkbesitzer die größeren Maschinen gestellt werden, während kleine Gruppen erfahrener Arbeiter, sogenannter „contractors", mit eigenen Werkzeugen und Hilfsmitteln vertraglich den Abbau bestimmter Sektionen übernehmen, dessen Produktionsergebnisse der Minenbesitzer zu einem festgelegten Preis übernimmt. Der Arbeitsplan, die Aufgabenverteilung, die Arbeitsüberwachung und die Verteilung des Gewinns der Gruppen obliegen allein den Kontraktoren, die ihrerseits nicht gewinnbeteiligte Lohnarbeiter beschäftigen können. Cairnes weitet damit den Begriff der „Co-operation" auf eine Form der Zusammenarbeit aus, die nicht für alle Arbeiter die offene Mitgliedschaft sowie die Kapital- und Gewinnbeteiligung realisiert. Er sieht aber den Wert dieses Experiments und die Bezeichnung als „co-operative" in der Tatsache gerechtfertigt,

„that the system enlists working men in a joint undertaking, of which the results for them depend in large part on the skill, energy, and conscientious zeal with which it is carried through"[76].

Zusammenfassend ist festzuhalten, daß Mill, Fawcett und Cairnes weniger um eine analytisch-theoretische Grundlegung des Genossenschaftsbegriffs bemüht sind, sondern, beeinflußt von der genossenschaft-

[73] *H. Fawcett*, S. 262.

[74] Ebenda, S. 263 f.

[75] *J. E. Cairnes*, Co-operation in the Slate Quarries of North Wales, S. 166.

[76] Ebenda, S. 172.

lichen Ideengeschichte, dem Idealtyp der Produktivgenossenschaft normativ Priorität einräumen und daneben eine Vielzahl zeitgenössischer kooperativer Erscheinungsformen deskriptiv miteinbeziehen.

B. Der ordnungspolitische Beitrag der Genossenschaften zur Produktionsverfassung nach J. St. Mill, Cairnes und Fawcett

I. Die Interdependenz der ökonomischen und gesellschaftlichen Problematik der großbetrieblichen Produktion

Hat Stigler[1] schon auf die erste systematische Diskussion der Economies of Scale durch J. St. Mill hingewiesen, so ist für die nun folgende Betrachtung das zusätzliche Verdienst Mills hervorzuheben, die wechselseitigen ökonomisch-sozialen Abhängigkeiten in den Bedingungen und Restriktionen der Erzielung von Betriebsgrößenersparnissen eingehend gewürdigt zu haben.

Bei Mill und in der Folge bei Fawcett und Cairnes gewinnt neben dem quantitativen, ökonomisch-theoretischen Aspekt zunehmend der qualitative, sozial-organisatorische Aspekt effizienter großbetrieblicher Produktion an Bedeutung.

In der im Utilitarismus und Evolutionismus der Klassiker begründeten Suche nach institutionellen Möglichkeiten einer Synthese zwischen ökonomisch effizienter und sozial fortschrittlicher Ordnung der einzelwirtschaftlichen Produktionsverfassung besteht einer der Hauptberührungspunkte der englischen Klassiker mit dem Genossenschaftswesen.

1. Die ökonomische Theorie der Produktion im Großen: Economies of Scale

Im 9. Kapitel des ersten Buches der „Grundsätze" mit der Überschrift: „Über Produktion im Großen und Produktion im Kleinen" führt Mill die Ersparnisse der Produktion im Großen auf zwei Hauptfaktoren zurück[2]: erstens auf die erweiterten Möglichkeiten der Arbeitsvereinigung und Arbeitsteilung, zweitens auf die Einführung neuer Produktionsprozesse, die wegen der Unteilbarkeit bestimmter Produktionsanlagen erst im Großbetrieb realisiert werden können.

Im Anschluß an Wakefield unterscheidet Mill zwei Arten der Arbeitsvereinigung[3]: das *„einfache Zusammenwirken"* mehrerer Arbeiter zum

---

1 Vgl. *G. Stigler*, The Nature and Role of Originality in Scientific Progress, in: Economica, Bd. XXII, London 1955, S. 298.

2 *J. St. Mill*, Grundsätze, 1. Bd., S. 197 ff.

3 *J. St. Mill*, Grundsätze, 1. Bd., S. 174.

Zweck gegenseitiger Hilfe bei der gleichen Arbeitsverrichtung und das *„zusammengesetzte Zusammenwirken"* durch die Aufteilung der Arbeitsverrichtung. Mill sieht also die Arbeitsteilung im Sinne des Stecknadelbeispieles von A. Smith als eine von zwei möglichen Ausprägungen des übergeordneten Prinzips der Arbeitsvereinigung an[4]. Mit zunehmender Betriebsgröße steigen nach Mill nun die Möglichkeiten der einfachen und zusammengesetzten Arbeitsvereinigung und damit die Vorteile der Produktion im Großen[5]:

„Überall dort, wo es für die größte Wirksamkeit der Arbeit wesentlich ist, daß mehrere Arbeiter ihre Arbeitskraft vereinigen, und wäre es auch nur mittels einfacher Arbeitsvereinigung, muß der Umfang der Unternehmung so sein, daß sie mehrere Arbeiter zusammenbringt, und das Kapital muß groß genug sein, sie zu unterhalten." „Auf je breiterer Grundlage die Unternehmung ruht, desto weiter kann die Arbeitsteilung getrieben werden. Dies ist einer der Hauptgründe für große gewerbliche Unternehmungen."

Mill sieht im Großbetrieb die Vervollkommnung der Arbeitsteilung in der Spezialisierung jedes Beschäftigten auf nur eine Arbeitsverrichtung ermöglicht und nennt die — in heutiger Terminologie — multiple Betriebsgrößenvariation als Mittel zur optimalen Proportionierung der Produktionsfaktoren[6]:

„Selbst wo keine vermehrte Arbeitsteilung die Folge von einer Erweiterung der Arbeitsverrichtungen wäre, würde es wirtschaftlich sein, diese so weit auszudehnen, daß jeder Mann, dem eine besondere Beschäftigungsart zugewiesen werden kann, in dieser Beschäftigungsart volle Beschäftigung finden wird."

Neben den erweiterten Möglichkeiten der Arbeitsteilung führt Mill als zweite Hauptursache der Betriebsgrößenersparnisse — wenn auch nicht wörtlich, aber doch sinngemäß — die Unteilbarkeit bestimmter Produktionsfaktoren auf[7]:

„Ein weiterer Grund für das Bestehen großer Fabriken ist die Einführung von Arbeitsprozessen, welche kostspielige Maschinen verlangen. Teure Maschinen setzen ein großes Kapital voraus; und es hängt von der Absicht, von dem Artikel so viel zu produzieren und von der Hoffnung, so viel davon zu verkaufen, ab, was mit der vollen Maschinenkraft erlangt werden kann. Aus diesen beiden Gründen ist, wo teuere Maschinen gebraucht werden, eine Produktion im Großen unvermeidlich."

Damit ist das Problem der Unteilbarkeit von Produktionsfaktoren bereits implizit angesprochen.

Zusammengefaßt sieht Mill also die Verbesserungen der Produktionsfunktionen durch intensiviertes Zusammenwirken in den Formen der Arbeitsvereinigung und Arbeitsteilung, durch Harmonisierung der

[4] Ebenda, S. 173.
[5] Ebenda, S. 198.
[6] Ebenda.
[7] *J. St. Mill*, Grundsätze, 1. Bd., S. 202.

Faktorproportionen und durch den Einsatz neuer, unteilbarer Produktionsfaktoren als Hauptursachen der Betriebsgrößenersparnisse an. Fawcett übernimmt die Argumente Mills und liefert eine Fülle von Anwendungsbeispielen[8]. Wie Mill beschränkt Fawcett die Anwendung nicht auf die industrielle Produktion, sondern bezieht den Handel und die Landwirtschaft mit ein.

2. Die wechselseitigen Wirkungen der ökonomisch-technischen und gesellschaftlichen Entwicklung der Produktionsverfassung

In der Abhandlung der Produktion im Großen begründen Mill und Fawcett einerseits die ökonomischen Betriebsgrößenvorteile, stellen aber andererseits die sich verschärfende Problematik der Organisation und Führung der durch zunehmende Größe und Arbeitsteilung immer komplexer werdenden Großunternehmungen heraus. Die betriebsorganisatorischen Erfordernisse des ökonomisch-technischen Fortschritts geraten aus der Sicht der Spätklassiker in Konflikt mit Tendenzen der gesellschaftlichen Entwicklung. Daher stellt sich das Problem, eine sowohl produktions- als auch sozialpolitisch befriedigende Anpassung der einzelwirtschaftlichen Produktionsverfassung an die veränderten ökonomischen und gesellschaftlichen Verhältnisse zu bewirken.

Mill und Fawcett verdeutlichen die Problematik am Beispiel der Aktiengesellschaften[9]: Diese ermöglichen durch die Sammlung und Mobilisierung vieler kleiner Kapitalbeiträge die Lösung finanzieller Aufgaben, welche durch die herkömmlichen Eigentümer-Unternehmungen nicht realisierbar waren, und schaffen die Voraussetzungen für anlagenintensive, hoch arbeitsteilige Produktionsprozesse in Großunternehmungen. Gleichzeitig löst sich aber die Identität der Kapitalgeber und Geschäftsführer der herkömmlichen Eigentümer-Unternehmung und schafft die Notwendigkeit von Delegations-, Kontroll- und Anreizsystemen. Die Stellung der Arbeiter ist gelöst aus den überschaubaren, zum Teil patriarchalischen Ordnungen der traditionellen Kleinbetriebe in Handwerk, Handel und Landwirtschaft und wird zunehmend bestimmt durch die rein arbeitstechnische Eingliederung in mechanisierte Produktionsprozesse. Der in der industriellen Großproduktion immer deutlicher werdenden Trennung der Faktoren Kapital und Arbeit, d. h. der werkzeuggleichen Einordnung der Arbeiter in ökonomisch-technische Produktionsprozesse steht nach Mill das wachsende gesellschaftliche Streben breiter Bevölkerungsschichten nach Teilhabe an den Produktionsmitteln, nach größeren individuellen Freiheiten und Möglichkeiten der Persönlichkeitsentfaltung gegenüber.

---

[8] *H. Fawcett*, S. 65 ff.

[9] *J. St. Mill*, Grundsätze, 1. Bd., S. 205 ff.; *H. Fawcett*, S. 67 ff.

Daraus entwickelt sich ein immer stärker werdendes Bewußtsein eines Interessengegensatzes zwischen Kapital und Arbeit und wirft Konflikte für die Funktionsfähigkeit der gegebenen Produktionsverfassung auf. In diesem Zusammenhang geht Mill von der allgemeinen Beobachtung des menschlichen Verhaltens aus, Anstrengungen ohne direkten persönlichen Anreiz zu scheuen und illustriert dies am Beispiel unterschiedlicher gesellschaftlicher Schichten: der Staatsbürokratie, des industriellen Managements und der Arbeiterschaft:

„Man betrachte die ganze Klasse der Regierenden und der Staatsminister" ... „Wie verschwindend klein ist die Zahl derer, die sich damit abmühen, Pläne für den allgemeinen Fortschritt zu bilden oder auch nur zu ersinnen, es sei denn, daß es für sie noch lästiger ist, untätig zu bleiben ...[10]."

Die Verwaltung einer Aktiengesellschaft ist für Mill

„im wesentlichen eine Verwaltung durch gemietete Diener" ... „Aber die Erfahrung bestätigt, und Sprichwörter, der Ausdruck volkstümlicher Erfahrung, bezeugen, wie viel schlechter im Vergleich zu den Arbeitsleistungen von persönlich am Werk Interessierten gemietete Diener arbeiten und wie unentbehrlich es ist, daß des Meisters Auge wacht, sobald gemietete Dienstarbeit verwendet werden muß"[11].

Die Einstellung der Arbeiterschaft sieht Mill im Zusammenhang mit ihrer Befreiung aus dem Schutz- und Abhängigkeitsverhältnis des Patriarchats in Richtung auf die freie Selbstbestimmung und -verantwortung[12]:

„Von den Arbeitern, wenigstens in den vorgeschrittenen europäischen Staaten, kann es als feststehend ausgesprochen werden, daß keiner von ihnen einem patriarchalischen oder väterlichen Regierungssystem unterworfen sein will" ... „Die arbeitenden Klassen haben die Vertretung ihrer Interessen in ihre eigene Hand genommen und zeigen in einem fort, daß sie die Interessen der Arbeitgeber für nicht gleichlautend mit den ihrigen, sondern ihnen entgegengesetzt halten ..."

Der Abbau der überkommenen gesellschaftlichen Bindungen des Feudalismus einerseits und der Mangel an sozialer Neuintegration der Arbeiterbevölkerung in der industriellen Gesellschaft andererseits verstärken nach Mill das Gefühl des Interessengegensatzes zwischen Arbeitgebern und Arbeitnehmern und wirken sich im Verhalten der Arbeiter aus,

„so wenig Arbeit wie möglich im Austausch gegen Lohn zu leisten, nur gerade so viel zu leisten, daß man nicht entlassen wird"[13].

Da diese ungelösten Probleme der Produktionsverfassung für Mill nicht nur ökonomisch effizienzmindernd, sondern auch sozial desintegrierend und schädlich wirken, fordert er, von der Interdependenz der

---

10 *J. St. Mill*, Grundsätze, 1. Bd., S. 209.

11 Ebenda, S. 208.

12 *J. St. Mill*, Grundsätze, 2. Bd., S. 401 f.

13 *J. St. Mill*, Grundsätze, 1. Bd., S. 209 f.

ökonomischen und sozialen Entwicklung ausgehend, die möglichst umfassende Integration der arbeitenden Klassen in die Gesellschaft auf der Basis der freien Selbstbestimmung des einzelnen[14]:

„Auf einer ganz anderen Grundlage müssen Wohlbefinden und Wohlverhalten der arbeitenden Klassen in Zukunft beruhen. Der Arme hat aufgehört, sich am Gängelband führen zu lassen und will nicht länger wie ein Kind regiert und behandelt werden. Seinen eigenen Fähigkeiten muß jetzt die Sorge für sein Geschick überlassen werden. Moderne Staaten werden den Satz zu lernen haben, daß die Wohlfahrt eines Volkes auf der Gerechtigkeit und der einsichtsvollen Selbstbestimmung ... der einzelnen Bürger zu beruhen hat" ... „Alle Anweisungen, Ermahnungen und Reden, die man den Arbeitern hält, müssen sie hinfort als auf gleicher Stufe stehend behandeln und von ihnen offenen Auges entgegengenommen werden. Der Fortschritt der Zukunft hängt von dem Grade ab, in dem sie zu selbst denkenden Wesen erzogen werden können."

Der gleiche Grundgedanke zur sozialen und ökonomischen Notwendigkeit der Reform der Produktionsverfassung findet sich bei Fawcett[15] und Cairnes. Letzterer sieht den inhärenten Vorzug des genossenschaftlichen Prinzips darin, daß

„the results here obtained are obtained not so much through the increased force of the external inducements to prudent or righteous conduct, as by strengthening the character of the workman ..."[16].

Auf der Basis dieser sozialökonomischen Betrachtungen perzipieren Mill, Fawcett und Cairnes die genossenschaftlichen Ideen zur Reform der einzelwirtschaftlichen Produktionsverfassung.

II. Die Genossenschaften als Möglichkeit der einzelwirtschaftlichen Verknüpfung ökonomisch-technischer und sozialer Vorteile

1. Im Bereich industrieller Produktion

Die utilitaristische Ethik der Klassiker ist richtungsweisend für ihre Zielsetzung, die ökonomischen Vorteile der modernen industriellen Großproduktion von ihren sozialen Nachteilen zu befreien; der rein wirtschaftliche Effekt wird nach Mill erst

„voll und ganz ein Vorteil sein, sobald nur Zivilisation und Fortschritt so weit vorgerückt sind, daß ein Vorteil für die Gesamtheit auch ein Vorteil für jeden die Gesamtheit mitbildenden Einzelnen sein wird"[17].

Den Weg zu diesem Ziel sehen Mill, Fawcett und Cairnes in der allmählichen Beseitigung des Klassengegensatzes zwischen den Kapital

---

14 *J. St. Mill*, Grundsätze, 2. Bd., S. 403 f.

15 *H. Fawcett*, S. 273.

16 *J. E. Cairnes*, Co-operation in the Slate Quarries of North Wales, S. 185.

17 *J. St. Mill*, Grundsätze, 2. Bd., S. 410.

besitzenden Arbeitgebern und den rein lohnabhängigen Arbeitnehmern auf produktivgenossenschaftliche Weise[18]:

„Bisher bestand für die, welche von ihrer Arbeit lebten, nur die Wahl, entweder für sich allein oder für einen Herrn zu arbeiten. Aber die zivilisierenden und verbessernden Einflüsse des Zusammenschlusses der Menschen und die Wirksamkeit und Wirtschaftlichkeit des Großbetriebes kann man auch erzielen, ohne daß sich die Produzenten in zwei feindliche Parteien mit feindlichen Interessen und Gefühlen teilen, wobei die Arbeitenden weiter nichts als die Diener unter dem Befehle derer sind, welche die nötigen Geldsummen hergeben, und an den Unternehmungen nur das Interesse haben, ihren Lohn mit möglichst wenig Arbeit zu erwerben."

Fawcett sieht die wirtschaftlichen Hauptvorteile der Genossenschaften in der durch die Gewinnbeteiligung bewirkten Richtungsänderung der Interessen der Arbeiter, denn:

"the great defect in our present industrial economy is that it fails to make labour as efficient as it ought to be, because it has not a sufficiently direct and immediate interest in the succes of the work upon which it may be engaged[19]."

Für Cairnes ist die Produktivgenossenschaft der aussichtsreichste, der liberalen Wirtschaftsordnung adäquate Weg zur Befreiung der Arbeiter aus der reinen Lohnabhängigkeit:

"The all-important point, as it seems to me, is to recognise the direction in which the emancipation of labour from what is called (absurdly enough) the tyranny of capital lies. This I repeat is, and, so far as I see, can only be, that of cooperative industry[20]."

Die der Ordnungsvorstellung der englischen Klassiker zugrundeliegende einzelwirtschaftliche Grundgestalt[21] der Wirtschaft und der klassische Evolutionismus bestimmen die Ablaufbedingungen des vorgestellten Entwicklungsprozesses: Die neue Ordnung der Produktionsverfassung entsteht nicht als holistisches System etwa durch einen Eingriff des Staates oder durch revolutionäre Umwälzung, sondern entwickelt sich von unten her aus den spontanen Kräften der Gesellschaft auf der Basis einzelwirtschaftlicher, autonomer Dispositionen und unterliegt dem Ausleseprozeß des wirtschaftlichen Wettbewerbs.

Die Umwandlung der kapitalistischen Unternehmungen in Produktivgenossenschaften vollzieht sich für Mill in einem evolutionären Prozeß über Formen der Gewinnbeteiligung der Arbeiter bis hin zur vollen Identität von Kapitaleignern und Arbeitnehmern[22].

---

18 Ebenda, S. 411 f.

19 *H. Fawcett*, S. 273.

20 *J. E. Cairnes*, Some Leading Principles, S. 347.

21 Vgl. *H. J. Seraphim*, Theorie der allgemeinen Volkswirtschaftspolitik, 2. Aufl., Göttingen 1963, S. 158 ff. und *L. Robbins*, S. 159.

22 *J. St. Mill*, Grundsätze, 2. Bd., S. 412.

Mill demonstriert erfolgreiche Fälle der Gewinnbeteiligung an Beispielen der amerikanischen Handelsschiffahrt, des englischen Bergbaus, der Fischereiwirtschaft sowie des Pariser Unternehmers Leclaire[23]. Die Gewinnbeteiligung der Arbeitnehmer ist nach Mill jedoch nur als Übergangsstufe zur vollkommenen Überwindung der Trennung von Kapital und Arbeit in der idealtypischen Produktivgenossenschaft aufzufassen, welche sich seiner Erwartung nach mit dem Fortschritt der Gesellschaft durchsetzen wird[24]. Die Produktivgenossenschaft vereinigt nach Mill den sozialen Fortschritt der „Beilegung des bestehenden Kampfes zwischen Arbeit und Kapital" mit dem wirtschaftlichen Vorteil der Erhöhung der Ertragsfähigkeit der Arbeit aus

„den mächtigen Antrieben, die den produktiven Kräften dadurch gegeben werden, daß die Arbeiter als Masse in eine Beziehung zu ihrem Werk gesetzt werden, die es ebenso zu ihrem Grundsatz wie zu ihrem Interesse machen würde — gegenwärtig ist weder das eine noch das andere der Fall —, daß sie als Leistung für ihre Bezahlung möglichst viel tun, statt möglichst wenig"[25].

Fawcett führt den Erfolg der englischen Konsumgenossenschaften als Beweis an, daß die Schwierigkeiten der Leistungsanreize, der Leitung und Kontrolle in der großbetrieblichen Produktion durch genossenschaftliche Organisationsformen überwunden werden könnten, indem diese den Fehler der mangelnden Beteilung der Arbeitnehmer am Erfolg der Unternehmungen beseitigten:

"... and it is because cooperation, when truly carried out, may remedy this defect, that we regard the application of the cooperative principle as one of the most effective of all agencies for securing improvement in the economic condition of the country[26]."

Ebenso überzeugt von den Erfolgsaussichten der Genossenschaften in wirtschaftlicher wie sozialer Hinsicht äußert sich Cairnes[27].

2. Im Bereich der Landwirtschaft

J. St. Mill und Fawcett nehmen ausführlich Stellung zur zeitgenössischen Diskussion über die volkswirtschaftliche Beurteilung landwirtschaftlicher Betriebsgrößen und Bewirtschaftungssysteme[28]. Dabei werden eine Vielzahl von Möglichkeiten miteinbezogen, die Vorteile des Großbetriebes durch gemeinsame, genossenschaftliche Funktionserfüllung mit den Vorteilen des Kleinbetriebes zu vereinbaren.

---

23 Ebenda, S. 412 ff.

24 *J. St. Mill*, Grundsätze, 2. Bd., S. 421.

25 Ebenda, S. 447.

26 *H. Fawcett*, S. 273.

27 *J. E. Cairnes*, Co-operation in the Slate Quarries of North Wales, S. 185 f.

28 *J. St. Mill*, Grundsätze, 1. Bd., S. 378 ff.; *H. Fawcett*, S. 70 ff.

Fawcett verweist am Beispiel der Landwirtschaft Norwegens auf die Möglichkeit, auch für Kleinbetriebe großflächige Entwässerungsvorhaben auf genossenschaftlichem Wege zu realisieren[29].

Mill sieht in der mehrbetrieblichen Maschinenverwendung ein Mittel, die kapitalintensive Anwendung der modernen Erfindungen landwirtschaftlicher Technik auch dem Kleinbetrieb zugänglich zu machen[30] und sie mit dem besonderen Vorzug des bäuerlichen Kleineigentümers,

„ein so großer Arbeitseifer wie er bei jeder anderen Art von Landwirtschaft durchaus beispiellos ist“[31],

zu verbinden.

Fawcett beurteilt die Möglichkeiten der mehrbetrieblichen Verwendung moderner Maschinen in Kleinbetrieben skeptischer. Saisonbedingte Kapazitätsengpässe, zu hohe Kosten des Transports von Einsatz zu Einsatz und die zu verstreuten und kleinen Wirtschaftsflächen lassen den Einsatz nicht lohnend werden[32]. Die genossenschaftliche Bewirtschaftung muß nach Fawcett umfassender angelegt werden, um die ökonomischen Vorteile des landwirtschaftlichen Großbetriebes mit den sozialen des bäuerlichen Kleinbetriebes zu verbinden:

"In order, therefore, to combine the peculiar advantages associated with large farming with those resulting from peasant properties, it may be anticipated that, in future, land will often be owned and cultivated by associations of labourers[33]."

Die landwirtschaftlichen Hilfsgenossenschaften sind für Fawcett nur eine unvollkommene — wenn auch sehr erfolgreiche — Vorstufe zur landwirtschaftlichen Produktivgenossenschaft[34]. Am Beispiel der Milchwirtschaft Dänemarks demonstriert Fawcett die Vorzüge der genossenschaftlichen Verarbeitung und Vermarktung von Agrarprodukten im großen Maßstabe: gleichbleibende und hochwertige Produktqualitäten als Bedingungen zur Schaffung und Erhaltung eines guten Absatzmarktes[35].

C. Die Genossenschaften aus der Sicht der klassischen Wettbewerbslehre bei J. St. Mill, Fawcett und Cairnes

Der Wettbewerb bildet das Kernstück der utilitaristisch-individualistischen Konzeption der Gesellschafts- und Wirtschaftspolitik in der englischen Klassik. Das Konkurrenzprinzip ist zentrales Ordnungs-

29 *H. Fawcett,* S. 193 f.
30 Vgl. *J. St. Mill,* Grundsätze, 1. Bd., S. 218.
31 Ebenda, S. 225.
32 *H. Fawcett,* S. 70 f.
33 Ebenda, S. 207 f.
34 Ebenda, S. 279.
35 Vgl. *H. Fawcett,* S. 280.

prinzip eines Systems, welches die Ausübung der persönlichen Freiheiten und Initiativen der Individuen mit dem Gesamtwohl und der Evolution der Gesellschaft im Sinne der utilitaristischen Norm in Einklang bringen soll. In der Anwendung auf die Wirtschaft führt das Konkurrenzprinzip bei den Klassikern zur Ordnungsform der Marktwirtschaft[1]. Während die zentralen ordnungspolitischen Anliegen der englischen Klassiker demgemäß auf die möglichst freie Entfaltung der Einzelinitiative im Wirtschaftsleben, auf freien Austausch von Gütern und Dienstleistungen, auf die Stimulierung und Anerkennung individuellen Eigentumsstrebens und auf prinzipiell staatliche Interventionsfreiheit hinausliefen und während sie daran glaubten, daß der einzelne und freiwillige Kooperationen einzelner dort einen gerechten und dem Gesamtwohl dienenden Betätigungsbereich fänden, wo sie ihn sich durch ihre Leistung erarbeiteten[2], verwarfen die Genossenschaftssozialisten wie Fourier, Blanc und Lassalle den wirtschaftlichen Liberalismus und das Konkurrenzprinzip als Hauptursachen der Ausbeutung der wirtschaftlich Schwachen und erblickten in der Einrichtung breit angelegter Genossenschaftssysteme durch staatliche Unterstützung ein wirksames Mittel, das Wirken des Wettbewerbsprinzips weitgehend aufzuheben und die Gesellschaft nach sozialistischen Grundsätzen der Gleichheit und Gerechtigkeit umzuformen[3].

Dieser Gegensatz zwischen den Ideen der Genossenschaftssozialisten und der ordnungspolitischen Konzeption der englischen Klassik bestimmt einen Hauptakzent in der wissenschaftlichen Behandlung der Genossenschaften bei Mill, Fawcett und Cairnes und bewirkt ihr Bestreben, eine dem individualistisch-liberalen Wettbewerbssystem immanente Genossenschaftslehre zu entwickeln.

Die Behandlung der Problematik Genossenschaften und Wettbewerb geschieht bei den Klassikern aus zwei Hauptaspekten heraus. Zum einen stellen sie die Frage nach der einzelwirtschaftlich-strukturellen Wettbewerbs-, Entwicklungs- und Durchsetzungsfähigkeit genossenschaftlicher Unternehmen in freier Konkurrenz sowie in engem Zusammenhang damit die Frage nach der Notwendigkeit und Wünschbarkeit staatlicher Interventionen zugunsten der Genossenschaften. Zum anderen besteht die Problematik der volkswirtschaftlichen Wirkungen der Genossenschaften auf den Wettbewerb. Der gleichsam „innere" und „äußere" Aspekt der Wettbewerbsfähigkeit bzw. Wettbewerbswirkun-

---

1 Vgl. dazu *Ch. Gide, Ch. Rist*, Geschichte der volkswirtschaftlichen Lehrmeinungen, S. 389 f.; *L. Robbins*, S. 187; *H. G. Schachtschabel*, Wirtschaftspolitische Konzeptionen, S. 54 ff.

2 Vgl. *L. v. Wiese*, Art. Wettbewerb, in: Handwörterbuch der Sozialwissenschaften, 12. Bd., Göttingen 1965, S. 28.

3 Vgl. dazu besonders: *J. L. Sassen*, S. 60 ff. und *G. Stavenhagen*, S. 132 ff.

gen der Genossenschaften in der Lehre Mills, Fawcetts und Cairnes' bildet jeweils einen Hauptabschnitt der nun folgenden Darstellung.

I. Die Frage der Wettbewerbsfähigkeit der Genossenschaften

1. Die genossenschaftliche Staatshilfe in der klassischen Interventionslehre

Der Genossenschaftssozialismus teilte dem Staat oft eine Schlüsselrolle bei der Entstehung und Entwicklung der genossenschaftlichen Gebilde zu. Da die Arbeiter nicht in der Lage seien, im Wege der Selbsthilfe unter freiem Wettbewerb die Mittel zur Gründung der notwendigen Anzahl von Produktivassoziationen aufzubringen, wurde diese Aufgabe dem Staat zugedacht. Der Plan Ferdinand Lassalles zur staatlichen Kreditfinanzierung der Arbeitgeberproduktivgenossenschaften bildet den hauptsächlichen Diskussionsgegenstand bei der Behandlung der Genossenschaften aus der Sicht der Interventionslehre der englischen Klassik.

Ein allgemeiner Hinweis auf das Prinzip des Laisser-faire als Grundlage der Behandlung dieses Problemkreises in der englischen Klassik wäre weder zutreffend noch ausreichend, um die Stellungnahme der Klassiker zu interpretieren. Robbins hat ausführlich belegt, daß die englischen Klassiker keineswegs von der letztlichen Harmonie der sich selbst überlassenen Interessen der Individuen und folglich vom Prinzip des Laisser-faire als erschöpfender Regel der staatlichen Einflußnahme überzeugt waren. Die Staatsvorstellung der Klassiker entsprach nicht dem „Nachtwächterstaat“, sondern dem Staat als Errichter und Bewahrer einer festen Ordnung von Gesetzen und gesellschaftlichen Institutionen. Diese Ordnung sollte Rahmenbedingungen setzen, unter denen sich die primär vom Selbstinteresse geleitete Tätigkeit der Individuen möglichst weit in Harmonie zum Gesamtwohl vollzieht[4].

Der Schwerpunkt der Staatstätigkeit besteht für die klassische Nationalökonomie demnach in der Schaffung und Erhaltung gesellschaftlich-wirtschaftlicher Rahmenbedingungen, die die Verwirklichung des Utilitätsprinzips auf prinzipiell individualistischer Basis ermöglichen und begünstigen. Die Tatsache, daß die Institutionen künstlich geschaffen sind, bedeutet jedoch nicht, daß auch in die Abläufe innerhalb der geschaffenen Einrichtungen und Regeln eingegriffen werden darf:

---

[4] Vgl. dazu *L. Robbins*, S. 56: "... they do believe that without a firm framework of law and order, harmonious relations between individuals are unlikely to come into being; the pursuit of self-interest, unrestrained by suitable institutions, carries no guarantee of anything except chaos."

"... it was the central contention of the Classical Economists that, when the market conformed to the conditions which they postulated, then interference with its working was harmful and self-frustrating[5]."

Die Gestaltung der Wirtschaftsordnung wird demnach als Aufgabe einer Rahmenbedingungen setzenden staatlichen Politik anerkannt, Eingriffe des Staates in die prinzipiell von den Individuen zu tragenden Wirtschaftsprozesse werden aber grundsätzlich abgelehnt.

In diesen Grundzügen der ordnungspolitischen Vorstellungen der Klassiker liegt ihre Stellungnahme zur staatlichen Kapitalhilfe für Genossenschaften begründet: Die öffentliche Kreditfinanzierung der Produktivgenossenschaften bedeutet aus dieser Sicht zum einen einen abzulehnenden Eingriff in prinzipiell von Individuen durchzuführende Wirtschaftsprozesse, zum anderen widerspricht sie den klassischen Ordnungsinstitutionen des Privateigentums und des Wettbewerbs. Diese Auffassung der Klassiker soll im folgenden an Äußerungen von Mill, Fawcett und Cairnes verdeutlicht werden.

Mill vertritt trotz des breiten Spektrums der von ihm sanktionierten Staatstätigkeiten[6] die möglichste Einschränkung der Staatseinmischung als die Regel und jedes Abweichen davon als Ausnahme: in jedem Falle obliege denjenigen die Beweislast der Nützlichkeit, die einen Eingriff forderten, und nicht denen, welche eine Einmischung des Staates ablehnten[7]. Die Gründe dafür sieht Mill in den wichtigsten Nachteilen der staatlichen Intervention: in der Notwendigkeit höherer Besteuerung, der Vermehrung der Macht und der Gefahr des Machtmißbrauchs des Staates, der Überlastung der Staatsorgane, dem mangelnden Eigeninteresse der öffentlichen Verwaltung und besonders der Beeinträchtigung der individuellen Selbstverantwortung als Faktor der Erziehung der breiten Volksschichten zu Arbeitsamkeit, Scharfsinn, Urteilskraft und Selbstbeherrschung[8]. Der erzieherische Wert möglichst freier Gestaltungsspielräume und möglichst großer Selbstverantwortlichkeit der einzelnen wird von Mill demnach sowohl wirtschafts- als auch gesellschaftspolitisch begründet: Handlungs- und Wettbewerbsfreiheit sowie Selbstverantwortlichkeit stimulieren und fördern einerseits die Fähigkeiten der Menschen, einzeln oder in freiwilliger Zusammenarbeit ihre wirtschaftliche und soziale Stellung zu behaupten und zu verbessern, andererseits stärkt die allgemeine Verbreitung von Intelligenz, Urteilsfähigkeit und Tatkraft im Volk die demokratische Kontrolle der Regierenden und verhindert politische Unterdrückung durch geistig überlegene Herrschaftseliten[9].

5 *L. Robbins*, S. 57.

6 *J. St. Mill*, Grundsätze, 2. Bd., S. 587 ff.

7 Ebenda, S. 692. Zur Aktualität dieser Diskussion vgl. nur die Debatte um das Subsidiaritätsprinzip in der heutigen Sozialpolitik-Wissenschaft.

8 *J. St. Mill*, Grundsätze, 2. Bd., S. 689 ff. und derselbe, On Liberty, S. 75 ff.

„Daher ist es äußerst wichtig, daß alle Bevölkerungsschichten mit Einschluß der niedrigsten in großem Umfange für sich selbst zu sorgen haben, daß von ihren Geistesgaben und ihrer Tüchtigkeit soviel verlangt wird, als irgend von ihnen erwartet werden kann; daß der Staat nicht nur in möglichst großem Umfange ihren eigenen Fähigkeiten die Erledigung alles dessen überläßt, was sie allein angeht, sondern auch erlaubt oder vielmehr dazu anregt, möglichst viel von ihren gemeinsamen Interessen durch freiwilliges Zusammenwirken zu besorgen[10]."

Mill ist überzeugt, daß unter möglichst großer Handlungs- und Wettbewerbsfreiheit der einzelnen die folgenden gesellschaftlich-wirtschaftlichen Ziele erreicht werden können[11]:

— "a very great degree of happiness" —

— "a good government" —

— "good laws and a good administration of them" —

— "a high degree of intellectual and moral education" —

sowie das verteilungspolitische Ziel:

— "every labourer would enjoy the whole produce of his labour with the exception of what he might voluntarily give up to obtain a greater good." —

Im letzten Punkt zielt Mill auf die letztliche Durchsetzungsfähigkeit der Arbeiterproduktivgenossenschaften in freier Konkurrenz ohne staatliche Hilfe und allein auf der Basis der freiwilligen Zusammenarbeit der Arbeiter ab. Mill beurteilt die staatliche Intervention zugunsten der Genossenschaften also nicht nur als überflüssig, sondern sogar als schädlich, da sie die in den unteren Bevölkerungsschichten sich stark entwickelnde Fähigkeit zur selbstverantwortlichen freiwilligen Kooperation nicht stimuliere, sondern schwäche[12]. Gerade die Entwicklung dieser Fähigkeit ist für Mill aber eine unerläßliche Vorbedingung für die Entwicklung und Durchsetzung der Produktivgenossenschaften. So betont Mill, daß die Genossenschaften, die in Frankreich nach 1848 staatliche Unterstützung erhalten hätten, keineswegs die erfolgreichsten gewesen seien:

„Die bezeichnendsten Beispiele eines glücklichen Gedeihens finden sich vielmehr bei denen, die sich nur auf ihre geringen Mittel und die kleinen Darlehen ihrer Arbeiterkameraden stützen konnten, und deren Mitglieder von Brot und Wasser lebten, während sie ihren ganzen überschießenden Gewinn der Bildung von Kapital widmeten[13]."

Fawcett schließt sich Mills Grundeinstellung zur Staatshilfe an:

"... any scheme, however well intentioned it may be, will indefinetely increase every evil it seeks to alleviate, if it lessens individual responsibility

[9] *J. St. Mill*, Grundsätze, 2. Bd., S. 689 ff.

[10] Ebenda, S. 691.

[11] *J. St. Mill*, Closing Speech on the Co-operative System, S. 226.

[12] *J. St. Mill*, Grundsätze, 2. Bd., S. 690 f.

[13] Ebenda, S. 424.

by encouraging the people to rely less upon themselves and more upon the State[14]."

Für die Genossenschaften zieht Fawcett die Schlußfolgerung:

"Whilst placing the highest value upon the extension of cooperation, we believe that no more fatal injury could be inflicted upon the movement than that the founders of cooperative institutions should be accustomed to rely, not upon their own efforts but upon State help[15]."

Neben den allgemeinen ökonomischen und sozialen Nachteilen des Interventionismus, die der Staatshilfe bei der Finanzierung der Genossenschaften zugeordnet werden, erscheint sie bei Mill, Fawcett und Cairnes zugleich als systemwidrig. Sie verletzt nach ihrer Auffassung tragende Prinzipien der liberalen Marktwirtschaft, Wettbewerb und Privateigentum.

Die Entwicklung der Produktionsverfassung hat sich für Mill aus freien Kräften im Leistungswettbewerb der genossenschaftlichen und nichtgenossenschaftlichen Unternehmensformen zu vollziehen. Die staatliche Kreditfinanzierung der Genossenschaften müßte diesen Wettbewerb jedoch verzerren. Fawcett führt diesen Gedanken näher aus. Er sieht in der staatlichen Kredithergabe die Gefahr der Ausschaltung des Leistungswettbewerbs mit der Folge wirtschaftlicher Ineffizienz, die letztlich von den Steuerzahlern zu tragen sei:

"If the State makes loans in cases where they cannot be obtained from ordinary commercial sources, it is clear that, in the judgment of those best qualified to form an opinion, the State is running a risk of loss which may necessitate increased taxation[16]."

Cairnes holt in der Beantwortung der Frage weiter aus. Eine sehr hohe volkswirtschaftliche Kapitalakkumulation sei unerläßliche Bedingung,

„to be fulfilled by every industrial system which undertakes to promote the well-being and progress of mankind"[17].

Der in der Kapitalbildung implizierte Konsumverzicht wird nach Cairnes nicht ohne ein adäquates Motiv in der Form eines das Opfer kompensierenden Anreizes geleistet werden. Im Privateigentum und in der wirtschaftlichen Handlungsfreiheit sieht Cairnes die zentralen ordnungspolitischen Institutionen, die den Anreiz zur Kapitalbildung sichern[18]. Die Garantie des Eigentums und die Freiheit des einzelnen, durch wirtschaftliche Tätigkeit nach persönlichem Eigentum zu streben, sind für Cairnes tragende Elemente des liberalen Wirtschaftssystems:

---

[14] *H. Fawcett*, S. 310.

[15] Ebenda, S. 299.

[16] *H. Fawcett*, S. 300.

[17] *J. E. Cairnes*, Some Leading Principles, S. 324.

[18] Ebenda.

"The inducement thus offered to the acquisitive propensity in man constitutes, under the actual system of things, the great spring and support of productive capital, and, in the last resort, the ultimate security for all the results which go to form our material civilisation[19]."

Der systemadäquate und bewährteste Weg der Kapitalbildung führt nach Cairnes also über das persönliche Eigentumsstreben, über den Konsumverzicht und das Sparen.

Die Kapitalausstattung von Arbeiterproduktivgenossenschaften durch den Staat dagegen sprenge das gegebene System und müsse die Kapitalakkumulation schädigen, da die stimulierende Wirkung des Eigentumsstrebens[20], durch eigene Leistung persönlichen Besitz zu erwerben, verletzt werde:

"If labourers can obtain command of capital by simply asking for it; or if, having failed in their undertakings, they are to be relieved from the consequences of failure, and to be started anew in fresh enterprises, it is idle to except that they will exhibit the self-denial and providence through the exercise of which capital comes to exist and industrial enterprise to succeed[21]."

Ähnlich wie Mill und Fawcett befürchtet auch Cairnes von der staatlichen Finanzierung der Produktivgenossenschaften zudem negative Folgen für die Herausbildung der wirtschaftlichen Fähigkeiten der Arbeiter, selbstverantwortlich und unternehmerisch handelnd ihre wirtschaftliche und soziale Lage langfristig zu verbessern[22].

Für Mill drohen staatliche Eingriffe in die Gestaltung der Genossenschaften auch uniformierend zu wirken und die Vorteile der Individualität und Vielfalt genossenschaftlicher Experimente zu beeinträchtigen:

"Government operations tend to be everywhere alike. With individuals and voluntary associations, on the contrary, there are varied experiments, and endless diversity of experience[23]."

Daher sollte der Staat nach Mill auch genossenschaftliche Versuche nicht selbst übernehmen, sondern fruchtbarer als Informationszentrale fungieren als

„central depository, and active circulator and diffuser, of the experience resulting from many trials"[24].

[19] *J. E. Cairnes*, Some Leading Principles, S. 324.

[20] Ebenda, S. 342. *H. Fawcett* (S. 190 ff.) betont die produktive Wirkung des Eigentumsstrebens besonders am Beispiel landwirtschaftlicher Kleineigentümer und zitiert z. B. Berichte über von ihnen durchgeführte Bodenmeliorationen: "*The magic of property* turns sand into gold" (Hervorhebung im Original).

[21] *J. E. Cairnes*, Some Leading Principles, S. 342.

[22] Ebenda.

[23] *J. St. Mill*, On Liberty, S. 112.

[24] Ebenda.

Eine umfassende staatliche Finanzierung von Genossenschaften sieht Mill auch aus verteilungspolitischen Gründen als unvertretbar an: Ein nach Owen konzipiertes System von Genossenschaftsdörfern würde nach Mills Berechnungen einen so hohen Kapitalbedarf erfordern, daß das Gesamtkapital Großbritanniens schon absorbiert wäre, lange bevor erst ein Drittel der Bevölkerung mit Genossenschaftsgemeinden versorgt worden wäre. Zwei Drittel der Bevölkerung müßten übergangen werden,

„they would be forced into the sea if they had not previously died of starvation or raised a rebellion and subverted the establishments of that system, which may justly be denominated a plan for making one portion of the community happy at the expense of the remainder“[25].

Zusammengefaßt ergibt sich, daß die Klassiker die Entstehung und Entwicklung der Genossenschaften als einzelwirtschaftliche Gebilde im Einklang mit den allgemeinen Ordnungsprinzipien des Privateigentums und des Wettbewerbs sehen, die staatliche Kapitalausstattung als systemwidrig ablehnen und die Wettbewerbsfähigkeit als notwendige Existenz- und Entwicklungsbedingung der Genossenschaften in freier Konkurrenz postulieren.

2. Die Problematik der strukturellen Wettbewerbsfähigkeit genossenschaftlicher Unternehmensformen

Da die Genossenschaften in der englischen Klassik dem Bereich der individuellen Wirtschaftstätigkeit in freier Konkurrenz ohne staatliche Privilegierung zugeordnet werden, gewinnt folglich die Problematik der Wettbewerbsfähigkeit der spezifisch genossenschaftlichen Unternehmensorganisation entscheidende Bedeutung. Der „striking success“ vieler genossenschaftlicher Gründungen bedeutet für Fawcett nicht,

„that a cooperative institution is not subject to many of the same dangers which beset ordinary commercial undertakings“[26].

Die Anpassungsfähigkeit der genossenschaftlichen Strukturen und Funktionen an die sich fortlaufend ändernden Daten des marktwirtschaftlichen Leistungswettbewerbs ist für Mill, Fawcett und Cairnes Voraussetzung der Existenzfähigkeit der Genossenschaften.

Die Wettbewerbsfähigkeit der Kooperationen setzt aus dieser Sicht insbesondere voraus, daß die ökonomisch-organisatorischen Bedingungen einer möglichst effizienten Leistungserstellung, besonders aber einer möglichst hohen Arbeitsproduktivität nicht aus genossenschaftsideologischen Motiven vernachlässigt werden.

---

25 *J. St. Mill,* Closing Speech on the Co-operative System, S. 237.

26 *H. Fawcett,* S. 280.

Mill warnt die frühsozialistischen, insbesondere aber die genossenschaftssozialistischen Reformer eindringlich davor, utopische Annahmen über Gesinnung und Verhalten der Menschen zur Grundlage ihrer Pläne zu machen[27]. Die von Owen-Anhängern angestrebte und in frühen Produktivgenossenschaften versuchte egalitäre Bezahlung der Arbeiter ohne Berücksichtigung der individuellen Arbeitsleistung beruht nach Mill auf unhaltbaren Annahmen über Gesinnung und Moral der Menschen. Ein solches Verteilungssystem sei nicht nur ökonomisch schädlich,

„because it prevents the powers of production which the society possesses from being called into full activity“[28],

sondern müsse auch sozialen Unfrieden in die genossenschaftliche Personengemeinschaft tragen:

"In such a state the less any man individually worked the more bitterly he would inveigh against all others for not working enough, and the community would be a scene of perpetual bickering among those who, idle themselves, would never tail to discover that their neighbours were still more so[29]."

Leistungen bei gleichmäßiger Bezahlung der Arbeiter durch Zwang zu sichern und Drückebergerei in der Genossenschaft durch ein System von Strafen zu verhindern, ist für Mill eine denkbar schlechte Alternative zur leistungsabhängigen Bezahlung: Die Arbeit würde in ihrem Vollzug und in ihren qualitativen Ergebnissen den Charakter von Zwangsarbeit annehmen:

"... you substitute punishment for reward. For the cheering and stimulating impulse of hope you substitute the degrading and chilling influence of fear[30]."

Mill hält die leistungsgerechte Bezahlung keineswegs für das denkbar gerechteste Vergütungsprinzip. Durch die natürliche Verschiedenheit der individuellen Kräfte und Anlagen sei dieses Prinzip an sich eine Ungerechtigkeit, dennoch aber für den zeitgenössischen Zustand der Gesellschaft vorzuziehen[31]:

„Jedoch als Kompromiß betrachtet mit dem selbstsüchtigen Charakterzug, der durch die gegenwärtig geltende Moral gebildet und von den gegenwärtigen sozialen Institutionen begünstigt wird, ist es ein trefflicher Ausweg; und bis eine Erziehung die Menschheit vollständig umgestaltet hat, kann es sich unmittelbar erfolgreicher bewähren als ein Streben nach einem höheren Ideal.“

---

27 *J. St. Mill*, Grundsätze, 1. Bd., S. 318 ff.; ausführlicher in: Closing Speech on the Co-operative System, S. 232 ff.

28 *J. St. Mill*, Closing Speech on the Co-operative System, S. 232.

29 Ebenda.

30 Ebenda.

31 Derselbe, Grundsätze, 1. Bd., S. 319.

Auch für die Produktivgenossenschaften ist nach Mill somit der auf dem Leistungsprinzip basierende Stücklohn das System,

„welches bei dem gegenwärtigen Stande der Gesellschaft und Zivilisation für den Arbeiter am günstigsten ist; wenn auch am ungünstigsten für den Nichtstuer, welcher für sein Nichtstun bezahlt werden will." „Mit bewundernswerter Schnelligkeit haben die in den Genossenschaften vereinigten Arbeiter gelernt, die Ideen, die nicht den Lehren der Vernunft oder der Erfahrung entsprachen, zu verbessern oder auszumerzen. Fast alle Genossenschaften schlossen zuerst Akkordarbeit aus und zahlten gleichen Lohn ohne Rücksicht auf den Umfang der Arbeit. Fast alle haben aber dieses System aufgegeben, und nach Zahlung eines festen Mindestsatzes, der für jedes Mitglied zum Unterhalt genügt, werden alle weiteren Entlöhnungen im Verhältnis zu der geleisteten Arbeit gewährt[32]."

Im gleichen Sinne weist Fawcett die Vorstellung zurück, eine Kreditgenossenschaft könne einen festen, für gerecht gehaltenen Zinssatz an die Mitglieder für Einlagen verteilen, selbst wenn dieser den Marktzins übersteige[33].

Eine weitere, wesentliche Voraussetzung für die Wettbewerbsfähigkeit der Genossenschaften sehen Mill und Fawcett in deren Anpassungsfähigkeit an Preis- und Mengenschwankungen auf den Beschaffungs- und Absatzmärkten.

Fawcett differenziert hinsichtlich der Risiken von Umsatzschwankungen und der Möglichkeit der Kapazitätsanpassung zwischen Konsum- und Produktivgenossenschaften:

"It is, for instance, evident that a cooperative store has not to contend with many difficulties which stand in the way of a cooperative manufactory. As the business of a store is conducted on the ready-money principle, scarcely any risk need be incurred. It is not necessary to make any speculative purchases. The goods can to a great extent be bought as they are wanted. The returns in such a business are regular. The trade done in one quarter differs little from that done in the previous quarter, and there is no difficulty in contracting or expanding the business if it should be requisite to do so[34]."

Gegenüber dem der Konsumgenossenschaft sei das Management einer Produktivgenossenschaft risikoreich und spekulativ: Einerseits hingen die Gewinnchancen oft vorwiegend vom Einkauf der Rohmaterialien im günstigsten Zeitpunkt ab, andererseits verfielen zuweilen die Absatzpreise so stark, daß es notwendig sei, die Fertigprodukte vom Markt fernzuhalten und auf Lager zu nehmen. Dazu wiederum sei ein Reservefonds, auf den man zurückgreifen könne, notwendig[35].

---

32 *J. St. Mill*, Grundsätze, 2. Bd., S. 434, S. 435 f.

33 *H. Fawcett*, S. 281.

34 Ebenda, S. 277.

35 *H. Fawcett*, S. 277.

Fawcett verdeutlicht am Beispiel produktivgenossenschaftlicher Erfolge in der durch starke Marktschwankungen gekennzeichneten Baumwollverarbeitungsindustrie seine Überzeugung von der Anpassungsfähigkeit der Produktivgenossenschaften:

"It is obvious that the greatest prudence and forbearance are required in order that a business which is liable to such severe and sudden fluctuations should be successfully carried on[36]."

Das Hauptproblem klugen und voraussichtigen Handelns liegt nach Fawcett in der von der Sparwilligkeit der Arbeiter abhängigen genossenschaftlichen Reservepolitik, d. h. in der Versuchung, in ertragreichen Jahren zuviel Gewinn zu entnehmen und zu wenig für schlechtere Jahre zurückzulegen. Daß dieses Problem in Produktivgenossenschaften der baumwollverarbeitenden Industrie erfolgreich gelöst wurde, wertet Fawcett als Beweis für die Fähigkeit einer beträchtlichen Zahl der Arbeiter, höchst komplizierte und schwierige gewerbliche Vorhaben durchzuführen:

"The experiment of applying the cooperative principle to so speculative and fluctuating a trade as the cotton manufacture was an extremely bold one; for there is no other branch of industry in which associations of workmen have to resist so many temptations and to struggle against so many obstacles. Cooperative production may no doubt be far more easily carried on in those trades where the returns are more regular, and where the amount of capital which has to be invested in plant and material is small, compared with the amount expended in wages[37]."

Im gleichen Sinne zieht Mill aus der erfolgreichen Selbstbehauptung französischer Produktivgenossenschaften nach 1848 trotz größter politischer und wirtschaftlicher Schwierigkeiten den Schluß, daß diese Beispiele

„jeden von der glänzenden Zukunft überzeugen müssen, die dem Genossenschaftsgedanken vorbehalten ist“[38].

Mill sieht durch die geglückten produktivgenossenschaftlichen Versuche nicht nur die Wettbewerbsfähigkeit der produktivgenossenschaftlichen Unternehmensform bestätigt, sondern spricht dieser darüber hinaus die langfristige Überlegenheit gegenüber der Form der herkömmlichen Privatunternehmung zu. Im Wettbewerb der Unternehmensformen wirke die größere unternehmerische Dynamik und Risikofreudigkeit der Privatunternehmung zwar noch stimulierend auf die Genossenschaften, die kapitalistische Einzelunternehmung sei innovatorisch aktiver, zwinge die Genossenschaften zur Anpassung und selbst bei gewöhnlichen Geschäften werde ihre Konkurrenz

---

36 Ebenda, S. 277 f.

37 Ebenda, S. 278.

38 *J. St. Mill*, Grundsätze, 2. Bd., S. 437.

„von großem Nutzen sein, um die Geschäftsführer von Genossenschaften bei der notwendigen Regsamkeit und Aufmerksamkeit zu halten“[39].

Letztlich führe jedoch die Kombination der wirtschaftlich-technischen Vorteile des Großbetriebes mit der Institutionalisierung höherer Arbeitsmotivation und Arbeitsmoral durch den Miteigentümerstatus der Beschäftigten in der produktivgenossenschaftlichen Unternehmensform zur entscheidenden Überlegenheit. Sobald die Produktivgenossenschaften sich genügend verbreitet hätten, würden sie die besser qualifizierten Arbeitskräfte an sich ziehen und

„... wie diese Umwandlung sich vollzieht, würden die Kapitalbesitzer es vorteilhaft finden, anstatt den Kampf des alten Systems mit Arbeitern der schlechtesten Art aufrecht zu erhalten, ihr Kapital den Genossenschaften zu leihen; dies würde zu einem immer niedrigeren Zinssatz geschehen, und schließlich vielleicht gegen Umtausch ihres Kapitals gegen bestimmte Rentenzahlungen. Auf diesem oder einem ähnlichen Wege könnten die bestehenden Kapitalansammlungen durch das rechtliche Mittel einer sich von selbst ergebenden Entwicklung schließlich gemeinsames Eigentum aller derer werden, die an produktiver Beschäftigung teilnehmen“[40].

Als unerläßliche Voraussetzung für diesen Entwicklungsprozeß postuliert Mill die strenge Erfüllung des produktivgenossenschaftlichen Prinzips, alle Arbeiter am Gewinn zu beteiligen. Genossenschaften, welche diesen wesentlichen Grundgedanken des Systems aufgäben, würden sich auf die Dauer nicht gegen den privaten Wettbewerb behaupten können, denn die Geschäftsführung privater Betriebe habe gegenüber jeder gemeinsamen Geschäftführung große Vorteile.

„Die Genossenschaft hat diesem Vorteil nur einen einzigen anderen gegenüber zu stellen — das gemeinsame Interesse aller Arbeiter an der Arbeit. Wenn Einzelkapitalisten, wie sie es sicherlich tun werden, diesen Vorteil den anderen Vorzügen ihrer Betriebsart hinzufügen werden, wenn sie, auch nur um ihren eigenen Gewinn zu erhöhen, das Verfahren annehmen, welches jene Genossenschaften haben fallen lassen, und das geldliche Interesse eines jeden Beschäftigten mit einer größtmöglichen wirtschaftlichen Geschäftsführung verbinden, werden sie wohl einen leichten Sieg über die Genossenschaften davontragen, welche die Mängel des alten Systems beibehalten, ohne daß sie dessen volle Vorzüge ihr eigen nennen[41].“

Die Vergenossenschaftlichung der Wirtschaft auf dem Wege des freien Wettbewerbs der Unternehmensformen darf für Mill nicht in eine Einschränkung oder Beseitigung des freien Wettbewerbs münden, sondern die Konkurrenz müsse dann unter den Genossenschaften fortwirken[42]:

„Sowie die Menschen einmal einen Zustand erreicht haben, den sie für erträglich erachten, droht sofort die Gefahr, daß sie von jetzt ab stillstehen,

[39] Ebenda, S. 449.

[40] Ebenda, S. 450.

[41] *J. St. Mill*, Grundsätze, 2. Bd., S. 448.

[42] Ebenda, S. 453.

daß sie nun keine Fortschritte mehr erarbeiten wollen und ihre Fähigkeiten einrosten lassen, ja hierdurch selbst die Tatkraft verlieren, die notwendig ist, um sie vor Rückschritten zu bewahren. Wettbewerb ist gewiß nicht das denkbar beste Antriebsmittel, aber augenblicklich ist er unentbehrlich ..."

Auf die Genossenschaften bezogen bedeutet dies nach Mill:

„... würde es nicht sehr schwierig sein, die Generalversammlung einer Genossenschaft zu veranlassen, sich der umständlichen und unbequemen Arbeit einer Änderung ihrer Gewohnheiten zu unterziehen, dadurch, daß man eine aussichtsreiche Erfindung annimmt, es sei denn, daß die Kenntnis von dem Bestehen von rivalisierenden Genossenschaften sie befürchten ließe, daß andere das tun würden, was sie jetzt nicht tun wollen, wodurch sie dann in dem Wettrennen ins Hintertreffen gerieten?"

Während die englischen Spätklassiker also vorwiegend die Produktivgenossenschaften zum Gegenstand wählen, um die Ablehnung der Staatshilfe und die Möglichkeit der Realisierung und Durchsetzung der Genossenschaften im freien Wettbewerb zu begründen, nehmen sie die Erscheinungsform der Konsumgenossenschaften zum Anlaß, um die volkswirtschaftlichen Wirkungen der Genossenschaften auf die Märkte zu behandeln.

II. Die Wirkungen genossenschaftlicher Beeinflussung der Marktverfassung auf den Wettbewerb

1. Die Problematik der Identifizierung der klassischen Preislehre mit dem Modell der vollständigen Konkurrenz — dargestellt am Beispiel ihrer Aussagen zur genossenschaftlichen Wettbewerbsintensivierung

Bei dem Versuch, die theoretischen Grundlagen der Behandlung der Wettbewerbswirkungen der Genossenschaften in der klassischen Preislehre aufzuzeigen, stellt sich auf den ersten Blick das Problem einer allgemein verbreiteten Identifizierung dieser Lehre mit dem Modell der vollständigen Konkurrenz im Sinne des atomistischen Wettbewerbs auf dem vollkommenen Markt. Geht man von der generalisierenden Aussage Schumpeters aus, für die Klassiker sei der freie Wettbewerb der Normalfall der wirtschaftlichen Wirklichkeit gewesen, eher eine Annahme hinsichtlich der institutionellen Gegebenheiten als eine Folge bestimmter Marktbedingungen[43], so muß die positive Einstellung der Klassiker zu den Konsumgenossenschaften als Organisation zur Intensivierung des Wettbewerbs, zur Senkung von überhöhten Distributionskosten, Händlergewinnen und Konsumentenpreisen zunächst als widersprüchlich erscheinen.

---

[43] Vgl. J. *Schumpeter*, Geschichte der ökonomischen Analyse, 1. Bd., S. 667.

Eine Lösung dieses vorläufigen Widerspruchs ergibt sich, wenn man die nur wenig beachteten Differenzierungen berücksichtigt, welche besonders Mill und Cairnes am Modell der vollständigen Konkurrenz hinsichtlich seines Wirklichkeits- und Anwendbarkeitsanspruchs angebracht haben.

Über die praktische Anwendbarkeit der klassischen Preistheorie schreibt Mill[44]:

„Um Irrtümer zu vermeiden, müssen wir bei Anwendung der Schlußfolgerungen der Volkswirtschaftslehre die wirklichen Lebensvorgänge betrachten, nicht nur, was bei Voraussetzungen des Maximums der Konkurrenz eintreten würde, sondern inwieweit das Ergebnis beeinträchtigt wird, wenn die Konkurrenz ihr Maximum nicht erreicht."

An diese grundlegende Auffassung anknüpfend entwickelt Mill — besonders von Betrachtungen der Einzelhandelsmärkte ausgehend — erste Ansätze zur Theorie der unvollständigen Konkurrenz, welche er bei der Behandlung der Wettbewerbswirkungen der Genossenschaften zur Anwendung bringt.

Auch Cairnes entwickelt neben seiner bekannten wettbewerbstheoretischen Differenzierung nach industriellen Gruppen im Konzept der „non-competing groups"[45] eine weitere Differenzierung nach Marktstufen und gelangt über die Anwendung dieses Konzepts auf den Einzelhandel zum wettbewerbspolitischen Lösungsvorschlag der „cooperative competition"[46], d. h. zum Mittel spezifisch genossenschaftlicher Wettbewerbsintensivierung im Einzelhandel.

Nicht die idealtypische Vorstellung der vollständigen Konkurrenz, sondern die ersten Differenzierungen an diesem Konzept, die vorwiegend von der Analyse der Verhältnisse im Einzelhandel ausgehen, müssen demnach als Basis der Behandlung der Wirkungen der Genossenschaften auf den Wettbewerb bei den Klassikern zugrundegelegt werden. Aus der Sicht der heutigen Preistheorie[47] betreffen diese Differenzierungen dabei weniger die Frage der quantitativen Besetzung der Marktseiten als vielmehr die Frage der qualitativen Beschaffenheit der Märkte, d. h. die Problematik der Marktverfassung.

---

[44] *J. St. Mill*, Grundsätze, 1. Bd., S. 369.

[45] *J. E. Cairnes*, Some Leading Principles, S. 71 ff.

[46] Ebenda, S. 132 ff.

[47] Vgl. dazu *A. E. Ott*, Grundzüge der Preistheorie, Göttingen 1968, S. 32 ff.

2. Die Faktoren unvollständiger Konkurrenz unter besonderer Berücksichtigung des Wettbewerbs im Einzelhandel nach J. St. Mill und Cairnes

Die zentralen Lehrsätze der Preislehre der englischen Klassik, insbesondere das von A. Smith und Ricardo tradierte Kostengesetz[48], nach dem der Marktpreis eines Gutes stets die Tendenz hat, Übergewinne eliminierend auf den natürlichen Preis in der Höhe der notwendigen Produktionskosten hinzustreben und das von Jevons präzisierte Gesetz der Unterschiedlosigkeit[49], nach dem es auf dem gleichen Markte für gleiche Güter zu einem gegebenen Zeitpunkt keine unterschiedlichen Preise geben kann, beruhen für Mill in ihrem Gültigkeitsanspruch ganz auf der Annahme vollständiger Konkurrenz:

„Ich muß ein für allemal bemerken, daß in den Fällen, die ich betrachte, Wert und Preis allein durch die Konkurrenz bestimmt sind. Nur insoweit sie hierdurch bestimmt werden, können sie auf ein bestimmbares Gesetz zurückgeführt werden[50]."

Während Mill die vollständige Konkurrenz auf der Marktstufe des Großhandels weitgehend als verwirklicht und die praktische Anwendbarkeit der allgemeinen Preistheorie dort als gegeben beurteilt, betont er die Relevanz einer Fülle von Faktoren der unvollständigen Konkurrenz, um die Preisbildung im Einzelhandel erklären zu können:

„Für die Engrosmärkte trifft daher wirklich der allgemeine Satz zu, daß zu gleicher Zeit nicht zweierlei verschiedene Preise für die gleichen Waren bestehen. Es besteht zu jeder Zeit und an jedem Ort ein Marktpreis, der in einer Preisliste aufgeführt werden kann. Der Preis im Detailhandel jedoch, der Preis, der von den wirklichen Konsumenten bezahlt wird, scheint sehr langsam und unvollkommen die Wirkungen der Konkurrenz zu fühlen ..."

„Für solche Waren gibt es oft nicht nur zwei, sondern mancherlei Preise, in verschiedenen Läden und sogar in demselben Laden; Gewohnheit und Zufall bewirken dies ebensoviel wie allgemeine Ursachen[51]."

---

[48] *J. St. Mill* faßt das Kostengesetz wie folgt zusammen: „Außer ihrem zeitweiligen Werte haben die Güter auch einen dauernden oder, wie er genannt werden kann, einen natürlichen Wert, zu dem der Marktwert nach jeder Veränderung zurückzukehren immer die Tendenz hat; die Oszillationen gleichen sich aus, so daß durchschnittlich die Güter ungefähr zu ihrem natürlichen Wert ausgetauscht werden. Der natürliche Wert einiger Güter ist ein Seltenheitswert; aber die meisten Güter werden natürlich gegeneinander ausgetauscht in dem Verhältnis ihrer Produktionskosten oder, wie es bezeichnet werden kann, zu ihrem Kostenwert." (Grundsätze, 1. Bd., S. 701.)

[49] *W. St. Jevons,* Die Theorie der Politischen Ökonomie, London 1879, übersetzt von O. Weinberger, Jena 1924, S. 87 f.: „Hieraus folgt, was bei richtiger Auslegung unzweifelhaft wahr ist, nämlich daß *auf demselben offenen Markte, zu irgendeinem Zeitpunkte, nicht zwei Preise für die gleiche Art von einem Gegenstande vorhanden sein können."* (Hervorhebung im Original.)

[50] *J. St. Mill,* Grundsätze, 1. Bd., S. 647.

[51] *J. St. Mill,* Grundsätze, 1. Bd., S. 366 f., S. 647.

Die Analyse der Ursachen erreicht bei Mill noch keine systematisch-theoretische Form, sondern es handelt sich erst um eine Vielzahl anregender, knapp ausgeführter und weitgehend verstreuter Gedanken. Das gleiche gilt für Fawcett. Erst Cairnes widmet sich einer umfassenderen und geschlosseneren Analyse des Wettbewerbs auf den Marktstufen des Groß- und Einzelhandels, um auf dieser Basis besonders die Funktionen der Genossenschaften im Wettbewerb zu begründen.

Im folgenden sollen die Aussagen zur unvollkommenen Konkurrenz am Gegenstand des Einzelhandels bei Mill, Fawcett und Cairnes systematisch zusammengefaßt und darauf aufbauend die Behandlung der Wettbewerbswirkungen der Genossenschaften aufgezeigt werden.

Grundlegende Prämissen der Preistheorie wie die Annahme ökonomisch-rationalen Eigennutzstrebens der Marktpartner sind für Mill im Bereich des Einzelhandels nur beschränkt anwendbar. Außerökonomische Verhaltensfaktoren wie Herkommen, Anschauungen über Gerechtigkeit und Billigkeit sowie mangelnde Rationalität, Gleichgültigkeit und Sorglosigkeit spielen eine wichtige Rolle[52].

Der Bereich der Einkommensverwendung ist nach Mill weniger durch ökonomische Rationalität bestimmt als die Einkommenserzielung:

„Die Gefühle, welche bei der Tätigkeit des Erwerbens Platz greifen, sind von denjenigen beim Ausgeben des Einkommens äußerst verschieden. Entweder aus Gleichgültigkeit oder Sorglosigkeit, oder weil man es für fein hält, zu bezahlen und nicht nach dem Preis zu fragen, geben dreiviertel von denen, die es können, viel höhere Preise als nötig ist für die Ware, die sie verbrauchen, während der Arme oft dasselbe aus Unwissenheit und Mangel an Urteil, Mangel an Zeit zum Suchen und Untersuchen oder nicht eben selten auch infolge offenen oder versteckten Zwanges tut[53].“

Cairnes sieht die Funktionsfähigkeit des Wettbewerbs im Einzelhandel eingeschränkt durch das Ungleichgewicht der Marktkontrahenten hinsichtlich der wirtschaftlichen Kenntnisse und Urteilsfähigkeit. Das „game of exchange“ sei unter diesen Bedingungen ein unfaires Spiel, wenn die Regeln streng angewendet würden. Demgemäß werde die Preisbildung im Einzelhandel sowohl in England als auch auf dem Kontinent weniger von ökonomischen als vielmehr von moralischen Prinzipien bestimmt:

"... it has consequently been recognised ... as a principle of commercial morality that the dealer should not demand from his customer a higher price for his commodity than the lowest he is prepared to take. Retail buying and selling is thus made to rest upon a moral, rather than upon an economic, basis[54]."

---

52 *J. St. Mill*, Grundsätze, 1. Bd., S. 366 f., S. 647 f.

53 Ebenda, S. 647 f.

54 *J. E. Cairnes*, Some Leading Principles, S. 130.

Auch die durch mangelnde Reaktionen auf die Marktdaten gekennzeichnete Verhaltensweise der Marktteilnehmer verhindere die Anpassungswirkungen des Wettbewerbsprozesses: Das Gesetz der Unterschiedslosigkeit komme nicht zur Wirkung,

„... ohne daß man eine andere Ursache angeben könnte als die, daß es immer so gewesen ist: Die Konsumenten sind daran gewöhnt und fügen sich darein"[55].

Die gleiche Reaktionsunwilligkeit konstatiert Mill auch für Unternehmer[56]:

„Ein unternehmender Konkurrent mit ausreichendem Kapital könnte die Kosten herunter drücken und hierbei sein Glück machen; aber es finden sich nicht solche unternehmenden Konkurrenten. Wer Kapital hat, zieht vor, es dort zu lassen, wo es ist, oder weniger Gewinne in ruhigerer Weise zu beziehen."

Fawcett betont die durch die verbreitete Borgwirtschaft im Einzelhandel begründeten Abhängigkeitsbeziehungen als Ursache mangelnder Reaktionsfreiheit der Konsumenten und der damit verbundenen Wettbewerbsbeschränkung und Preisüberhöhung[57].

Als weitere Unvollkommenheitsfaktoren sprechen Mill und Cairnes die räumliche und zeitliche Differenzierung der Märkte an. Mill betont die wettbewerbsfördernde Wirkung der verkehrswirtschaftlichen Erschließung und der zunehmenden Mobilität der Konsumenten eines Marktgebiets[58]. Cairnes setzt die räumliche Differenzierung des Einzelhandels in Gegensatz zu den Punktmärkten des Großhandels:

"In the wholesale market, the sellers and purchasers meet together in the same place, affording thus to each other reciprocally the opportunity of comparing directly and at once the terms on which they are severally disposed to trade. In retail dealing it is otherwise. In each place of sale there is but one seller; and though it is possible to compare his terms with the prices demanded elsewhere by others, this cannot always be done on the moment, and may involve much inconvenience and delay[59]."

Die oben angeführte Unterlegenheit der Konsumenten gegenüber den Händlern in der wirtschaftlichen Urteilsfähigkeit, verbunden mit der räumlichen und zeitlichen Differenzierung der Märkte verhindert nach Cairnes eine — in heutiger Terminologie — hinreichende Markttransparenz.

Cairnes widmet diesem Punkt besondere Aufmerksamkeit, denn die Marktübersicht der Tauschpartner besitzt in seiner Preistheorie bereits

---

55 *J. St. Mill*, Grundsätze, 1. Bd., S. 368.

56 Ebenda.

57 *H. Fawcett*, S. 268.

58 *J. St. Mill*, Grundsätze, 1. Bd., S. 367.

59 *J. E. Cairnes*, Some Leading Principles, S. 128 f.

eine zentrale Bedeutung für die Bildung des reinen Wettbewerbspreises, des „proper market price“[60]: Cairnes sieht im Gegensatz zu A. Smith und J. St. Mill den Marktpreis nicht durch die objektive Proportion der tatsächlichen Angebots- und Nachfragemengen bestimmt, sondern durch die Relationen, die nach der subjektiven Einschätzung und Meinung der Marktkontrahenten preiswirksam werden. Je mehr die „opinions of dealers“, also die subjektiven Einschätzungen der Marktlage durch die Marktpartner der tatsächlichen Marktlage entsprechen, desto mehr tendiere der tatsächliche Marktpreis zum „proper market price“ und verringerten sich Oszillationen sowie die Gefahr krisenhafter Ungleichgewichte. Die „opinions of dealers“ sind ein Schlüsselbegriff in der Preistheorie Cairnes':

"But under all circumstances the price in the market is determined by the opinions of dealers in the market, founded upon their knowledge of demand and supply — of dealers pursuing their interests under circumstances which, in proportion to the intelligence and knowledge at their command, favour the establishment of the 'proper market price'[61]."

Diese, im Vergleich zur modernen Literatur[62] schon recht weitgehenden Erkenntnisse der Reibungswiderstände des Wettbewerbs auf der Marktstufe des Einzelhandels begründen nach Mill, Fawcett und Cairnes die auf dieser Marktstufe zu beobachtende Fehlallokation der Ressourcen durch personelle und kapitalmäßige Übersetzung, Überhöhung der Distributionskosten sowie die Benachteiligung der Konsumenten durch exzessive Preise und mangelhafte Warenqualitäten.

Der Zustrom zu großer Kapitalmengen im Verhältnis zu den in der Warendistribution zu bewältigenden Aufgaben führt nach Cairnes nur zu langsamem Umschlag und geringer Verzinsung des investierten Kapitals und zwingt die Einzelhändler, um eine landesübliche Verzinsung zu erzielen, höhere Preise als jene zu berechnen, welche zur rentablen Verzinsung einer angemessenen, geringeren Gesamtkapitalmenge im Einzelhandel notwendig seien. Diese Mißstände sind nach Cairnes unzweifelhaft auf die Unvollkommenheit des Wettbewerbs im Einzelhandel zurückzuführen:

---

60 Cairnes' Definition lautet wie folgt: "I would define it as the price which suffices to adjust in the most advantageous way the existing supply to the existing demand pending the coming forward of fresh supplies from the sources of production." (Some Leading Principles, S. 124.)

61 *J. E. Cairnes*, Some Leading Principles, S. 126.

62 Vgl. z. B. die Systematik der Erstarrungstendenzen des Wettbewerbs im Einzelhandel bei *A. Woll*, Der Wettbewerb im Einzelhandel — Zur Dynamik der modernen Betriebsformen, Berlin 1964, S. 48 ff. Zur Sonderproblematik der Einzelhandelsstufe in der Marktkette vgl. *H. Lampert*, Preistheoretische und wettbewerbspolitische Probleme mehrstufiger Produktion und mehrstufigen Absatzes, in: Schmollers Jahrbuch für Gesetzgebung, Verwaltung und Volkswirtschaft, 86. Jg., Berlin 1966, S. 1 ff.

"That such a state of things should exist and continue is doubtless due to that excessive friction in the action of competition in retail dealing of which I have spoken[63]."

3. Die Vervollkommnung des Wettbewerbs und die Ökonomisierung des Einzelhandels als genossenschaftliche Pionierfunktionen

J. St. Mill spricht den Konsumgenossenschaften die Aufgabe zu, durch die Rationalisierung der Distribution im Einzelhandel die Übersetzung zu beseitigen und eine Freisetzung und Reallokation volkswirtschaftlicher Produktivkräfte zu bewirken:

„Wenn man die Warenverteiler auf die Zahl beschränkt, die notwendig ist, um die Waren den Verbrauchern zugänglich zu machen — was die unmittelbare Wirkung des Genossenschaftsgedankens ist — würden eine ungeheure Zahl Hände für die Produktion frei werden, und das Kapital, welches sie erhält, und die Gewinne, welche sie entlohnen, würden für die Ernährung und Entlohnung von Produzenten verfügbar werden[64]."

Cairnes sieht in der Intensivierung des Wettbewerbs die spezifische Wirkungsweise der Konsumgenossenschaften und überschreibt einen eigenen Abschnitt mit dem Begriff „cooperative competition"[65]. Da das Hauptübel im Einzelhandel „the sluggish action of competition" sei, ergibt sich für die Genossenschaften nach Cairnes:

"... the remedy must be sought in the quickening of this action. This is what the cooperative retail establishments are, in effect, doing[66]."

Cairnes behandelt in einer eingehenden Analyse den Prozeß der genossenschaftlichen Wettbewerbsintensivierung und beurteilt die Beschleunigung des Kapitalumschlags durch die Absatzpolitik der Genossenschaften als den auslösenden Faktor: Durch niedrigere Preise, verbunden mit wirksamer Werbung ziehen die Genossenschaften eine größere Kundschaft und höhere Umsätze in Relation zum eingesetzten Kapital auf sich als ihre nichtgenossenschaftlichen Konkurrenten und erreichen dadurch trotz niedrigerer Preise eine gleich hohe Kapitalverzinsung. Eine allgemeine Nachahmung der genossenschaftlichen Methoden mit der Folge allgemein niedrigerer Einzelhandelspreise ist nach Cairnes nur dann ohne den Verlust marktüblicher Kapitalverzinsung für die Anbieter möglich, wenn das gesamte im Einzelhandel investierte Kapital erheblich beschnitten wird. Eine wettbewerbsinduzierte Verbreitung der von den Genossenschaften eingeführten Preispolitik müsse bei Aufrechterhaltung des im Einzelhandel investierten

[63] *J. E. Cairnes*, Some Leading Principles, S. 132.

[64] *J. St. Mill*, Grundsätze, 2. Bd., S. 446 f.

[65] *J. E. Cairnes*, Some Leading Principles, S. 132 ff.

[66] Ebenda, S. 132.

Kapitalvolumens zum Sinken der Kapitalrendite in der Branche führen, so daß schließlich dennoch der notwendige Kapitalabfluß herbeigeführt werde:

"The definitive result towards which such a process would tend is manifestly a reduction of the existing capital of retail dealing to an amount which would be no more than adequate to perform the services required of it[67]."

Die letztlichen Ergebnisse dieses Prozesses der genossenschaftlich induzierten Wettbewerbsintensivierung laufen nach Cairnes also auf niedrigere Konsumpreise einerseits sowie auf eine landesübliche Verzinsung der auf das erforderliche Maß reduzierten Investitionen der Einzelhändler andererseits hinaus[68].

Fawcett spricht auch die Einführung des Barzahlungsprinzips als einen wesentlichen Wettbewerbsvorteil der Genossenschaften und als einen bedeutsamen Vorstoß zur Ökonomisierung der Distribution an.

Die Kosten der allgemein verbreiteten Borgwirtschaft durch die unproduktive Blockierung extrem hoher und unverzinslicher Kapitalmengen sowie die Verluste uneinbringlicher Forderungen resultieren nach Fawcett in einer durchschnittlichen Aufblähung der Preise der gewöhnlichen Konsumwaren um zwanzig Prozent, die volkswirtschaftlichen Vorteile einer allgemeinen Beseitigung der Borgwirtschaft seien daher außerordentlich hoch zu veranschlagen[69].

Die Anwendung des Barzahlungsprinzips senke den Kapitalbedarf der Absatzfinanzierung auf ein Minimum, die Barzahlung auf der Seite des Absatzes ermögliche wiederum Barzahlung im Bezug mit der Folge zusätzlicher Einkaufsvorteile. Neben der Erzielung der kostensenkenden, betriebswirtschaftlichen Vorteile führe das Prinzip zur Beseitigung der sozialpolitisch unerwünschten Verschuldung der Arbeiterhaushalte und der damit verbundenen, wettbewerbspolitisch negativen Abhängigkeitsverhältnisse. Unter dem Aspekt dieser Wirkungen sieht Fawcett die Genossenschaften in einer Pionierrolle für den gesamten Einzelhandel:

"... not the least important advantage likely to result from the cooperative stores is, that they will so conclusively demonstrate to the whole country the loss produced by the credit system as gradually to lead to the almost universal adoption of the ready-money principle in all retail transactions[70]."

---

67 Ebenda, S. 134.

68 *J. E. Cairnes*, Some Leading Principles, S. 134.

69 *H. Fawcett*, S. 268: "... the public would gain far more than would be represented by the entire remission of the national debt."

70 Ebenda, S. 269.

D. Die sozialpolitische Behandlung der Genossenschaften im Lichte der klassischen Lohnfondstheorie und der klassischen Bevölkerungstheorie

Die in der klassischen Volkswirtschaftslehre entwickelte Bevölkerungs- und Lohntheorie spielte bei der wissenschaftlichen Behandlung der wirtschaftlichen und gesellschaftlichen Existenzbedingungen der breiten Bevölkerung, insbesondere bei der Erklärung der realen Lohnbildung und der Beurteilung lohn- und arbeitsmarktpolitischer Maßnahmen im 19. Jahrhundert eine hervorstechende Rolle[1]. Die Stellungnahme der englischen Klassiker zur Arbeiterfrage als dem zeitgenössischen Kernproblem der sozialen Frage[2] basierten im wesentlichen auf der Vorstellung, die schwache Stellung der Arbeiterschaft auf dem Arbeitsmarkt resultiere aus dem Ungleichgewicht des überhöhten Arbeitsangebots infolge der quantitativen und qualitativen Bevölkerungsentwicklung gegenüber den durch Kapitalmangel beschränkten Beschäftigungsmöglichkeiten und der Nachfrage nach Arbeitskräften. Diese Grundvorstellung[3] bestimmte sowohl die ältere, von Ricardo ausgebaute Existenzminimumtheorie, die den Hauptakzent auf die Angebotsseite des Arbeitsmarktes und somit auf die Bevölkerungsentwicklung legte, als auch die jüngere, insbesondere von James und J. St. Mill, McCulloch, Fawcett und Cairnes vertretenen Lohnfondstheorie, welche den Schwerpunkt auf die Analyse der Bestim-

[1] Vgl. dazu z. B. die eingehende Analyse der Wirkungen der klassischen Lehre auf die zeitgenössische Beurteilung der Gewerkschaften bei *S.* und *B. Webb*, Theorie und Praxis der englischen Gewerkvereine, übersetzt von C. Hugo, 2 Bde., Stuttgart 1898, 2. Bd., S. 137 ff., insbes. S. 148 f.

[2] *W. Eucken* präzisiert die soziale Frage des 19. Jahrhunderts als die Problematik der Machtlosigkeit und Abhängigkeit der Arbeiter am Arbeitsmarkt. „Schlechte Lebensbedingungen, unzureichende Entlohnung, lange Arbeitszeiten, Schädigung der Gesundheit, Kinderarbeit und Unsicherheit der Existenz vieler Fabrikarbeiter ... stellten die soziale Frage dieser Zeit dar." (*W. Eucken*, Grundsätze der Wirtschaftspolitik, 3. Aufl., Tübingen—Zürich 1960, S. 185.) *H. Lampert* sieht ebenfalls „die" soziale Frage des 19. Jahrhunderts in der Arbeiterfrage. Das explosive Bevölkerungswachstum und die durch Bauernbefreiung und agrarische Revolution freigesetzten Arbeitskräfte standen einer noch unzureichenden Aufnahmefähigkeit der Industrie gegenüber. Die Arbeiter „konnten ihren und ihrer Familie Unterhalt nur durch die ‚Vermarktung', die vertragliche Verwertung ihrer Arbeitskraft gegen Entgelt, zu sichern suchen — bei gesundheitsschädigenden Arbeitszeiten, unter Gesundheit und Sittlichkeit gefährdenden Arbeitsumweltbedingungen und meist nur unter Mitarbeit von Frau und Kindern im Alter von sechs bis vierzehn Jahren". (*H. Lampert*, Art. Sozialpolitik, in: Evangelisches Staatslexikon, hrsg. v. *H. Kunst* und *S. Grundmann* in Verbindung mit *W. Schneemelcher* und *R. Herzog*, Stuttgart—Berlin 1966, Sp. 2078.)

[3] Zur ausführlichen Darstellung und Analyse der klassischen Lohntheorie vgl. *Ch. Gide, Ch. Rist*, Geschichte der volkswirtschaftlichen Lehrmeinungen, S. 393 ff.; *A. Kruse*, S. 100 ff.; *K. W. Rothschild*, Lohntheorie, Berlin—Frankfurt 1963, S. 2 ff.; *G. Stavenhagen*, S. 70 f. und S. 93 f.; *J. Schumpeter*, Geschichte der ökonomischen Analyse, 1. Bd., S. 809 ff.

mungsgründe des Arbeitsangebots legte, und war richtungsweisend auch für die Entwicklung der genossenschaftlichen Konzeptionen zur Lösung der Arbeiterfrage. Die bekannteste Verbindung der Lohntheorie zu einer genossenschaftlichen Konzeption findet sich bei Ferdinand Lassalle. Das Ziel der Produktivgenossenschaften Lassalles ist die Aufhebung des „ehernen ökonomischen Gesetzes", wonach

„... der durchschnittliche Arbeitslohn immer auf den notwendigen Lebensunterhalt reduziert bleibt, der in einem Volke gewohnheitsgemäß zur Fristung der Existenz und zur Fortpflanzung erforderlich ist[4]."

Die Arbeiterproduktivgenossenschaften sind nach Lassalle das geeignete Mittel,

„das eherne und grausame Gesetz, welches den Arbeitslohn unter den heutigen Verhältnissen beherrscht"[5],

dauerhaft zu beseitigen.

Gegenüber der großen dogmengeschichtlichen Beachtung und Verbreitung, die die lohntheoretische Begründung der genossenschaftlichen Konzeption Lassalles gefunden hat, sind die Verbindungen der Lohntheorie zum Genossenschaftsgedanken in der englischen Klassik bislang nahezu unbeachtet geblieben. Dies trifft zu, obwohl Lassalle sich ausdrücklich auf Teile der klassischen Lehre gestützt hat[6] und obwohl Cairnes, der letzte große Vertreter der Lohnfondstheorie, aus den Konsequenzen eben dieser Theorie ein nicht weniger überzeugtes Bekenntnis zu den Produktivgenossenschaften ablegt als Lassalle, auch wenn beide sich in den Ansichten über die einzuschlagenden Wege zum vorgegebenen Ziel erheblich unterscheiden.

I. Der Lohnfonds als nachfragebestimmender Faktor des Arbeitsmarktes

Die in der englischen Klassik entwickelte, auch von J. St. Mill, Fawcett und Cairnes vertretene Lohnfondstheorie besagt in ihrer einfachsten Form, daß die durchschnittliche Lohnrate als Quotient des gesamtvolkswirtschaftlichen Lohnfonds und der Arbeiterzahl bestimmt sei. Dabei repräsentiert der Lohnfonds den für die gesamte Volkswirtschaft aggregierten, zu einem gegebenen Zeitpunkt im voraus bestimmten Teil des Kapitals, welcher — im Gegensatz zu anderen Teilen des Kapitals, wie z. B. für Betriebsanlagen und Rohstoffe — zur Lohnzahlung vorbestimmt ist und die Nachfrage nach Arbeitskräften determiniert[7]. Der aus dem Lohnfonds resultierenden Nachfrage nach

---

4 *F. Lassalle*, Offenes Antwortschreiben, in: *E. Bernstein*, (Hrsg.), Ferdinand Lassalle, Gesammelte Reden und Schriften. 12 Bde., III. Berlin 1919, S. 58.

5 Ebenda, S. 59.

6 Ebenda, S. 59 u. S. 120 ff.

7 *S.* und *W. Webb* führen die Entstehung der Lohnfondstheorie auf die allgemeine Beobachtung zurück, daß die englischen Fabrikbesitzer und

Arbeitskräften steht das primär durch die Bevölkerungsentwicklung beeinflußte Angebot gegenüber. Aus dem Verhältnis des Lohnfonds zur verfügbaren Arbeiterzahl ergibt sich die durchschnittliche Lohnrate, die „averange rate of wages". J. St. Mill faßt die Lohnfondstheorie wie folgt zusammen:

"There is supposed to be, at any given instant, a sum of wealth, which is unconditionally devoted to the payment of wages of labour. This sum is not regarded as unalterable, for it is augmented by saving, and increases with the progress of wealth; but it is reasoned upon as at any given moment a predetermined amount. More than that amount it is assumed that the wages-receiving class cannot possibly divide among them; that amount, and no less, they cannot but obtain. So that, the sum to be divided being fixed, the wages of each depend solely on the divisor, the number of participants ...[8]."

Dieses Zitat Mills läßt zwei unterschiedliche Betrachtungsweisen der Lohnfondstheorie deutlich werden[9]: zum einen die kurzfristige Betrachtungsweise, „at any given instant", zum anderen die langfristige Betrachtungsweise, „with the progress of wealth".

Die Schlußfolgerungen aus der Lohnfondstheorie gemäß diesen beiden Betrachtungsweisen waren richtungsweisend für die Beurteilung von Konzeptionen zur Lösung der Arbeiterfrage durch die englischen Klassiker[10]. Da der Lohnfonds und die Zahl der Arbeiter zu jedem Zeitpunkt als gegeben betrachtet wurden, mußten kurzfristige Verbesserungen der wirtschaftlichen und sozialen Lage der Arbeiter durch erhebliche Lohnsteigerungen als unmöglich erscheinen. Die Gesamtheit der Lohnarbeiter erhielt demnach in jedem gegebenen Zeitpunkt schon die gesamten Mittel, die zur Lohnzahlung vorgesehen waren, und jede Verbesserung für einzelne oder Gruppen konnte, ohne die Gesamtgröße des Lohnfonds zu verändern, nur durch Umverteilung innerhalb der Arbeiterschaft und somit auf Kosten anderer Lohnarbeiter[11] erlangt

Landpächter die Menge der einzustellenden Arbeitskräfte jeweils kurzfristig im Verhältnis zur Größe ihres Kapitals bestimmten (Theorie und Praxis der englischen Gewerkvereine, 2. Bd., S. 150).

[8] *J. St. Mill*, Thornton on Labour and its Claims, Rezension des Buches von *W. T. Thornton*, On Labour, London 1869, die in der Fortnightly Review, Mai 1869 erschienen und auszugsweise abgedruckt ist in der Ausgabe der „Principles" von Ashley, London 1929, S. 992.

[9] Vgl. dazu ausführlich: *J. Schumpeter*, Geschichte der ökonomischen Analyse, 1. Bd., S. 814.

[10] Vgl. dazu *S.* u. *B. Webb*, Theorie und Praxis der englischen Gewerkvereine, 2. Bd., S. 138 ff.; *Ch. Gide, Ch. Rist*, Geschichte der volkswirtschaftlichen Lehrmeinungen, S. 394; *A. Kruse*, S. 100 ff. und *G. Stavenhagen*, S. 93.

[11] Die Besserstellung von Arbeitergruppen durch gewerkschaftlich praktizierte restriktive Regulierungen basiert nach Cairnes allein auf den Verteilungsvorteilen, die man diesen Gruppen durch monopolistische Beschränkungen gegenüber der Masse der Arbeiter geschaffen habe. Die Wirksamkeit dieser gewerkschaftlichen Vorgehensweise liegt nach Cairnes darin, daß sie für wenige Privilegierte angewendet werde, denn der Versuch einer Aus-

werden. Jegliche Erhöhung der Arbeitskosten, sei es durch gewerkschaftliche Organisation von Arbeitergruppen zur Durchsetzung höherer Löhne oder sei es durch Vorschriften der Fabrikgesetzgebung, belasteten aus dieser Sicht den jeweils vorbestimmten Lohnfonds und mußten zur Benachteiligung anderer Arbeitergruppen bzw. zur Senkung der durchschnittlichen Lohnrate führen. Keine Maßnahme des Staates oder der Selbsthilfe der Arbeiter — insbesondere in gewerkschaftlicher Form — konnte nach der Lohnfondstheorie kurzfristig zu dem Ziel führen, die Lage der Arbeiter durch allgemeine und erhebliche Lohnsteigerungen zu verbessern. Die Lösung dieser Frage war nach Mill, Fawcett und Cairnes nicht im kurzfristigen Verteilungskampf um die Lohnhöhe möglich, sondern konnte gemäß der langfristigen Betrachtungsweise der Lohnfondstheorie nur über eine allmähliche, mit der allgemeinen Entwicklung der Volkswirtschaft fortschreitende Verbesserung des Verhältnisses zwischen dem Lohnfonds und der Zahl der arbeitssuchenden Bevölkerung angestrebt werden[12]:

„Aber kein Umstand kann auf die Dauer den Lohn im allgemeinen beeinflussen außer einer Verminderung oder Vermehrung des Kapitals selber (worunter wir immer alle Fonds, die überhaupt zur Bezahlung von Arbeit bestimmt sind, verstehen) verglichen mit der Menge der Arbeit, die sich selber zur Anwerbung anbietet."

Die Lage der Arbeiterschaft kann nach Mill

„nur durch eine Änderung dieses Verhältnisses zu ihrem Vorteil verbessert werden, und jeder Plan zur Hebung, der nicht hiervon als dem Fundament ausgeht, wird für die Dauer enttäuschen".

Vor dem Hintergrund dieser kategorischen Schlußfolgerungen muß die Beurteilung der gewerkschaftlichen Konzeption zur Lösung der Arbeiterfrage einerseits und des produktivgenossenschaftlichen Weges andererseits bei den englischen Klassikern gesehen werden[13].

Während die Gewerkvereine eher als Interessengruppen betrachtet werden, die organisierte Arbeiter im Wege von Wettbewerbsbeschrän-

---

weitung der Vorrechte auf alle müsse die Wettbewerbsbeschränkungen beseitigen und die Privilegien hinfällig machen. Daraus ergebe sich: "... the privileges enjoyed by the few under this scheme can only be preserved by imposing sacrifices on the many." (Some Leading Principles, S. 292.)

[12] *J. St. Mill,* Grundsätze, 1. Bd., S. 508 u. S. 516. Die gleiche Auffassung vertreten *Fawcett,* S. 139 und *Cairnes,* Some Leading Principles, S. 173 ff.

[13] J. St. Mill gab die Lohnfondstheorie 1869 in der oben (Teil D, I, Fußnote 8 dieses Kapitels) angeführten Rezensionen des Buches von Thornton zwar ausdrücklich auf, er vollzog die Abwendung jedoch nicht vollkommen, sondern hielt in der letzten Ausgabe der „Principles" von 1872 die oben angeführten Kernsätze der Lohnfondstheorie aufrecht. Diese Kernsätze sind auch für sein Urteil über die Produktivgenossenschaften in derselben Ausgabe bestimmend. Vgl. zu diesem Fragenkreis *J. E. Cairnes,* Some Leading Principles, S. 211 ff.; *Ch. Gide, Ch. Rist,* Geschichte der volkswirtschaftlichen Lehrmeinungen, S. 395; *A. L. Harris,* S. 91.

kungen auf Kosten nicht organisierter besserstellen, ohne aber die letztlich entscheidenden Faktoren einer allgemeinen Verbesserung der sozialen Lage der Arbeiter, nämlich die Kapitalakkumulation einerseits und die Bevölkerungsbeschränkung andererseits wesentlich zu beeinflussen, werden die Produktivgenossenschaften weit günstiger eingeschätzt. Die theoretische Begründung der Überlegenheit der produktivgenossenschaftlichen gegenüber der gewerkschaftlichen Konzeption zur Lösung der Arbeiterfrage soll im folgenden anhand der besonders ausführlichen und prägnanten Darlegungen von Fawcett und Cairnes nachgezeichnet werden.

II. Die Lohnfondstheorie als Grundlage der produktivgenossenschaftlichen Konzeption bei Cairnes und Fawcett

Cairnes[14] unterscheidet als Bestandteile des Kapitals den Lohnfonds (Wages Fund), das Anlagekapital (Fixed Capital) und die Rohstoffe (Raw Material) und untersucht die Bestimmungsgründe der im Zeitablauf variablen Proportionen dieser Bestandteile des Gesamtkapitals. Die Hauptdeterminante der Veränderung der Proportionen der Kapitalbestandteile, insbesondere des relativen Anteils des Lohnfonds, sieht Cairnes in der technologischen Entwicklung der Produktionswirtschaft, in heutiger Terminologie in zunehmender Kapital- und abnehmender Arbeitsintensität. Die fortschreitende Technisierung der Produktionsprozesse führt nach Cairnes zunehmend zum Anwachsen des Anlagekapital-Anteils am Gesamtkapital, während der Anteil des Lohnfonds abnehme:

"In effect, what we find is, a constant growth of the national capital, accompanied with a nearly equally constant decline in the proportion of this capital which goes to support productive labour. This is the inevitable consequence of the progress of the industrial arts, the effect of which is to cause a steady substitution of the agencies of inanimate nature for the labour of man[15]."

Die zunehmende Substitution von Arbeit durch Kapital hat nach Fawcett und Cairnes gravierende ökonomische und soziale Auswirkungen.

Die Tendenz des Lohnfonds „to lag behind the advances of the other factors of the national capital“[16] begünstige die kapitalbesitzenden Bevölkerungsschichten und verstärkte die Ungleichheit der Vermögens- und Einkommensverteilung zuungunsten der allein von Lohn-

---

[14] Zum folgenden siehe *J. E. Cairnes*, Some Leading Principles, S. 199 ff.

[15] *J. E. Cairnes*, Some Leading Principles, S. 206; vgl. dazu im gleichen Sinne: *H. Fawcett*, S. 143 ff.

[16] *J. E. Cairnes*, Some Leading Principles, S. 207.

arbeit Lebenden. Dazu trete die Gefahr für viele Arbeiter, durch die technologische Freisetzung ihre Beschäftigung zu verlieren[17].

Angesichts dieser Entwicklungstendenzen ist für Fawcett und Cairnes der gegebene schroffe Klassengegensatz zwischen Kapitalbesitzenden und Lohnabhängigen und die damit verbundene Ungleichheit der wirtschaftlichen und sozialen Lage der Hauptgrund der sozialen Instabilität und muß Ansatzpunkt tiefgreifender Reformen sein. Ziel dieser Reformen sei, den wirtschaftlichen und gesellschaftlichen Gegensatz zwischen kapitalbesitzenden Arbeitgebern und lohnabhängigen Arbeitnehmern zu beseitigen, und damit die Arbeiter aus der alleinigen Abhängigkeit von der relativ rückläufigen Entwicklung des Lohnfonds zu lösen und am Besitz und den Erträgen der übrigen, nicht zur Lohnzahlung bestimmten Kapitalbestandteile zu beteiligen[18]. Die geeigneten Mittel, dieses Ziel zu realisieren, sehen die englischen Spätklassiker[19] zunächst in Gewinn- und Kapitalbeteiligungssystemen bei herkömmlichen Privatunternehmungen, die höchste Form der Arbeiterbeteiligung am Kapital, die „perfect union between capital and labour“[20] sei letztlich jedoch die Produktivgenossenschaft. Die produktivgenossenschaftliche Lösung der Arbeiterfrage steht nach Fawcett und Cairnes ganz im Einklang mit den Schlußfolgerungen der Lohnfondstheorie. Cairnes schreibt:

"... the fund for the labourers' support would, under a régime of cooperation, be derived, not as at present exclusively from the Wages-capital of a country, but from the general capital in all its forms. Now we have seen that, in progressive communities, the general capital grows more rapidly than the Wages-capital; from which it follows that, under a régime of cooperation, the fund from which the labourer derives his support would not only be greatly larger than the corresponding fund under our present system, but would be a more rapidly increasing fund[21]."

Aussichtslos erscheinen für Fawcett und Cairnes dagegen gewerkschaftliche Versuche zur Lösung der Arbeiterfrage, die, ohne auf die Beseitigung des Interessengegensatzes zwischen Kapitalbesitzenden und Lohnarbeitern abzuzielen, die Arbeiter durch Stärkung ihrer Verhandlungsposition im Kampf um höhere Löhne besserzustellen suchen[22]. Diese Versuche können aus der Sicht der Lohnfondstheorie die relative Rückentwicklung der gesamtvolkswirtschaftlichen Größe des Lohnfonds nicht aufhalten. Nach Fawcett besteht im Gegenteil die

17 Ebenda.

18 *J. E. Cairnes*, Some Leading Principles, S. 204 ff. und S. 325 ff.; *H. Fawcett*, S. 136 ff.

19 *J. E. Cairnes*, Some Leading Principles, S. 325 ff.; *H. Fawcett*, S. 256 ff.

20 *H. Fawcett*, S. 262.

21 *J. E. Cairnes*, Some Leading Principles, S. 349.

22 Ebenda, S. 253 ff.; *H. Fawcett*, S. 246 ff.

Gefahr der Beschleunigung der Substitution von Arbeit durch Kapital aufgrund gewerkschaftlich durchgesetzter Lohnerhöhungen für einzelne Arbeitergruppen.

Gegenüber der gewerkschaftlichen erscheint die produktivgenossenschaftliche Lösung der Arbeiterfrage für Fawcett und Cairnes doppelt erfolgswirksam: Zum einen werde der sozial schädliche Gegensatz zwischen Kapital und Arbeit überbrückt, die Arbeiter würden verteilungspolitisch aus der Abhängigkeit vom Lohnfonds gelöst und in ihrer gesellschaftlichen Lage in den Status von Mitunternehmern übergeführt. Zum anderen wirke die Minderung bzw. Beseitigung des Interessengegensatzes zwischen Kapitaleignern und Beschäftigten leistungsstimulierend und ökonomisch produktivitätssteigernd, so daß zusätzliche Produktionsergebnisse verteilt werden könnten:

"The efficiency of labour and capital must evidently be greatly increased, by improving the relations between employers and employed; and when labour and capital become more efficient, there is more to distribute both in wages and profits[23]."

Die wichtigste Voraussetzung zur praktischen Realisierung der Produktivgenossenschaften sehen die Spätklassiker im Sparen der Arbeiter. Cairnes unterscheidet dabei zwischen der Sparfähigkeit und der Sparwilligkeit und kommt zum Ergebnis, daß der Kapitalbildung in Händen der Arbeiter eher moralische als wirtschaftliche Hindernisse entgegenstünden[24]. Die praktischen Formen des Sparens müßten aus dieser Sicht also auch erzieherische Gesichtspunkte berücksichtigen. Ein weiteres Problem sei die gewinnbringende Investition des ersparten Kapitals. Da das Sparen den Arbeitern besonders einschneidende Entbehrungen abfordere, würde die landesübliche Verzinsung des Kapitals ein nur unbefriedigendes Ergebnis sein, darüber hinaus würde ein zusätzliches Kreditangebot durch ein Sparvolumen von z. B. 60 Millionen Pfund das Sinken des Marktzinssatzes um 1 bis 2 Prozent bewirken. Daraus folgert Cairnes, daß die Ersparnisse der Arbeiter in die Gründung eigener Unternehmen zu investieren seien, um die Aufsplitterung des Kapitals in kleine Einzelbeträge zu beseitigen, die Produktion im großen, wirtschaftlich effizienten Maßstabe zu organisieren und eine befriedigende Rendite auf das Sparkapital zu erzielen[25].

---

[23] *H. Fawcett,* S. 259 f.

[24] Als empirischen Nachweis einer zum Sparen verfügbaren Marge zwischen dem Einkommen und den notwendigen Ausgaben des Lebensunterhalts der Arbeiter zieht Cairnes die nationale Alkoholsteuerstatistik heran und beziffert die Ersparnisse, die durch größere Abstinenz der Arbeiter jährlich erzielt werden könnten, auf 60 Millionen Pfund: "The obstacles to this saving are not physical, but moral obstacles." (*J. E. Cairnes,* Some Leading Principles, S. 344.)

[25] *J. E. Cairnes,* Some Leading Principles, S. 344 f.

Cairnes ist von der Gültigkeit des Lohnfondsgesetzes so überzeugt, daß er den produktivgenossenschaftlichen Ausweg als den einzig möglichen zur Lösung der Arbeiterfrage hervorhebt. Die Bezahlung der reinen Lohnarbeit aus dem Lohnfonds könne niemals weit über den zeitgenössischen Stand steigen, daher sei die Kapitalbildung und Gründung von Produktivgenossenschaften durch die Arbeiter der einzige Weg:

"... the alternative lies between this plan and none. If workmen do not rise from dependence upon capital by the path of cooperation, then they must remain in dependence upon capital; the margin for the possible improvement of their lot is confined within narrow barriers which cannot be passed, and the problem of their elevation is hopeless[26]."

III. Die Bevölkerungsentwicklung als angebotsbestimmender Faktor des Arbeitsmarktes

Während die Nachfrage nach Arbeitskräften in der Vorstellung der englischen Spätklassiker durch die Höhe des in jeder Produktionsperiode zur Lohnzahlung vorbsetimmten Kapitals determiniert ist, wird das Angebot an Arbeitskräften im wesentlichen mit dem jeweiligen Stand der Bevölkerungsentwicklung erklärt. Da die Bestimmung der durchschnittlichen Lohnhöhe grob gesehen als Divisionsaufgabe[27] — Lohnfonds dividiert durch die Arbeiterzahl — betrachtet wird, muß folglich jeder Plan zur dauerhaften Besserstellung der Arbeiter neben der Höhe des Zuwachses der den Arbeitern zukommenden Unterhaltsmittel gleichzeitig auch die Bevölkerungsentwicklung miteinbeziehen. Die von Malthus verbreitete These des tendenziellen Drucks der Bevölkerungsentwicklung auf den Nahrungsmittelspielraum ist auch für die Lohn- und Bevölkerungstheorie bei Mill, Fawcett und Cairnes bestimmend. Repräsentativ für diese Auffassung ist der Satz Fawcetts:

"... almost every question concerning wages is intimately connected with the laws of population[28]."

Die Erfahrungen der Vergangenheit bis in seine Zeit hinein bestätigen nach Mill den Geltungsanspruch der Existenzminimumtheorie. Sowohl höhere Löhne als auch niedrigere Konsumpreise tendierten bislang dazu, eine Beschleunigung der Bevölkerungsvermehrung zu bewirken, wodurch die durchschnittliche Verbesserung der Realeinkommen nur

---

[26] Ebenda, S. 348.

[27] *McCulloch* kleidete das Theorem in die algebraische Formel $1 = \frac{c}{p}$, wobei 1 den gezahlten Lohn, c den Lohnfonds und p die Arbeiterzahl bedeutet (vgl. *A. Kruse*, S. 101).

[28] *H. Fawcett*, S. 147.

vorübergehend sei und durch den wachsenden Bevölkerungsdruck wieder eliminiert werde:

„Bisher ist letzteres und nichts anderes der Gebrauch gewesen, den die Arbeiter gewöhnlich von einer Vermehrung ihrer Unterhaltsmittel gemacht haben, sie haben sie einfach als in Nahrungsmittel für eine größere Anzahl von Kindern einlösbar behandelt[29]."

Dieser malthusianische „circulus vitiosus" gefährdet nun aus der Sicht der englischen Klassiker auch die Realisierung des Plans, die Unterhaltsmittel der Arbeiter durch die Bildung von Produktivgenossenschaften zu vermehren:

"Such a régime would indeed bring profits to the aid of wages, and thus largely increase the fund available for his (gemeint ist die Arbeiterschaft, M. H.) support; but that fund after all would have limits; the means of subsistence could not be increased as fast as human beings could multiply; and at bottom the great Malthusian difficulty would remain[30]."

Eine Kernfrage der langfristigen Erfolgschancen der Produktivgenossenschaften besteht nach Cairnes folglich darin, ob der Arbeiterschaft unter verbesserten Lebensbedingungen zuzutrauen sei, ihre zahlenmäßige Ausdehnung in den Grenzen zu halten,

„which the conditions of prosperous existence inevitably and under all circumstances prescribe"[31].

Die Beantwortung dieser Frage aus der Sicht der spätklassischen Bevölkerungslehre bei Mill, Fawcett und Cairnes wurzelt in einer schon bei Malthus[32] in Ansätzen vollzogenen und sich immer weiter durchsetzenden Abwendung vom klassischen Bevölkerungspessimismus.

Während nach Malthus für vergangene Zeiten und unzivilisierte Länder die positiven Hemmnisse („positive checks"), wie Hungersnot, Seuchen und Kriege die Vermehrung der Bevölkerung in den vom Subsistenzmittelspielraum gezogenen Grenzen hielten, dominierten

„im modernen Europa die positiven Hemmnisse weniger, und die vorbeugenden Hemmnisse mehr".

---

[29] *J. St. Mill*, Grundsätze, 2. Bd., S. 348.

[30] *J. E. Cairnes*, Some Leading Principles, S. 348.

[31] Ebenda.

[32] *Th. R. Malthus*, Eine Abhandlung über das Bevölkerungsgesetz, 6. Aufl., 1826, übersetzt von V. Dorn, 2 Bde., Jena 1905. In dieser Ausgabe (1. Bd., S. 1 ff.) ist das Vorwort Malthus' zur 2. Auflage abgedruckt, wo er seinen Meinungswandel bezüglich des relativen Gewichts der präventiven Hemmnisse der Bevölkerungsvermehrung darlegt. Dieser Meinungswandel gegenüber der 1. Auflage, der dem Faktor „sittliche Enthaltsamkeit" ein weit höheres Gewicht für die Bevölkerungsentwicklung in zivilisierten Ländern beimißt, ist, obwohl heute immer noch nicht überall beachtet (vgl. *A. Kruse*, S. 69), entscheidend für die wissenschaftliche Ausstrahlung des Werkes von Malthus. Vgl. dazu ausführlicher *L. Robbins*, S. 76 ff.

Die vorbeugenden Hemmnisse („preventive checks") beruhen dabei auf voraussichtigen Verhaltensweisen der Individuen, Malthus postuliert hier besonders „sittliche Enthaltsamkeit"[33].

Die wachsende Bedeutung, die Malthus den Auswirkungen der „sittlichen Enthaltsamkeit" für die Bevölkerungsvermehrung zuordnete, implizierte das entscheidende Zugeständnis, daß dies nicht allein aus den biologischen Fortpflanzungsmöglichkeiten resultierte, sondern die Fortpflanzungswilligkeit und somit der menschliche Gestaltungseinfluß zentrale Bedeutung gewann[34]. Aus dieser Einsicht gelangte Malthus von seiner ursprünglichen Auffassung,

> „daß der Armut und dem Elend, die bei den niederen Gesellschaftsklassen herrschen, absolut nicht abzuhelfen ist"[35]

zu einem gemäßigten, bevölkerungspolitischen Gestaltungsoptimismus.

An diese Auffassung des Klassikers Malthus knüpft die spätklassische Bevölkerungslehre bei Mill, Fawcett und Cairnes an. Bei der Beurteilung der zukünftigen Lösungsmöglichkeiten der Arbeiterfrage wurde das Arbeitskräfteangebot eher als psychologische und weniger als physiologische Variable betrachtet. Aus dieser Sicht erschienen Maßnahmen und Institutionen dann als aussichtsreich, wenn sie nicht nur die Unterhaltsmittel der Arbeiter vermehren, sondern gleichzeitig auch erzieherisch auf die Einschränkung ihrer Nachkommenschaft hinwirken würden.

Die Chance, diese Wirkungskombination in hohem Maße zu realisieren, ist nach Mill, Fawcett und Cairnes der besondere Vorzug der genossenschaftlichen Konzeption zur Lösung der Arbeiterfrage. Die Genossenschaften sind für die Spätklassiker — wie im folgenden ausführlich zu zeigen sein wird — die praktische Bestätigung und die institutionelle Möglichkeit einer breitangelegten Nutzanwendung der spätklassischen Bevölkerungslehre.

IV. Der Beitrag der Genossenschaften zur qualitativen und quantitativen Bevölkerungspolitik

Die utilitaristische Norm der Gesellschafts- und Wirtschaftsgestaltung und die Vorstellung des permanenten, von der intellektuellen und moralischen Entwicklung der Individuen getragenen Fortschritts der Gesellschaft implizieren die überragende Bedeutung der Erziehung

[33] *Th. R. Malthus*, Eine Abhandlung über das Bevölkerungsgesetz, 1. Bd., S. 484.

[34] Vgl. *L. Robbins*, S. 77.

[35] *Th. R. Malthus*, Eine Abhandlung über das Bevölkerungsgesetz, 1. Bd., S. 5.

und Bildung im spätklassischen Lehrsystem[36]. Lampert[37] hat den hohen Rang des Faktors Bildung und Erziehung in der Entwicklungstheorie Mills bereits hervorgehoben. Sowohl unter diesem entwicklungspolitischen Aspekt als auch aufgrund ihrer sozial- und gesellschaftspolitischen Bedeutung werden die Erziehungs- und Bildungswirkungen der Genossenschaften bei den englischen Spätklassikern beurteilt.

Besonders das malthusianische Problem, daß die Arbeiterschaft auf die Erhöhung des Realeinkommens mit beschleunigter Vermehrung reagiert und damit die Erhöhung des pro-Kopf-Einkommens wieder zunichte macht, ist für Mill, Fawcett und Cairnes letztlich ein Erziehungsproblem. Die Spätklassiker sehen in der Lehre Malthus' keine Unglücksbotschaft für die Armen, sondern die wissenschaftliche Erklärung, in welcher Richtung der Ausweg aus der Massenarmut zu suchen sei[38]. In diesem Sinne sind sie bestrebt, die Lehre Malthus' in bevölkerungspolitische Empfehlungen umzusetzen.

Nach ihrer Auffassung läuft die Zielsetzung quantitativer Bevölkerungspolitik, ein wirtschaftlich und sozial befriedigendes Gleichgewicht zwischen der Bevölkerungszahl und der Höhe der Subsistenzmittel durch die Einschränkung des Bevölkerungswachstums zu bewirken, hauptsächlich auf die Änderung der Verhaltensweisen der Menschen hinaus und wird dadurch zu einem qualitativen Problem. Nach Mill muß als Ziel der Erziehung angestrebt werden,

„gesunden Menschenverstand unter der Bevölkerung zu verbreiten und zugleich die Fähigkeit, über die Tendenzen ihrer Handlungen zu urteilen ..."[39].

Dadurch werde eine öffentliche Meinung herausgebildet,

„welche Unmäßigkeit und Unbedachtsamkeit jeder Art für schimpflich hält, und die Unbedachtsamkeit, die den Arbeitsmarkt überfüllt, streng verurteilt als eine Beeinträchtigung des Gemeinwohls"[40].

Die Erziehung allein ist für die Spätklassiker jedoch nicht ausreichend zur dauerhaften Änderung der Verhaltensweisen der Arbeiter-

[36] Vgl. dazu oben, Teil A. I. dieses Kapitels. Ein praktisches Beispiel gab der Vater J. St. Mills, James Mill, der als überzeugter Anhänger des Utilitarismus bei der Erziehung seines Sohnes die Ansicht anzuwenden suchte, die Erziehung sei ein Hauptmittel der utilitaristischen Gesellschaftsgestaltung und habe jene Neigungen, Wünsche und Haltungen herauszubilden, welche vom Prinzip des größten Glücks der größten Zahl gerechtfertigt seien (vgl. *J. Packe*, S. 15 ff.).

[37] *H. Lampert*, J. St. Mill im Lichte seiner Entwicklungstheorie, in: Jahrbücher für Nationalökonomie und Statistik, Bd. 175, Stuttgart 1963, S. 306 f.

[38] Vgl. dazu *J. St. Mill*, Grundsätze, 1. Bd., S. 528 f.

[39] Vgl. dazu *J. St. Mill*, Grundsätze, 1. Bd., S. 562.

[40] Ebenda.

bevölkerung, sondern eine Änderung ihrer Lebensumstände müsse hinzutreten. Die Unvernunft der Arbeiterschaft bei der übermäßigen Fortpflanzung beruhe neben der mangelnden Erziehung auch auf der demoralisierenden Wirkung ihrer schlechten Lebenslage,

„welche ihnen weder die Furcht vor schlimmerem, noch die geringste Hoffnung auf besseres läßt und sie daher hinsichtlich der Folgen ihrer Handlungen sorglos und für die Zukunft gedankenlos macht“[41].

Neben der Erziehung der Arbeiterschaft müsse also gleichzeitig ihr materieller Lebensstandard angehoben werden, um die Arbeiter die Annehmlichkeiten, die ihnen in der Armut vorenthalten waren, genießen und wertschätzen zu lassen und ihnen den Anreiz zu geben, diesen Zustand durch voraussichtiges Handeln — besonders durch Beschränkung der Kinderzahl — zu erhalten. In der Sprache der heutigen Volkswirtschaftslehre geht es bei den Spätklassikern also schon darum, das physiologische Existenzminimum der Arbeiterschaft nachhaltig auf das kulturelle Existenzminimum zu heben[42]. Geeignete Maßnahmen und Institutionen einer sozialpolitisch orientierten Bevölkerungspolitik müßten demgemäß einen doppelten Ansatzpunkt haben:

„Um die Gewohnheiten der Arbeiterbevölkerung zu ändern, bedarf es daher einer zweifachen Tätigkeit, welche gleichzeitig auf ihre Intelligenz und ihre Armut einwirkt[43].“

Auf der Basis dieser Programmatik ist die hohe sozialpolitische Einschätzung der Wirksamkeit der Genossenschaften im Werk Mills zu verstehen. In Anbetracht der hohen Ansprüche an wirtschaftliche und sittliche Qualifikationen, die das erfolgreiche Betreiben von Genossenschaften erfordere, sei die Zukunft der Arbeiterschaft hoffnungsvoll zu beurteilen,

„wo es in den beiden führenden Ländern (Mill meint England und Frankreich, M. H.) Angehörige der tiefsten Schichten der Gesellschaft, einfache Arbeiter gibt, deren Rechtlichkeit, gesunder Sinn, Selbstbeherrschung und ehrliches Vertrauen zu einander sie befähigt haben, so sittlich hochwertige Versuche zu einem siegreichen Ergebnis zu führen ...“[44].

Die genossenschaftliche Selbsthilfe verbindet nach Mill in idealer Weise wirtschaftliche Besserstellung mit den erzieherischen Wirkungen eigenverantwortlicher, planvoller Tätigkeit:

„Genossenschaften, wie die von uns beschriebenen, sind kraft ihrer Erfolge eine Erziehungsschule für sittliche und wirtschaftliche Eigenschaften, durch die allein Erfolge verdient oder erreicht werden können[45].“

---

41 Ebenda. Sinngemäß auch *H. Fawcett,* S. 230 ff.

42 Vgl. *H. Giersch,* S. 146.

43 *J. St. Mill,* Grundsätze, 1. Bd., S. 561.

44 Ebenda, S. 446.

45 *J. St. Mill,* Grundsätze, 2. Bd., S. 446.

Im gleichen Sinne sehen Fawcett[46] und Cairnes[47] die Erziehung zu klugem, weitsichtigem Handeln weniger durch direktes malthusianisches Lehren erreichbar, als durch die Gestaltung von Lebens- und Wirtschaftsverhältnissen, welche die Entwicklung der notwendigen Fähigkeiten und Haltungen durch eigene Betätigung, Übung und Erfahrung der Individuen begünstigten. Gerade die Errichtung und Führung der Produktivgenossenschaften aber erfordere und begünstige Selbstlosigkeit, Disziplin, Weitsichtigkeit und Klugheit; Eigenschaften, die unter dem sozialpolitischen Aspekt der Bevölkerungspolitik höchst wünschenswert seien:

"Now these qualities once developed in a human being do not operate exclusively in any one direction: they affect his whole character, and manifest their influence on his conduct in his matrimonial and domestic relations, as well as in every other part of his life[48]."

Am Beispiel der augenscheinlichen Erfolge der Arbeiterassoziationen in den Schieferbrüchen von Nord-Wales[49] veranschaulicht Cairnes die These, Produktivgenossenschaften seien besonders geeignet, den Arbeitern einerseits höhere Einkommen und damit den zur intellektuellen und moralischen Hebung notwendigen Lebensstandard zu sichern und andererseits die geistige und sittliche Entfaltung selbst zu fördern[50].

Unter dem Aspekt der Bevölkerungspolitik verbindet J. St. Mill sein produktivgenossenschaftliches Programm auch mit der Forderung nach wirtschaftlicher und sozialer Gleichberechtigung der Frauen. In der Freigabe gewerblicher Tätigkeit für beide Geschlechter erwartet Mill eine größere Unabhängigkeit der Frau vom Manne, die dem sittlichen, sozialen und geistigen Fortschritt entspreche, insbesondere aber geeignet sei, die Überbevölkerung zu vermindern[51] und fordert daher,

„... daß beide Geschlechter an der Leitung der Genossenschaft teilnehmen"[52].

Die langfristigen Auswirkungen der Realisierung des produktivgenossenschaftlichen Programms in Verbindung mit der Emanzipation

[46] *H. Fawcett*, S. 231 ff.

[47] *J. E. Cairnes*, Some Leading Principles, S. 348 ff.

[48] *J. E. Cairnes*, Some Leading Principles, S. 350.

[49] Derselbe, Co-operation in the Slate Quarries of North-Wales.

[50] Derselbe, Some Leading Principles, S. 351 f.: "In these circumstances, it seems to me, there is good ground for hopefulness. Cooperation at once renders less formidable the obstacles to human improvement inevitably incident to our animal propensities, and tends to develop, in those who take part in it, a type of character fitted in a high degree for encountering them with success."

[51] *J. S. Mill*, Grundsätze, 2. Bd., S. 406 f.

[52] *J. S. Mill*, Grundsätze, 2. Bd., S. 450.

der Frauen werden nach Mill die entscheidenden Faktoren des zukünftigen gesellschaftlichen Fortschritts sein:

"The emancipation of women and co-operative production are, I fully believe, the two great changes that will regenerate society[53]."

E. Zusammenfassung der spätklassischen Genossenschaftslehre

In der zweiten Hälfte des 19. Jahrhunderts wurden die Genossenschaften als ökonomisch-soziale Einrichtungen mit rasch wachsender Bedeutung Gegenstand der wissenschaftlichen Behandlung in der betont auf Wirklichkeitsnähe und wirtschaftspolitische Anwendbarkeit ausgerichteten spätklassischen Volkswirtschaftslehre in England. Im Zuge der verstärkten Hinwendung der politischen Ökonomie zur Arbeiterfrage als dem zeitgenössischen Kernproblem der sozialen Frage griffen die Spätklassiker J. St. Mill, Fawcett und Cairnes genossenschaftliche Lösungskonzeptionen auf und suchten sie in modifizierter Form in ihre liberale Konzeption zur Reform der Wirtschafts- und Gesellschaftsordnung zu integrieren. Entsprechend der ausgeprägten Akzentuierung des sozialpolitisch-reformerischen Aspekts in der spätklassischen Genossenschaftslehre galt als genossenschaftlicher Idealtyp die industrielle bzw. die landwirtschaftliche Arbeiterproduktivgenossenschaft. Als ökonomisch und sozial nützliche Vorstufe zu dieser vermeintlich höchsten Form der genossenschaftlichen Betätigung wurden die Konsumgenossenschaften aufgefaßt. Gewerblich-mittelständische und landwirtschaftliche Förderungsgenossenschaften spielten bei den angeführten Autoren erst eine unbedeutende Rolle.

Ausgehend von der utilitaristischen, der evolutionistischen und der individualistischen Norm, die die Leitbilder der englischen Spätklassiker zur Gesellschafts- und Wirtschaftsgestaltung bestimmten und auf dem theoretischen Fundament der Ordnungs- und Wettbewerbstheorie, der Produktions-, Lohn- und Bevölkerungstheorie werden die Genossenschaften als systemkonforme ökonomisch-soziale Reformeinrichtungen in die spätklassische Volkswirtschaftslehre integriert.

Unter ordnungspolitischem Aspekt sehen die angeführten Autoren, ausgehend vom ökonomisch-theoretischen Konzept der „economies of scale" zum einen und der Analyse gesellschaftlicher Entwicklungstendenzen zum anderen die Notwendigkeit, sowohl um ökonomischer als auch sozialer Vorteile willen zu einer veränderten einzelwirtschaftlichen Produktionsverfassung zu gelangen. Die idealtypische institutionelle Möglichkeit, die Produktionsverfassung sowohl großbetrieblich

---

[53] Derselbe, Letters, hrsg. v. H. S. R. Elliot, 2 Bde., London 1910, 2. Bd., S. 172.

und ökonomisch effizient, als auch sozial integrierend und konfliktfreier zu gestalten, ist für die englischen Spätklassiker die produktivgenossenschaftliche Unternehmensform.

Die produktivgenossenschaftliche Reform der Produktionsverfassung erscheint um so mehr geeignet, wirtschaftliche und soziale Fortschritte im Sinne der utilitaristischen Norm zu realisieren, als sie sich nach Mill, Fawcett und Cairnes in einem freiheitlich-evolutionären Prozeß vollzieht, der von der freiwilligen, selbstverantwortlichen Kooperation der Individuen ohne staatliche Einmischung getragen wird und kraft seiner ökonomischen und sozialen Vorteile für die Beteiligten Durchsetzungsfähigkeit gewinnt.

Unter dem Aspekt des Wettbewerbsprinzips, dem Kernstück ihrer gesellschafts- und wirtschaftspolitischen Konzeption, geht es den englischen Spätklassikern einmal darum, vorliegende genossenschaftliche Konzeptionen von wettbewerbshemmenden Elementen zu befreien und Kriterien aufzuzeigen, nach denen eine konkurrenzfähige ökonomische Organisation der genossenschaftlichen Kooperation auszugestalten ist. Zum anderen werden die Wettbewerbswirkungen — speziell der Konsumgenossenschaften — auf den betreffenden Märkten analysiert und in ihrer volkswirtschaftlichen Bedeutung beurteilt.

Zum erstgenannten Fragenkreis postulieren die Spätklassiker eine innergenossenschaftliche Organisation, die sich soweit wie möglich gemäß der freien Entscheidung der Mitglieder am Leistungsprinzip orientiert und egalitäre Regelungen der individuellen Vorteile und Pflichten der Mitglieder als ökonomisch und sozial unrealistisch, ja schädlich, vermeidet. Zur Förderung der Wettbewerbsfähigkeit und der erforderlichen Kapitalbildung der Genossenschaft muß aus der Sicht der Spätklassiker die stimulierende Wirkung des individuellen Eigentumsstrebens auch bei der Bemessung der Ertrags- und Kapitalbeteiligung der Mitglieder der Genossenschaft berücksichtigt werden. Die Staatshilfe zur Finanzierung der Genossenschaften wird nicht nur wegen der allgemeinen gesellschafts- und wirtschaftspolitischen Nachteile des Interventionismus prinzipiell abgelehnt, sondern sie droht in den Augen der Spätklassiker die Wirkungen tragender marktwirtschaftlicher Prinzipien, Wettbewerb und Privateigentum, für die Genossenschaften außer Kraft zu setzen und damit die ökonomische Effizienz und die sozialpädagogischen Effekte der eigenverantwortlichen Selbsthilfe zu gefährden.

Zum zweitgenannten Fragenkreis werden auf der Basis früher Ansätze zur Theorie der unvollständigen Konkurrenz die Funktionen und Wettbewerbswirkungen der Konsumgenossenschaften analysiert. Die Konsumgenossenschaften werden als geeignete Instrumente herausgestellt, den von starken Unvollkommenheiten geprägten Wettbewerb im Einzelhandel zu intensivieren, die Warendistribution zu rationalisieren, die Übersetzung des Einzelhandels zu beseitigen und damit eine produktivitätssteigernde Reallokation volkswirtschaftlicher Produktivkräfte zu bewirken.

Auf der Basis der spätklassischen Lohn- und Bevölkerungstheorie wird die mögliche sozialpolitische Bedeutung der Genossenschaften für die Lösung der Aufgabe analysiert, die wirtschaftliche und soziale Lage der breiten Arbeiterschichten durchgreifend und dauerhaft zu verbessern. Im Ergebnis erscheinen die Genossenschaften, besonders die Produktivgenossenschaften, als prädestiniertes Mittel, die wirtschaftliche und soziale Lage der Arbeiter gleichzeitig zu verbessern. Denn zum einen könnten die Arbeiter verteilungspolitisch aus der Abhängigkeit vom relativ schrumpfenden Lohnfonds gelöst und am Besitz und den Erträgen des nicht zur Lohnzahlung bestimmten Produktivkapitals beteiligt werden, zum anderen würden sie in ihrer gesellschaftlichen Lage in den Status von mitbestimmungsberechtigten und mitverantwortlichen Partnerunternehmern angehoben werden. Die Integration der Arbeiter in die liberalistische Wirtschaft und Gesellschaft im Wege der freiwilligen produktivgenossenschaftlichen Kooperation könnte nach Mill, Fawcett und Cairnes auch das malthusianische Problem der Überbevölkerung lösen, indem das kulturelle Existenzminimum der Arbeiter angehoben und dadurch ihre Fortpflanzungsrate eingeschränkt würde.

Während Fawcett die Entwicklungschancen der Genossenschaften ihrer ökonomischen und sozialen Vorzüge wegen als sehr aussichtsreich beurteilt und Cairnes die produktivgenossenschaftliche Lösung der Arbeiterfrage als die einzig mögliche bezeichnet, ohne jedoch eine Voraussage zu äußern, geht Mill weit darüber hinaus und sagt die kontinuierliche Entwicklung, langfristige Überlegenheit und letztendliche allgemeine Durchsetzung der Produktivgenossenschaft im freien Wettbewerb der Unternehmensformen voraus.

Zweites Kapitel

Die wirtschaftspolitische und wirtschaftstheoretische Interpretation der Genossenschaften in der französisch-italienischen Neoklassik bei Léon Walras, Pareto, Pantaleoni, Barone und Gobbi

Während das theoretisch-analytische Kernstück des Werkes von Léon Walras, die mathematisch formulierte mikroökonomische Gleichgewichtsanalyse[1], sehr starken Widerhall gefunden und schon früh den wissenschaftlichen Ruhm des Autors begründet hat, ist seine volkswirtschaftspolitische Lehre demgegenüber weitgehend im Schatten geblieben[2]. Dennoch aber ist auch diese formal durch die Systematik des Ansatzes und die Logik der Ableitungen bestechend. Inhaltlich tritt besonders die frühe Antizipation des Gedankens der Wettbewerbsordnungspolitik als gestalterischer Aufgabe des Staates hervor.

Im Spannungsfeld zwischen den beiden Polen der wirtschafts- und gesellschaftspolitischen Konzeption Walras' — der Herstellung und Erhaltung der Wettbewerbsordnung der „libre concurrence" einerseits und der Durchführung einer tiefgreifenden Sozialreform andererseits — setzt er seine genossenschaftswissenschaftliche Problemstellung an:

„une Esquisse d'une théorie économique des associations populaires[3]."

Es handelt sich also um eine volkswirtschaftspolitisch orientierte, sozialökonomische Interpretation und Konzeption der genossenschaftlichen Einzelwirtschaften.

Die Einordnung der Genossenschaften in das ordnungspolitische System von Walras ist Gegenstand des ersten Teiles dieses Kapitels.

---

1 Zur dogmengeschichtlichen Würdigung vgl. *J. Schumpeter*, Geschichte der ökonomischen Analyse, 2. Bd., S. 1213 ff.

2 Ausführliche Darstellungen und Analysen finden sich nur in französischen dogmenhistorischen Schriften: *Ch. Gide, Ch. Rist*, Geschichte der volkswirtschaftlichen Lehrmeinungen, S. 628 ff.; *F. Oulès*, L'Ecole de Lausanne, Paris 1950; *M. Boson*, Léon Walras, fondateur de la politique économique scientifique, Rennes 1950; derselbe, La pensée sociale et coopérative de Léon Walras. Eine Kurzdarstellung gibt: *P. Keller*, S. 191 ff.

3 *L. Walras*, Les Associations populaires de consommation, de production et de credit, S. X (im folgenden zitiert als: Les Associations).

Nachdem Walras die wissenschaftliche Behandlung der Genossenschaften in der Lausanner Schule durch die volkswirtschaftspolitische Ableitung einer einzelwirtschaftlichen Konzeption des Genossenschaftswesens begründet hatte, verlagerten seine Schüler Pareto und Pantaleoni den Schwerpunkt der wissenschaftlichen Fragestellungen in die Richtung ökonomisch-theoretischer Analysen der realen genossenschaftlichen Strukturen und Funktionen. Der ebenfalls italienische und neoklassisch orientierte Nationalökonom Ulisse Gobbi faßte die theoretischen Ergebnisse mit einer Fülle empirischen Materials zu einer systematischen Genossenschaftslehre im Rahmen seines volkswirtschaftlichen Lehrbuchs[4] zusammen. Der Ausbau der wissenschaftlichen Behandlung der Genossenschaften in der Volkswirtschaftslehre des französisch-italienischen Raums im Anschluß an Walras ist Betrachtungsgegenstand des zweiten Teiles dieses Kapitels.

A. Die Genossenschaften im ordnungspolitischen System des Wettbewerbs und der Sozialreform bei Walras

I. Das Verhältnis der Wirtschaftswissenschaft zur Wirtschaftsgestaltung bei Walras unter besonderer Berücksichtigung der Genossenschaften

Walras vollzieht in der Behandlung der Genossenschaften eine entscheidende Wende gegenüber der englischen Spätklassik einerseits und frühsozialistischen Vertretern der Genossenschaftsidee als umfassendem Ordnungssystem andererseits. Während die englischen Spätklassiker der Genossenschaft allgemein als fortschrittlicher Einrichtung einer freiheitlichen wirtschaftlich-gesellschaftlichen Entwicklung, besonders aber als Institution zur evolutionären Lösung der sozialen Frage hervorragende, ja exklusive Bedeutung zumessen, während die sozialistischen Vertreter umfassender genossenschaftlicher Wirtschaftsordnungen den Wettbewerb als Ordnungssystem beseitigen und durch auf staatliche Macht gestützte Genossenschaftssysteme ersetzen wollen, wirft Walras demgegenüber die Frage auf, wie die Genossenschaften als Instrumente zur Lösung spezifischer Probleme in ein wissenschaftlich konzipiertes, künstlich zu schaffendes und zu erhaltendes, am Ideal möglichst wirksamer Konkurrenz orientiertes Ordnungssystem zu integrieren seien.

Die Beziehung der Volkswirtschaftslehre zur volkswirtschaftlichen Praxis sieht Walras in Analogie zum Verhältnis von Naturwissenschaft und Technik[1]. Die Wirtschaftstheorie müsse — wie Walras besonders

[4] *U. Gobbi*, Trattato di economia.

[1] *L. Walras*, Etudes d'économie politique appliquéé, S. 454.

am Beispiel der Steuerlehre und der Genossenschaftslehre demonstriert — der Wirtschaftsgestaltung zugrunde liegen.

Die allgemeinen Grundansatzpunkte der Wissenschaft und Politik liegen nach Walras in den drei Hauptursachen menschlichen Leides: den natürlichen, den sozialen und den individuellen. Während die natürlichen Ursachen Ansatzpunkt von Naturwissenschaft und Technik seien, während die individuellen Ursachen durch die Schaffung freier Entfaltungsmöglichkeiten der Individuen und die Stimulierung ihres Selbstinteresses zu beeinflussen seien, stellten die sozialen Ursachen die Aufgabe, auf der Basis der sozialökonomischen Theorie ein möglichst rationelles volkswirtschaftliches System der Produktion und Verteilung zu konzipieren[2].

Für die Zielbestimmung dieses Systems fordert Walras ein ausgewogenes Verhältnis zwischen ökonomischen und sozialen Zielen, da die Vernachlässigung sozialer zugunsten ökonomischer Werte eine Hauptursache sozialer Spannungen sei[3].

Demgemäß stellt Walras das primär soziale Ziel einer möglichst gerechten Verteilung auf die gleiche Rangstufe mit dem primär ökonomischen Ziel des größtmöglichen volkswirtschaftlichen Produktionsvolumens.

Als Mittel, diese Ziele zu realisieren, schlägt Walras vor[4]: Unter produktionspolitischem Aspekt eine staatlich gestaltete und gesicherte Wettbewerbsordnung nach dem Ideal möglichst chancengleicher, privilegienfreier Konkurrenz, unter deren Rahmenbedingungen die Individuen einzeln oder in freiwilliger Zusammenarbeit ihre persönlichen Fähigkeiten entwickeln und zur Geltung bringen. Unter verteilungspolitischem Aspekt empfiehlt Walras die Beseitigung des privaten Grundeigentums und die Nationalisierung des Bodens und der Bodenrente, um das private Bodenmonopol als Hauptursache der Chancenungleichheit sowie der ungerechten Einkommensverteilung aufzuheben, Chancengleichheit herzustellen und die Steuererhebung durch den staatlichen Bezug der Bodenrente zu ersetzen.

Aus dieser allgemeinen ordnungspolitischen Grundkonzeption sucht Walras auch die spezielle Konzeption der Genossenschaften theoretisch herzuleiten[5].

---

2 Ebenda, S. 485.

3 *L. Walras*, Etudes d'économie sociale, S. 142.

4 Ebenda, S. 312 ff. sowie derselbe, Etudes d'économie politique appliquéé, S. 475 ff.; S. 484 ff.

5 *L. Walras*, Les Associations, S. 7: „... si je détermine ainsi les charactères généraux des associations populaires en termes techniques, ce n'est pas sans motif: c'est parce que je veux apprécier la portée de ces associations selon les principes de l'économie politique, et la fixer ainsi d'une manière scientifique et précise."

II. Die Genossenschaften — System der Sozialreform oder Einrichtung individueller Selbsthilfe im wirtschaftlichen Wettbewerb?

1. Die Genossenschaften aus der Sicht der sozialreformatorischen Konzeption

Das ordnungspolitische System bei Walras basiert auf einer klaren Rollenverteilung zwischen den Gestaltungsbereichen der Individuen einerseits, d. h. der „action individuelle“, und des Staates andererseits, d. h. der „action collective“.

Der Staat habe durch die Boden- und Steuerreform und auf dem Wege der Wettbewerbsgesetzgebung Rahmenbedingungen zu schaffen, unter denen eine möglichst produktive Entfaltung der freien Initiative der Individuen zum einen und eine möglichst gerechte Einkommensverteilung zum anderen zustandekommen sollten. In der staatlichen Errichtung dieser Rahmenordnung, besonders im Projekt der Boden- und Steuerreform, sieht Walras die geeignete und umfassende Lösungsmöglichkeit der sozialen Frage, die Sozialreform.

Die Rolle des Individuums besteht für Walras darin, unter möglichst gleichen Startchancen durch den Einsatz und die Entwicklung der individuellen Fähigkeiten allein oder in selbstgewählten Vereinigungen durchaus ungleiche Positionen zu erringen. Walras kleidet seine Auffassung in die Kurzformel:

„Liberté de l'individu; autorité de l'Etat. Egalité des conditions; inégalité des positions[6].“

Aus der Überzeugung von der Notwendigkeit einer liberal orientierten, aber tiefgreifenden staatlichen Ordnungspolitik, welche die Sozialreform impliziert, lehnt Walras die Auffassung ab, die Lösung der sozialen Frage sei allein mit der staatlich geförderten Ausbreitung des Genossenschaftswesens zu realisieren. Diese Auffassung impliziert für Walras eine Abwertung und Mißdeutung der notwendigen Sozialreform einerseits sowie die Überspannung und Gefährdung des Genossenschaftsgedankens andererseits[7].

Obwohl auch die Genossenschaften partiell an den gleichen Zielen wie die Sozialreform ansetzen, gehören sie nach Walras doch ganz zum Bereich der individuellen Wirtschaftstätigkeit und bieten keine umfassende Lösung der sozialen Frage, da diese einer übergreifenden staatlichen Ordnungspolitik bedürfe.

---

6 *L. Walras*, Etudes d'économie sociale, S. 162.

7 *L. Walras*, Etudes d'économie sociale, S. 71: „La coopération est une question d'initiative individuelle, et elle n'a rien de commun avec la réforme sociale qui est une question d'initiative collective ou cummune. La vérité est que c'est la question de la propriété et de l'impôt, et non celle de la coopération, qui se confond avec la question de la réforme sociale.“

2. Die Genossenschaften aus der Sicht ordnungspolitisch orientierter Einzelwirtschaftspolitik

Die Wirtschaftsordnung der „libre concurrence" ist für Walras keineswegs schon durch die Anwendung des „laisser-faire"-Prinzips hergestellt, sondern im Gegenteil eine komplizierte Gestaltungsaufgabe der staatlichen Wirtschaftspolitik. Daß Walras damit, seiner Zeit weit voraus, einen Grundgedanken der modernen, besonders in der gegenwärtigen Wirtschaftsordnung der Bundesrepublik Deutschland zum Tragen gekommenen Ordnungstheorie[8] antizipiert hat, zeigt folgendes Zitat:

„Freie Konkurrenz heißt, wie man sieht, nicht die Abwesenheit jeder Staatsintervention. Die Staatsintervention ist notwendig, um die freie Konkurrenz dort, wo sie möglich ist, herzustellen und aufrechtzuerhalten ...; die freie ökonomische Konkurrenz herzustellen und zu erhalten ist ein Werk der Gesetzgebung, und zwar einer sehr komplizierten Gesetzgebung, für die der Staat zuständig ist[9]."

Die wettbewerbspolitische Gesetzgebung hat nach Walras an zwei Grundproblemen anzusetzen: einmal, wo die sich selbst überlassene Wirtschaftstätigkeit auf der Grundlage individueller Nutzenschätzungen die notwendigen öffentlichen Güter nicht hervorbringt, zum anderen, wo monopolistische Faktoren die Funktionsfähigkeit des freien Wettbewerbs behindern[10].

Walras sieht die Verteilung einzelwirtschaftlicher Handlungsautonomie unter dem Aspekt der Wettbewerbspolitik und ordnet die Unternehmensformen nach dem Kriterium des einzelwirtschaftlichen Handlungsspielraums wie folgt der „action collective" bzw. der „action individuelle" zu[11]:

Bei Gemeinbedürfnissen führe die interventionsfreie Wettbewerbswirtschaft nicht zur ausreichenden Versorgung, dem Staat kämen in diesem Bereich „monopoles moraux"[12] zu und er habe diese Aufgaben durch eigene Unternehmungen zu erfüllen:

„l'entreprise aux mains de l'Etat."

Zum weiteren muß nach Walras die private Autonomie der Produktion bei solchen Gütern durch staatliche Genehmigungs- und Über-

---

[8] Vgl. dazu *H. Lampert*, Die Wirtschafts- und Sozialordnung der Bundesrepublik Deutschland, 4. völlig überarbeitete Auflage, München—Wien 1973, S. 53 ff.

[9] *L. Walras*, Etudes d'économie politique, S. 475 f. (Übersetzung vom Verfasser).

[10] *L. Walras*, Etudes d'économie politique, S. 199 ff.; S. 475 ff.

[11] Ebenda.

[12] Zur Unterscheidung von „monopoles moraux" und „monopoles économiques" vgl. *L. Walras*, Etudes d'économie politique, S. 199.

wachungsrechte eingeschränkt werden, deren Qualität der Urteilsfähigkeit der Konsumenten entzogen ist:

„L'entreprise avec l'autorisation ou sous la surveillance de l'Etat."

Im Falle natürlich beschränkten Marktzutritts, wie bei Bergwerken, Mineralbrunnen, Eisenbahnen (monopoles économiques) müsse durch staatliche Preisvorschriften der freier Konkurrenz entsprechende Kostenpreis erzwungen werden:

„l'entreprise aux mains d'entrepreneurs monopoleurs ensuite d'adjudication par l'Etat, avec cahiers des charges rédigé par l'Etat."

Neben und außerhalb dieser Erscheinungsformen der „action collective" sind nach Walras die Gebilde der „action individuelle" wie folgt zu ordnen[13]: Einzelunternehmungen in Händen von Individuen, Gesellschaftsunternehmungen in Händen von Gesellschaften, Konsumentenunternehmungen als Konsumgenossenschaften in Händen von Verbrauchern, Arbeiterunternehmungen als Produktivgenossenschaften in Händen von Besitzern des Produktionsfaktors Arbeit.

Die Genossenschaften werden bei Walras also ganz dem Bereich der individuellen, autonomen Wirtschaftstätigkeit zugeordnet. Die genossenschaftliche Zusammenarbeit sei lediglich eine höhere Form individueller Betätigung[14]. Demgemäß sei es nicht Aufgabe des Staates, für die Genossenschaften Sorge zu tragen, vielmehr müsse er den Schutz der Rechte Außenstehender gegenüber den Vereinigungen gewährleisten, während der Schutz der Mitgliederinteressen innerhalb der Vereinigungen Sache eigenverantwortlicher Selbsthilfe sei[15]. Folglich hat die Genossenschaftsgesetzgebung nach Walras lediglich Bestimmungen zum Schutz Außenstehender und der Öffentlichkeit zu enthalten, während die Wahrung der Interessen der Mitglieder und die erfolgversprechende Organisation der Genossenschaft Gegenstand der Satzungsautonomie sei[16].

Von diesem grundsätzlichen Standpunkt aus beurteilt Walras auch die Frage der finanziellen Staatshilfe für die Genossenschaften und nimmt Stellung zur Kontroverse von Schulze-Delitzsch und Lassalle: Die Genossenschaften beruhen nach seiner Auffassung allein auf der privaten Initiative von Individuen und können vom Staat nur erwarten, daß die Freiheit der Arbeit, des Wettbewerbes und der Ver-

---

[13] *L. Walras*, Etudes d'économie politique, S. 478.

[14] Ebenda, S. 482 f.: „L'association ... est un degré supérieur de l'individu, comme la commune est un degré inférieur de l'Etat."

[15] Ebenda, S. 482 f.

[16] Walras betrachtet sogar gesetzliche Bestimmungen zu interner Publizität und Kontrolle der genossenschaftlichen Geschäftsführung als Bruch dieses Grundsatzes, stimmt diesen aber als berechtigten Ausnahmen zu (Les Associations, S. 154).

einigung gewährleistet werde. Darüber hinaus, besonders was die Bildung und das Wachstum ihres Kapitals betreffe, dürften sie keine Hilfe vom Staat erwarten und seien auf den Weg der Selbsthilfe verwiesen[17].

3. Die Kombination produktions- und verteilungspolitischer Wirkungen als Besonderheit der genossenschaftlichen Unternehmensform

Nachdem Walras die Genossenschaften prinzipiell der Sphäre individueller, wettbewerbswirtschaftlicher Aktivität zugeordnet hat, stellt er die Frage nach ihren spezifischen Merkmalen gegenüber anderen privatwirtschaftlichen Unternehmensformen. Die Analyse der ökonomischen Wirkungsweise der Genossenschaften ist nach Walras unerläßliche Voraussetzung zur Konzipierung einer zweckmäßigen finanziellen und rechtlichen genossenschaftlichen Organisation. Der wirtschaftlich-rechtlichen Ausgestaltung eines Genossenschaftsprogramms müsse also zunächst die wissenschaftliche Präzisierung der genossenschaftlichen Merkmale auf der Grundlage und mit Hilfe der Begriffe der politischen Ökonomie vorausgehen[18].

Der allgemeine volkswirtschaftliche Ansatzpunkt des Genossenschaftsprogramms von Walras liegt in seinen verteilungstheoretischen und -politischen Vorstellungen begründet[19]: Der gesamte gesellschaftliche Reichtum bestehe aus den drei Hauptformen Boden, Kapital und geistig-physische Fähigkeiten, deren jeweilige Erträge den Faktorbesitzern in den Einkommensarten Grundrente, Zins und Lohn zuflössen.

Die wissenschaftlich-abstrakte Unterscheidung der Produktionsfaktoren, Faktorbesitzer und Faktoreinkommen bedeutet nach Walras jedoch keine Negation des sozialen Fortschritts, sondern sei im Gegenteil Ansatzpunkt einer Fortschrittsdefinition „la plus claire et la plus rigoureuse“: analog der Ausbreitung der demokratischen Rechte im Bereich der Politik sei der soziale Fortschritt im Bereich der Wirtschaft zu definieren als die immer wirksamere und vollständigere Teilhabe aller Individuen an allen Formen des Reichtums, besonders als der immer deutlichere und beträchtlichere Zugang der Arbeiter zum Besitz des Kapitals[20].

---

17 *L. Walras*, Les Associations, S. 24: „... les associations populaires n'ont rien à demander à l'initiative collective ou commune, autrement dit à l'intervention de l'Etat, et doivent tout attendre de l'initiative individuelle ... elles ne doivent compter absolument que sur elles-mêmes.“

18 Ebenda, S. VII.

19 Ebenda, S. 8 ff.

20 *L. Walras*, Les Associations, S. 11: „... les distinctions de l'économie politique ne renferment aucune negation du progrès social ... Elles permettent, en effet, de la définir comme la participation de plus en plus

Da der so definierte Fortschrittsprozeß sich unter den Bedingungen einer möglichst privilegienfreien Wettbewerbswirtschaft zu vollziehen habe, sieht Walras die Vermögenslosigkeit und die Vereinzelung der Arbeiter als die Hauptansatzpunkte einer Lösungskonzeption der wirtschaftlichen Selbsthilfe an.

Aus diesen Ansatzpunkten leitet Walras die spezifischen Strukturmerkmale der Genossenschaften ab: Die Genossenschaften vereinigen wirtschaftlich schwache, vorher isolierte Individuen zur gemeinsamen Bildung, Investition und Verwertung von Kapital im Wege von kooperativ getragenen und betriebenen Unternehmungen.

Der Prozeß der Kapitalbildung bei wirtschaftlich Schwachen durch das Instrument der Genossenschaft vollzieht sich nach Walras auf zweierlei Weise: zum einen durch laufende Beiträge aus dem Arbeitslohn der Mitglieder zum Genossenschaftskapital, zum anderen durch Rücklagen nicht ausgeschütteter Überschüsse des Genossenschaftsbetriebes[21].

Die genossenschaftliche Konzeption von Walras ist also nicht bedarfswirtschaftlich, etwa auf die optimale konsumgenossenschaftliche Versorgung mit Lebenshaltungsgütern hin orientiert, sondern letztlich erwerbswirtschaftlich-kapitalistisch ausgerichtet. Die Konsum-, Produktiv- oder Kreditgenossenschaften sind demnach von wirtschaftlich Schwachen gemeinsam geschaffene, durch ersparte Einlagen und Rücklagen selbstfinanzierte Handels-, Industrie- oder Kreditunternehmungen und insofern ein geeignetes Mittel zur Bildung und Vermehrung von Produktivvermögen in Arbeiterhänden[22].

Besonders die Produktiv- und Kreditgenossenschaften entfalten nach Walras gleichzeitig produktions- und verteilungspolitisch erwünschte Wirkungen zugunsten der Integration einkommens- und vermögensschwacher Wirtschaftssubjekte in die kapitalistische Wettbewerbswirtschaft.

Während persönliche Fähigkeiten in lohnabhängiger Arbeit oft unausgeschöpft blieben, stimuliere der Besitz eigenen Kapitals in Form von Werkstätten, Werkzeugen und Rohmaterialien brachliegende Kräfte der Arbeiter und ermögliche über ein Subsistenzeinkommen hinaus weitere Ersparnisse, Selbstfinanzierung und Wachstum der Genossenschaftsbetriebe[23].

---

effective et complète de tous les individus à toutes les espèces de la richesse, et, en particulier, comme l'avénement de plus en plus marqué et considérable des travailleurs à la propriété du capital."

21 *L. Walras*, Les Associations, S. 6.

22 Ebenda.

23 Ebenda, S. 48.

Zudem erschließe die Kapitalbildung im Wege der genossenschaftlichen Assoziation die Möglichkeit der Aufnahme von Realkrediten und eröffne damit weitere Investitions- und Gewinnmöglichkeiten[24].

Das Grundprinzip der Genossenschaften liegt nach Walras also darin, den Arbeitern durch Zusammenschluß und Aktivierung ihrer produktiven Kräfte zum Besitz und den Erträgen von Kapitalvermögen zu verhelfen[25].

III. Die Ableitung einzelwirtschaftlicher Gestaltungsprinzipien der genossenschaftlichen Unternehmensform

1. Möglichkeiten und Grenzen der Anwendung der Genossenschaften

Die spezifisch sozialpolitische Bedeutung, die Walras den Genossenschaften als Instrumente zur Verbesserung der ökonomischen und sozialen Lage der unteren Bevölkerungsschichten in seinem wirtschaftspolitischen System einräumt, impliziert zugleich die Umweltbezogenheit und Anwendungsgrenzen dieser Unternehmensform. Die Genossenschaften sind für Walras nicht immer und an jedem Ort einsetzbares Mittel zur Hinführung der Lohnabhängigen zum Besitz des Kapitals, sondern müssen ihren Platz im freien Wettbewerb dort erringen und behaupten, wo sie mit ihrem beschränkten Anfangskapital in den Markt eindringen und wirtschaftliche Funktionen zumindest wettbewerbsfähig erfüllen können.

Zunächst sei der Erfolg genossenschaftlicher Konzeptionen in der Praxis nicht allein durch eine vollkommene ökonomische, finanzielle und statuarische Organisation gesichert, sondern es bedürfe darüber hinaus einer Abstimmung mit der sozialen Umwelt, mit ihren geistigen Grundlagen, mit ihren Traditionen und ihrer Gesinnung[26].

Der Erfolg von Konsumgenossenschaften hänge besonders von den wirtschaftsgeographischen Standorten ab. In großen Städten sei die räumliche Entfernung der Stadtviertel und die größere Fluktuation der Bevölkerung ein ernstes Hindernis, eine genügend große und dauerhafte Gruppe von Mitgliedern zusammenzubringen. Zudem ermögliche die dort konzentrierte Konsumnachfrage dem regulären Einzelhandel, in großem Maßstabe und preisgünstig abzusetzen. Der Prozeß des freien Wettbewerbs führe zunehmend zur Verbesserung der Konsumentenversorgung, nehme den Konsumgenossenschaften ihre ur-

---

[24] Ebenda, S. 56 ff.

[25] Ebenda, S. 6: „Et d'une facon générale, le but commun de toutes les associations populaires, c'est l'avénement d'un certain nombre de travailleurs peu aisés à la propriété du capital.“

[26] *L. Walras*, Les Associations, S. 135 f.

sprüngliche Existenzberechtigung und lasse ihre Neugründung nahezu entbehrlich werden[27].

Die Anwendungsmöglichkeit der Produktivgenossenschaften sieht Walras auf die Klein- und Mittelindustrie beschränkt. Angesichts der Kapitalbildung über periodische Beiträge und Selbstfinanzierung der Genossenschaftsbetriebe bleibe der Bereich der anlagen- und kapitalintensiven Großindustrie für die Produktivgenossenschaften unerreichbar. Weder in den sehr kleinen, noch in den industriellen Großbetrieben liegen nach Walras die Erfolgschancen der Produktivgenossenschaften, sondern im weiten Bereich der Mittelbetriebe böten sich die aussichtsreichsten Tätigkeitsbereiche. Die weitestgehenden und wirkungsvollsten Anwendungsbereiche stehen nach Walras den Kreditgenossenschaften offen. Dieser Genossenschaftszweig konzentriere sich auf die nach Walras eigentliche Aufgabe der Genossenschaften, nämlich auf die Förderung des Sparens und der Kapitalbildung der wirtschaftlich schwachen Bevölkerungsschichten. Die Kreditgenossenschaften haben nach Walras auch deshalb vorrangige Bedeutung, weil sie für eine Vorreiterposition bei der Organisation und Finanzierung zu gründender Konsum- und Produktivgenossenschaften prädestiniert erscheinen[28].

2. Die Finanzierung

Die Forderung Walras' nach strikter Selbsthilfe einerseits und die Einkommenslage der von den Genossenschaften angesprochenen wirtschaftlich schwachen Schichten andererseits bestimmen Walras' Vorschlag zur Aufbringung des notwendigen Kapitals der Genossenschaften[29]. Die Kapitalanteile der Mitglieder sollen weder durch die volle Einzahlung mit dem Beginn der Mitgliedschaft geleistet noch überhaupt von vornherein fixiert werden, sondern sich durch monatliche oder halbjährliche Beiträge sukzessiv und in nicht festgelegter Höhe bilden[30].

Um die unterschiedlichen und im Zeitablauf veränderlichen finanziellen Ressourcen der Mitglieder bestmöglich der genossenschaftlichen Kapitalbildung zuführen zu können, lehnt Walras eine für alle Mitglieder einheitliche Höhe der Kapitalbeiträge ab und empfiehlt die Festlegung eines die Verwaltungskosten der Kapitalhereinnahme berücksichtigenden Mindestbetrages und eines Höchstbetrages, welcher im

---

[27] Ebenda, S. 138.

[28] *L. Walras*, Les Associations, S. 141. In diesem und anderen Teilen seiner Konzeption bezieht sich Walras auf die in Deutschland erarbeitete Konzeption von Schulze-Delitzsch, dessen große Verdienste um die Ausformung des Genossenschaftswesens er betont.

[29] Ebenda, S. 141 ff.

[30] Ebenda.

Hinblick auf das Ziel der Genossenschaften, besonders wirtschaftlich Schwache zu fördern, zu bemessen sei.

3. *Die Willensbildung und die Geschäftsführung*

Das Genossenschaftswesen verkörpert für Walras den Versuch, eine praktische Synthese zwischen dem Prinzip der Demokratie und der liberalen politischen Ökonomie zu verwirklichen. Es sei ein erstrebenswertes, aber höchst schwieriges Ziel, die Position des radikalen Demokraten und des orthodoxen Ökonomen zugleich einzunehmen. Bei der Lösung der sozialen Frage gehe es darum, weder die Demokratie der Ökonomik, noch die Ökonomik der Demokratie zu opfern, sondern Lösungen zu finden, die sowohl unter dem Gesichtspunkt der Demokratie annehmbar als auch unter ökonomischen Aspekten zu billigen seien[31].

Gemäß dieser Grundauffassung dominiert der ökonomische Aspekt die wirtschaftliche, stark individualistisch ausgeprägte und die Kapitalbeteiligung und -verwertung hervorhebende Konzeption der Genossenschaften bei Walras. Der soziale Aspekt dagegen bestimmt Walras' Vorschlag zur genossenschaftlichen Willensbildung: die Gleichberechtigung aller Mitglieder ohne Rücksicht auf ihre Kapitalbeteiligung gemäß dem ein Mann — eine Stimme-Prinzip[32].

Zur Frage der Organisation der Geschäftsführung lehnt Walras die unmittelbare Selbstleitung durch die Mitglieder („self-government") ab und postuliert die Direktion durch Delegation („self-administration")[33]: Die Geschäftsführung wird übernommen von einem durch die Generalversammlung gewählten, von einem Aufsichtsorgan mit umfassenden Rechten kontrollierten, jederzeit abberufbaren Gremium von Leitern.

4. *Die Überschußverteilung*

Walras unterscheidet zwei Verfahren, die erwirtschafteten Überschüsse der Genossenschaft auf die Mitglieder zu verteilen[34]: Zum einen könnten die Genossenschaften die Überschüsse im Verhältnis zur Teilnahme der Mitglieder am Leistungsverkehr kontinuierlich und unmittelbar über niedrigere Preise (Konsumgenossenschaften), höhere Löhne (Produktivgenossenschaften), höhere Einlagen- bzw. niedrigere Kreditzinsen (Kreditgenossenschaften) verteilen. Zum anderen sieht Walras die Lösungsmöglichkeit, die Überschüsse periodisch gemäß der

31 *L. Walras*, Les Associations, S. XII.

32 Ebenda, S. 155.

33 *L. Walras*, Les Associations, S. 146.

34 Ebenda, S. 156 ff.

Kapitalbeteiligung auf die Mitglieder zu verteilen, wobei der Leistungsverkehr zwischen Genossenschaft und Mitgliedern sich zu Marktpreisen, -löhnen und -zinsen vollzieht.

Der individualistische, auf die Schaffung von persönlichen Anreizen zur Kapitalbildung bei wirtschaftlich Schwachen ausgerichtete Grundzug der genossenschaftlichen Konzeption von Walras determiniert seine Entscheidung: von den beiden Weisen der Überschußverteilung sei die letztgenannte die einzig richtige und für die Genossenschaft vorteilhafteste[35].

Walras ignoriert das seit den „Pionieren von Rochdale" traditionelle genossenschaftliche Prinzip der periodischen Rückvergütung der Überschüsse im Verhältnis der Inanspruchnahme der genossenschaftlichen Leistungen, welches die Ablehnung des erwerbswirtschaftlichen Zieles der Gewinnmaximierung und die Befürwortung des bedarfswirtschaftlichen Prinzips der Kostendeckung für den Genossenschaftsbetrieb impliziert. Walras sieht die Förderung der Mitglieder der Genossenschaft demnach letztlich nicht spezifisch im Leistungsverkehr, sondern in der für die Arbeiterschaft institutionalisierten Möglichkeit, mit sehr geringen Mitteln zur Kapitalbildung anzusetzen und gleichzeitig auf die Ertragsentwicklung des in der Genossenschaft investierten Sparkapitals über den Umfang der Leistungsbeziehungen und/oder über die demokratische Willensbildung Einfluß zu nehmen. Nur die Überschußverteilung im Verhältnis zur Kapitalbeteiligung entspricht dem nach der Auffassung von Walras eigentlichen Ziel der Genossenschaften. Denn dieses Verfahren stimuliere die Sparneigung und Kapitalbeteiligungsbereitschaft der Mitglieder, verbessere die Finanzierungssituation und ermögliche die Ausnutzung von Wachstums- und Gewinnchancen der Genossenschaftsbetriebe. Ein geringes Unterschreiten der Marktpreise sieht Walras nur durch die werbende Wirkung auf potentielle Mitgliederkreise gerechtfertigt[36].

B. Die theoretische Integration der Genossenschaften in die neoklassische Lehre des freien Wettbewerbs bei Pareto, Pantaleoni, Barone und Gobbi

Nachdem Walras die wissenschaftliche Behandlung der Genossenschaften in der Lausanner Schule durch die Entwicklung einer normativen, einzelwirtschaftspolitischen Genossenschaftskonzeption begründet hatte, verlagerte sich der Forschungsschwerpunkt bei seinen

[35] Ebenda, S. 158.

[36] *L. Walras,* Les Associations, S. 159.

Schülern Pareto und Pantaleoni in Richtung auf eine theoretische Erklärung der realen genossenschaftlichen Phänomene mit dem Instrumentarium der neoklassischen Wirtschaftstheorie.

Die Grundrichtung und der Nachdruck der Genossenschaftslehre bei Pareto und Pantaleoni ergeben sich aus ihrem erklärten Ziel[1], sich mit der auf dem Boden des zeitgenössischen Solidarismus[2] gewachsenen Idee der Vergenossenschaftlichung der gesamten Wirtschaft, dem Kooperativismus von Charles Gide, auseinanderzusetzen. Da die im folgenden zu behandelnde Lehre Paretos und Pantaleonis sich in Methode und Inhalt als Antithese zum Kooperativismus versteht[3], soll dieser, um die Ansatzpunkte und Zusammenhänge möglichst deutlich werden zu lassen, kurz dargestellt werden.

I. Das Genossenschaftssystem von Gide als Ansatzpunkt der neoklassischen Kritik

Charles Gide, Verfasser eines der erfolgreichsten volkswirtschaftlichen Standardwerke[4] seiner Zeit und Mitverfasser der insbesondere für die französische Dogmengeschichte noch heute sehr aufschlußreichen „Geschichte der volkswirtschaftlichen Lehrmeinungen" übernahm die geistige Führung der 1885 in Nîmes von 85 französischen Konsumgenossenschaften gegründeten „Union coopérative" und versuchte, der Genossenschaftsbewegung auf der Basis des Solidarismus ein umfassendes, wirtschaftsordnungspolitisches Programm zu geben: den Kooperativismus[5].

Das auf der Idealvorstellung möglichst freier Konkurrenz beruhende wirtschaftspolitische Leitbild des Liberalismus lehnt Gide ab. Die Stärke

---

1 Pareto äußert sich in Briefen an Pantaleoni (*V. Pareto*, Lettere a Maffeo Pantaleoni, 2. Bd., S. 156) sehr kritisch, ja abfällig („deficience theoriche") über die Genossenschaftslehre Gides, welche dieser 1898 in einer Vorlesungsreihe an der Universität Lausanne vorgetragen hatte. Pareto fühlte sich auch vom mit Bibelzitaten durchsetzten, mystischen Stil Gides abgestoßen und forderte Pantaleoni wiederholt auf, als Entgegnung seine genossenschaftstheoretische Arbeit doch auf Französisch und in Paris mit der Zielrichtung gegen Gide zu veröffentlichen (ebenda, S. 151 ff.).

2 Vgl. dazu *Ch. Gide, Ch. Rist*, Geschichte der volkswirtschaftlichen Lehrmeinungen, S. 643 ff. und *G. Stavenhagen*, S. 184 ff.

3 Die Intensivierung und Vertiefung, die die wissenschaftliche Genossenschaftslehre durch die neoklassische Kritik und Alternative zum Kooperativismus erfahren hat, dürfte ein treffendes Beispiel für den Satz von Lambert sein: „En ce qui concerne la Coopération, la doctrine précède la science ..." (*P. Lambert*, S. 11).

4 Die „Principes d'Economie Politique" von Gide erreichten weit über 20 Auflagen. Zur dogmengeschichtlichen Einordnung und Beurteilung vgl. *J. Schumpeter*, Geschichte der ökonomischen Analyse, 2. Bd., S. 1029.

5 Zu ausführlicheren Darstellungen des Kooperativismus vgl. *A. Sassen*, S. 149 ff. und *P. Lambert*, S. 135 ff.

bzw. Schwäche der Ausgangspositionen der Wirtschaftsteilnehmer sei zu ungleich verteilt und begünstige die Ausbeutung der Schwachen durch die Starken. Die allgegenwärtigen Tendenzen der Wettbewerbsbeschränkung — Kartellierungen, Protektionismus — seien in der individualistisch-liberalen Wirtschaftsordnung ohnehin kaum zu bändigen. Die Probleme der kumulativen Verzerrung einer am Ideal der Leistungsgerechtigkeit orientierten Einkommensverteilung und der wirtschaftlichen Ineffizienz durch Spekulations- und Konjunkturkrisen sind für Gide die Hauptübel des wirtschaftspolitischen Liberalismus und Hauptansatzpunkte des kooperativistischen Programms. Während Gide sich mit den volkswirtschaftspolitischen Hauptzielen des Liberalismus weitgehend einig weiß[6], lehnt er hingegen den freien Wettbewerb als volkswirtschaftliches Lenkungsinstrument ab.

Während im liberalen, marktwirtschaftlichen System der Wettbewerb gleichsam selbsttätig in Richtung auf die optimale Befriedigung der Bedürfnisse der nicht organisierten Konsumenten wirken solle („tout *pour* le consommateur") fordere der Kooperativismus die organisierte Übernahme der Wirtschaftslenkung durch die Konsumenten im Wege ihres umfassenden und einheitlichen konsumgenossenschaftlichen Zusammenschlusses („tout *par* le consommateur")[7].

Im Gegensatz zu Walras faßt Gide die Genossenschaften also nicht als marktwirtschaftssystemgerechte Einrichtungen sozial und ökonomisch Schwacher auf, zu verbesserten Start- und Wettbewerbspositionen in der erwerbswirtschaftlich-kapitalistischen Wirtschaftsgesellschaft zu gelangen, sondern als einzelwirtschaftliche Vorwegnahme einer neuen, kooperativistischen Wirtschaftsordnung[8].

Gleich dem Sozialismus geht es dem Kooperativismus um die Beseitigung der bestehenden, als ungerecht und unökonomisch empfundenen kapitalistischen Wirtschaftsordnung, jedoch steht hier im Mittelpunkt nicht der ausgebeutete Lohnarbeiter, sondern der ausgebeutete Konsument. Nicht die Abschaffung der Lohnarbeit, sondern die Herstellung des „gerechten Preises"[9], d. h. die Beseitigung des Gewinns als

---

[6] *Ch. Gide*, Le Programme Coopératiste et l'Economie politique libérale, S. 26: „L'école coopératiste a le même but, en somme, que l'école classique libérale: l'abondance des richesses, le bon marché, tous les moyens propres à donner à chaque individu le maximum de satisfactions."

[7] Ebenda, S. 34.

[8] In Anlehnung an *Th. Thiemeyer* könnte man hier von einer kooperativistischen „Fremdkörpertheorie" der Genossenschaften sprechen, da Gide den Kooperativismus nicht nur als Programm vertritt, sondern auch die bestehende moderne Genossenschaftsbewegung seit Rochdale 1844 auf kooperativistische Grundbestrebungen zurückführt (vgl. *Th. Thiemeyer*, Gemeinwirtschaftlichkeit als Ordnungsprinzip, Berlin 1970, S. 1 f. und S. 173 ff.).

[9] Die Theorie der arbeitslosen Einkommen der Saint-Simonisten scheint Gides Vorstellung vom „juste prix" beeinflußt zu haben: „Tout ce qu'on

Marge zwischen dem Verkaufspreis und den notwendigen Produktionskosten ist das Ziel der Vergenossenschaftlichung der Wirtschaft.

Die Zukunftsaussichten zur Realisierung der kooperativistischen Wirtschaftsordnung in der Wirklichkeit beurteilt Gide auf der Grundlage einer allgemeinen Entwicklungstheorie der gesellschaftlichen Solidaritätsbeziehungen[10].

Die Solidaritätsbeziehungen in der Gesellschaft durchlaufen nach Gide drei Entwicklungsphasen: die erste ist gekennzeichnet durch naturbestimmte, lebensnotwendige, oft unbewußte Interdependenzen der Menschen untereinander, z. B. in von Naturgewalten bedrohten Schutzgemeinschaften. In der zweiten — kulturell fortgeschritteneren — Phase behält das Prinzip der Solidarität seine Lebensnotwendigkeit, es wird aber in dem Sinne freiwillig und bewußt, als die Menschen ihre gegenseitigen Abhängigkeiten klar erkennen und aus besserer Einsicht und freiem Willen solidarisch handeln. Als Beispiele nennt Gide Systeme der sozialen Sicherung oder der Besteuerung, welche zwar durch staatlichen Zwang abgesichert sind, deren Lasten aber vorwiegend aus freier Einsicht getragen würden. In der dritten Entwicklungsphase der Solidarität tritt nach Gide jeder Zwang zurück, und die Kooperation beruht allein auf dem freiwilligen Zusammenschluß unter gemeinsam gefühlten Interessen, wie z. B. in Gewerkschaften oder Genossenschaften. Die freiwillige Solidarität ist nach Gide

„die höchste Form der Solidarität, und es ist diese, die zu verwirklichen wir uns bemühen müssen“[11].

Die genossenschaftliche Kooperation entspricht nun nach Gide in besonders hohem Maße der allgemeinen Entwicklungstendenz der gesellschaftlichen Beziehungen von der erzwungenen zur freiwilligen Solidarität[12] und gewinnt dadurch die entscheidende Durchsetzungskraft.

Gide faßt das Solidaritätsprinzip nicht allein normativ als Ideal seines Genossenschaftsprogramms auf, sondern legt es zugleich empirisch-theoretisch als in der Wirklichkeit geltendes — wenn auch durch Umwelteinflüsse zuweilen verdrängtes[13] — Grundmotiv der modernen

---

appelle profits, bénéfices, rentes, fermages, tout cela est contenu uniquement dans cette marge qui sépare le prix de revient du prix courant. C'est dans cette marge, qu'on pourrait dessiner sur la carte économique comme une zone rouge, que se forme tout ce qu'on appelle les inégalités sociales. Si on réussissait à la faire disparaître en ramenant le prix de toute chose au prix de revient, alors ce qu'on appelle la question sociale serait complêtement résolu ...“ (Vgl. die eingehende Analyse dieser Doktrin von Gide bei *P. Lambert*, S. 139 ff.).

10 Zum folgenden vgl. *Ch. Gide*, La Coopération, Paris 1922, S. 115 ff.

11 *Ch. Gide*, La Coopération, S. 117 (übersetzt v. Verf.).

12 Ebenda, S. 118.

13 Ebenda, S. 126.

Genossenschaftsbewegung seit Rochdale zugrunde. Daraus ergibt sich für ihn die Rolle der Genossenschaften als einzelwirtschaftliche Avantgarde einer zukünftigen, kooperativistischen Wirtschaftsordnung. Das Prinzip der Solidarität ist bei Gide also normatives Postulat und Hypothese zur Erklärung der Wirklichkeit zugleich. In diesem Sinne begrüßt Gide die genossenschaftliche Kooperation als bewußten Vollzug der allgemeinen, entwicklungsgesetzlichen Evolution der sozialen Beziehungen von der erzwungenen zur freiwilligen Solidarität. Die Genossenschaften gründen sich demnach auf das wachsende Bewußtsein und die freudige Bejahung[14] der gegenseitigen Abhängigkeitsbeziehungen und auf das Bestreben, diese Haltung in praktischen Organisationen in die Wirklichkeit umzusetzen. Während das individualistische Eigennutzstreben im Liberalismus das Gegenteil der Solidarität („*solidarité à rebours*"), den Vorteil des einen durch den Nachteil des anderen, z. B. die Ausbeutung des Schwachen durch den Starken bewirke („*la lutte pour la vie*"), führe die genossenschaftliche Solidarität zum gerechten Ausgleich der individuellen Interessengegensätze („*l'association pour la vie*"): Die in der liberalistischen Wettbewerbslehre begründeten Marktgegensätze werden nach Gide durch die bedarfswirtschaftliche Selbsthilfe beseitigt. Durch die genossenschaftliche Gleichberechtigung der Mitglieder partizipiere der Schwache an der Kraft des Starken[15].

Das Prinzip der Solidarität ist für Gide also der Kern der als Antithese zum Liberalismus verstandenen kooperativistischen Schule[16].

Die allgemeine Anwendung des Solidaritätsprinzips in der Wirtschaft fordert Gide wie folgt: Auf der Basis einer neuen, die „blinde Gewinnsucht" des Wettbewerbssystems ablehnenden Wirtschaftsgesinnung, d. h.

„im Gefühl unserer gegenseitigen Abhängigkeit, in freudiger Zustimmung zu dieser Abhängigkeit und Willens, daran zu arbeiten, sie in die Wirklichkeit umzusetzen"[17],

sei die Wirtschaftsgesellschaft in einer einheitlichen konsumgenossenschaftlichen Organisation zu vereinigen.

Die solidarische Kooperation aller Konsumenten ermöglicht nach Gide eine umfassende bedarfswirtschaftliche Rückwärtsintegration zur Beseitigung der Marktgegensätze und Ausbeutungsmöglichkeiten auf allen vorgelagerten Marktstufen. Der gerechte Preis werde durch die Ausschaltung des Gewinnstrebens und die Verteilung der genossen-

---

14 *Ch. Gide*, La Coopération, S. 122.

15 Ebenda, S. 120.

16 Ebenda, S. 118: „La formule de la solidarité nous permettra d'abord de nous distinguer d'une facon assez nette de l'école libérale classique."

17 Ebenda, S. 122 (übersetzt vom Verf.).

schaftlichen Überschüsse nach Maßgabe der Beteiligung an den Leistungsbeziehungen institutionalisiert[18]. Der Konflikt des Markttausches werde durch die Identität von Kunden und Trägern bei den Genossenschaften aufgehoben: Die Konsumenten seien in der Konsumgenossenschaft ihre eigenen Händler, die Kreditschuldner in der Kreditgenossenschaft ihre Kreditgeber, die Arbeitnehmer in der Produktivgenossenschaft ihre eigenen Arbeitgeber[19]. Zur Verwirklichung der kooperativistischen Wirtschaftsordnung postuliert Gide die

„friedliche, aber radikale Umformung der bestehenden Wirtschaftsordnung, indem der Besitz der Produktionsmittel und damit die wirtschaftliche Vorherrschaft aus den Händen der Produzenten in die Hände der Konsumenten übergeführt wird“[20].

Dieser Umformungsprozeß soll sich nach Gide in drei Etappen vollziehen[21]: In der ersten Etappe bedürfe es einer Vereinigung der bestehenden, unabhängigen Genossenschaften in einer Großorganisation, um mit den zusammengefaßten Überschüssen große Kaufhäuser zu gründen und den Handel zu erobern. In der zweiten Etappe gehe es um die umfassende Übernahme der Eigenproduktion und damit um die Beherrschung der Industrie. Die dritte Etappe sehe den Kauf und die Anpachtung von Landgütern und die langfristige Übernahme der Agrarwirtschaft vor.

Gide interpretiert die erfolgreiche Entwicklung des Genossenschaftswesens in England als Beginn der umfassenden, kooperativistischen Umgestaltung der Wirtschaftsordnung und fordert die Annahme und Unterstützung seines Programms durch die Genossenschaftsbewegungen aller Länder, um durch die ideologische Geschlossenheit des Genossenschaftswesens die Überzeugungs- und Durchsetzungskraft des Kooperativismus zu erhöhen.

II. Die neoklassische Interpretation genossenschaftlicher Struktur- und Funktionsmerkmale

1. Das Grundmotiv der Genossenschaftsbildung

a) Das Solidaritätsprinzip bei Gide im Urteil Paretos

Pareto setzt die Kritik am Kooperativismus und an dessen Selbstverständnis als wissenschaftliche Lehre an der entwicklungsgesetzlichen Begründung der Doktrin an. Gide ziehe aus der Tatsache der wachsen-

---

18 *Ch. Gide*, Le Programme Coopératiste et l'Economie politique libérale, S. 36.

19 Derselbe, La Coopération, S. 124 ff.

20 Ebenda, S. 101 (übersetzt v. Verf.).

21 Zum folgenden vgl. derselbe, Das Genossenschaftsprogramm, in: *V. Totomianz*, Anthologie des Genossenschaftswesens, Berlin 1923, S. 112 ff.

den, teilweise natürlich bedingten (z. B. im Falle epidemischer Krankheiten) sozialen Interdependenz der Menschen die Schlußfolgerung einer zwangsläufigen Entwicklung, nämlich daß das Wohl des einen zunehmend das Wohl des anderen voraussetze, die Menschen demnach ihr eigenes Wohlergehen letztnotwendig über das Wohlergehen der Mitmenschen zu suchen hätten[22]. Für Pareto ist der Schluß von der faktischen, natürlich bedingten Interdependenz der Individuen auf bewußt solidarisches, von gegenseitigem Wohlwollen getragenes Verhalten der einzelnen nicht zwingend und ein im außerwissenschaftlichen Bereich begründeter Normativismus. Das Solidaritätsprinzip bei Gide berücksichtige nur eine von zwei grundsätzlich möglichen Verhaltenskonsequenzen aus der faktischen Interdependenz von Lebewesen. Das Wohlergehen des einen könne nämlich denkmöglich nicht nur über das Glück, sondern im Gegenteil ebenso auf Kosten oder gar über die Vernichtung des anderen angestrebt werden[23].

Das Faktum der Interdependenz allein determiniert nach Pareto also nicht die Wahl unter den beiden grundsätzlich möglichen Verhaltensalternativen der interdependenten Handlungssubjekte, über die Förderung oder die Schädigung des anderen ihr eigenes Wohl zu realisieren[24]. So münde z. B. die Abhängigkeit der Kapitalisten von den Arbeitern nach Marx in die Ausbeutung und das Elend der letzteren. Es reiche also nicht, die Interdependenz der Menschen zu konstatieren, um zu folgern, jeder müsse versuchen, sein Glück über das Wohl der anderen zu erstreben[25]. Pareto führt die Schlußfolgerung Gides auf die Vermengung wissenschaftlicher und sentimental-philantropischer Aussagen zurück und verweist sie in den Bereich einer an verbreitete Gefühlslagen der Massen anknüpfenden, aber unwissenschaftlichen Propaganda[26].

---

[22] „Prenant pour fondement un fait démontré, une loi naturelle, l'interdépendance de tous les hommes, le solidarisme conclut que nous ne pouvons faire notre bonheur isolément et qu'en le cherchant nous sommes dupes d'un mirage. Comme nous dépendons de tous nous devons chercher le bien de tous, parce que c'est le moyen le plus sûr de réaliser notre propre bien." (*Ch. Gide*, zitiert bei V. Pareto, Les systèmes socialistes, 2. Bd., S. 235).

[23] Vgl. *V. Pareto*, Les systèmes socialistes, 2. Bd., S. 230 ff.

[24] Ebenda, S. 236: „Il ne suffit donc pas de noter l'interdépendance des hommes pour conclure que chacun d'eux doit tâcher de faire le bonheur des autres." Pareto verdeutlicht diesen Gedanken in der ihm eigentümlichen, oft bildhaften und recht drastischen Sprache wie folgt: „Nous dependons des rats, quant à la peste, et, en ce sens nous sommes solidaires avec eux, mais notre intérêt n'est pas le moins du monde attaché à leur prospérité, au contraire, il est attaché à leur destruction." (Ebenda, S. 232 ff.)

[25] Ebenda.

[26] Ebenda, S. 228: „... chez Gide, le savant se double d'un philantrope qui veut activement s'employer au bien des hommes, et c'est ce sentiment, d'ailleurs très noble, qui l'entraîne au dehors du terrain de la science."

b) Das hedonistische Prinzip als Grundmotiv der Genossenschaften

Pareto und Pantaleoni lehnen den Kooperativismus sowohl in seiner Bedeutung als wissenschaftliche Erklärungshypothese als auch als sozialreformatorisches Programm der Genossenschaften ab und sind bestrebt, auf dem Boden der neoklassischen Wirtschaftstheorie die Grundlagen der ökonomisch-theoretischen Erklärung und der volkswirtschaftspolitischen Beurteilung der genossenschaftlichen Strukturen und Funktionen zu entwickeln.

Der Ansatzpunkt ist die Hypothese, auch die Genossenschaften seien im Grunde mit der hedonistischen Grundannahme der Neoklassik, jedes wirtschaftende Individuum verfolge stets die Maximierung seines Eigennutzes, zu erklären und hätten faktisch kein eigenes Wirtschaftsmotiv in die erwerbswirtschaftlich-kapitalistische Wirtschaft eingeführt[27].

Die subjektive Nutzenschätzung der Individuen, die „ophélimité"[28] bei Pareto und „utilità"[29] bei Pantaleoni ist der Zentralbegriff der subjektiven Wertlehre der Lausanner Schule, und zwar sowohl für den Bereich der rein theoretischen Marginalanalyse als auch für den Bereich der theoretischen Volkswirtschaftspolitik.

Nach Pareto ermöglicht erst die Grenznutzenanalyse der Wirtschaftswissenschaft einen den Naturwissenschaften angenäherten Grad der Exaktheit und Bestimmtheit, für Pantaleoni beruht die gesamte Wirtschaftswissenschaft letztlich auf der Grenznutzenlehre und der Annahme eigennützig-hedonistischen Verhaltens der Wirtschaftsteilnehmer[30].

Mit dem Streben der Wirtschaftsteilnehmer nach Maximierung des subjektiven Eigennutzes erklären Pareto und Pantaleoni letztlich auch die Entstehung der Genossenschaften. Für Pantaleoni liegen den Genossenschaften keinerlei wohltätige oder caritative Motive zugrunde,

---

[27] *Ch. Gide*, Has Cooperation introduced a new Principle into Economics?, faßt die dem Kooperativismus konträre Grundauffassung der Neoklassiker zum Genossenschaftswesen in folgendem Bild zusammen: "In that economic world which it claims to alter it lives and moves and has its being as unconditionally as a fish exists in water. Hence it does not contain in itself any autonomous principle ..."

[28] Der Begriff der „Ophélimité élémentaire" bei *Pareto*, Cours d'économie politique, 1. Bd., S. 9 f. entspricht im wesentlichen dem Grenznutzenbegriff der österreichischen Schule.

[29] *M. Pantaleoni*, Principii di Economia Pura, S. 96 ff. Auch dieser Nutzenbegriff deckt sich weitgehend mit dem der Schule von *Carl Menger*.

[30] Ebenda, S. 7: La scienza economica consiste nelle leggi della ricchezza, sistematicamente dedotte dalla ipotesi *che gli uomini siano mossi ad agire esclusivamente dal desiderio di conseguire la maggiore possibile soddisfazione dei loro bisogni mediante il minore possibile sacrificio individuale.* (Hervorhebung m Original.)

sondern sie strebten wie jede andere wirtschaftliche Unternehmung danach, wirtschaftliche Ziele auf wirtschaftliche Weise zu realisieren, indem sie zum Vorteil ihrer Mitglieder ökonomische Güter kostengünstiger produzierten als dies ohne Genossenschaftsbildung möglich wäre. Die Gründung und Erhaltung der Genossenschaften ist für Pantaleoni also auf individuelles, ökonomisches Eigennutzstreben zurückzuführen[31].

Aus diesem gemeinsamen Grundmotiv heraus sind nach Pantaleoni Konsum- und Produktivgenossenschaften ein und dasselbe, in beiden Fällen gehe es allein um den ökonomischen Vorteil der Erhöhung der Realeinkommen: Wie die Konsumgenossenschaften den Konsumenten dazu dienten, ihr Einkommen optimal gegen Waren zu verwerten, ermöglichten die Produktivgenossenschaften den Arbeitern, ihre Arbeitskraft möglichst günstig gegen Einkommen zu tauschen[32]. Pantaleoni warnt davor, ethische, religiöse oder politische Ziele von Genossenschaftsförderern und Genossenschaftsleitern mit den rein ökonomisch-hedonistischen Zielen der Mitglieder zu verwechseln, die für die Existenz der Genossenschaft letztlich entscheidend seien[33].

c) Die handlungstheoretische Erklärung und die ökonomische Funktion der Genossenschaftsideologie bei Pareto

Während Pantaleoni außerökonomischen, uneigennützigen Motiven der Genossenschaftsmitglieder kaum Bedeutung zugestehen will, versucht Pareto — entsprechend seinem umfassenderen Wissenschaftsprogramm[34], alle ökonomischen wie gesellschaftlich-politischen Vorgänge in eine allgemeine Theorie des menschlichen Handelns zu integrieren — die empirischen Phänomene der genossenschaftlichen Ideologie, besonders die Idee des Kooperativismus, soziologisch zu erklären und ihre ökonomische Funktion zu bestimmen. Angesichts der modernen Theorie des kollektiven Handelns[35] und der jüngsten Diskussion um ihre Anwendung auf die Genossenschaften[36] dürfte der Beitrag Paretos unvermindert aktuell geblieben sein.

---

[31] *M. Pantaleoni,* Esame critico dei principii teorici della Cooperazione, S. 205 f. Wörtlich schreibt Pantaleoni über das Grundmotiv der Genossenschaftsbildung ebenda: „In altri termini, è l'*egoismo*, la forza che le crea et che, in seguito, le tiene in vita; è *l'interesse individuale* la forza di cui esse sono una manifestazione." (Hervorhebung im Original.)

[32] Ebenda, S. 311.

[33] Ebenda, S. 211.

[34] Vgl. dazu *E. v. Beckerath, N. Kloten,* Art. Pareto, in: Staatslexikon, 6. Aufl., 6. Bd., Freiburg 1961, Sp. 168 ff.

[35] Als Hauptbeiträge vgl. z. B.: *A. Downs,* Ökonomische Theorie der Demokratie, Tübingen 1968 und *M. Olson,* Die Logik des kollektiven Handelns, Tübingen 1968.

[36] Vgl. *M. Neumann,* Konflikt oder Harmonietheorie der Genossenschaften, und *R. Eschenburg,* Konflikt- oder Harmonietheorie der Genossenschaften —

Die Basis der allgemeinen Handlungstheorie Paretos[37] ist die Einteilung aller menschlichen Handlungen in die beiden Gruppen der logischen und nicht-logischen Handlungen. Während die logischen Handlungen nicht nur in der Vorstellung der Handlungssubjekte, sondern auch tatsächlich zur Erreichung des angestrebten Zieles geeignet sind (objektives und subjektives Ziel sind identisch), fallen bei den nicht-logischen Handlungen das vorgestellte Ziel (Derivation) und das faktisch angesteuerte Ziel (Residuum) auseinander (objektives und subjektives Ziel sind verschieden). Der Gegenstand der Wirtschaftswissenschaft ist nach Pareto die Erfassung des zieladäquaten Handelns, während die Soziologie auch die nicht-logischen Handlungen einbeziehe. In diesen Bereich des nicht-logischen Handelns ordnet Pareto die Genossenschaftsideologie, z. B. den Kooperativismus ein:

„Die Handlungen der Genossenschafter müssen als solche verstanden werden, die ich in der Soziologie nicht-logisch nenne. Die Wirkungen sind gut, aber die angegebenen Handlungsgründe bedeuten nichts[38].“

Während das Bestreben vieler Genossenschafter subjektiv auf ethische, religiöse, politische Ziele hinauslaufe, werde als objektives Ziel das Ergebnis der wirtschaftlichen Besserstellung erreicht. So sieht die kooperativistische Ideologie nach Pareto in den Genossenschaften Instrumente zur Überwindung der Wirtschaftsordnung der freien Konkurrenz, während die Genossenschaften in der Realität im Gegenteil auf die Vervollkommnung dieser Wirtschaftsordnung hinwirkten[39].

Ideologische Motive der Genossenschafter sind nach Pareto dennoch nicht belanglos, sondern entfalten bei der Realisierung der genossenschaftlichen Erfolge entscheidende ökonomische Wirkungen: Die idealistischen Genossenschaftsleiter arbeiten „mit dem Eifer von Aposteln“

Bemerkungen zur gleichnamigen Kritik von Manfred Neumann, in: Zeitschrift für das gesamte Genossenschaftswesen, Bd. 23, Göttingen 1973, S. 101 ff.

37 Vgl. dazu sehr anschaulich in der Original-Literatur: *V. Pareto*, Les systèmes socialistes, Bd. 1, S. 6 ff.; einen Überblick in der Sekundärliteratur geben die in Fußnote 74 genannte Quelle und *H. G. Schachtschabel*, Geschichte der volkswirtschaftlichen Lehrmeinungen, Stuttgart 1971, S. 167 f. Zur ausführlichen Analyse des Verhältnisses von Wirtschaftstheorie und Soziologie bei Pareto siehe *G. Eisermann*, Wirtschaft und Gesellschaft, Stuttgart 1964.

38 *V. Pareto*, Lettere a Maffeo Pantaleoni, 2. Bd., S. 132 (Übersetzung v. Verf.).

39 Derselbe, Les systèmes socialistes, 2. Bd., S. 188 f.: „Les sociétés coopératives ... nous présentent un curieux exemple d'institutions qui prospèrent grâce à de toutes autres raisons que celles qu'on croyait devoir assurer leur succès. Le but des sociétés coopératives était de substituer à la concurrence des entrepreneurs, la solidarité des travailleurs. En fait, les sociétés coopératives ont simplement eu pour effet de faire apparaître sur le marché de nouvelles entreprises concurrentes. Elles ont réussi là où la concurrence était imparfaite, précisément parce qu'elles l'ont rendue moins imparfaite; elles ont echoué là où la concurrence déployait déja tous ses effets.“

und erstellen unentgeltlich hochwertige wirtschaftliche Leistungen, die die Genossenschaften sonst teuer bezahlen müßten. Der „Genossenschaftsglaube" bei den Mitgliedern und Kunden wirkt umsatzsteigernd und verhilft besonders im durch den hohen Fixkostenanteil gekennzeichneten Handel zur verbesserten Kapazitätsauslastung und zur Senkung der Durchschnittskosten. Die Anziehungskraft der Genossenschaftsideologie kann Werbeaufwand substituieren und damit Kosten senken, zudem verschafft sie den Genossenschaften bei sonst gleichen Leistungen eine spezifische Kundenpräferenz gegenüber der nichtgenossenschaftlichen Konkurrenz[40].

Paretos Auffassung zur Relevanz außerökonomischer Motive der Genossenschafter für die ökonomische Funktionsfähigkeit der Genossenschaften kann als eine frühe Antizipation der Hypothese der heutigen Theorie von M. Neumann interpretiert werden:

> „Der Ideologie fällt die Rolle zu, das Funktionieren der Genossenschaft durch den Appell an die moralischen Fähigkeiten des Menschen sicherzustellen[41]."

Auch die These, daß die in der anfänglichen Entwicklung der Genossenschaften konstitutive und stabilisierende Wirkung der Ideologie bei modernen Marktgenossenschaften ihre Bedeutung verlieren, ja den ökonomischen Erfolg der Genossenschaften im Wettbewerb beeinträchtigen könne[42], ist bei Pareto bereits angedeutet[43].

2. Die Wettbewerbsfähigkeit genossenschaftlicher Unternehmensformen aus der Sicht der Produktions- und Kostentheorie bei Pareto und Pantaleoni

a) Die differenzierte Beurteilung der Konsum- und Produktivgenossenschaften bei Pareto

Pareto will die wirtschaftliche Handlungsfreiheit der Einzelwirtschaften nicht als ein — etwa aus sozialphilosophischen Idealen des Liberalismus abgeleitetes — Ziel an sich verstanden wissen, sondern

---

[40] Vgl. *V. Pareto*, Lettere a Maffeo Pantaleoni, 2. Bd., S. 132 und derselbe, Cours d'économie politique, 2. Bd., S. 272 f. Die erstgenannte Quelle enthält das Konzept Paretos für eine von Pantaleoni abzuhaltende genossenschaftswissenschaftliche Tagung in Genf. Unter dem Thema: „La Coopération: illusions et réalité" gibt Pareto dort eine sehr anschauliche Kurzdarstellung der ökonomischen Rolle der Genossenschaftsideologie.

[41] *M. Neumann*, Konflikt- oder Harmonietheorie der Genossenschaften, S. 59.

[42] Ebenda, S. 55 ff.

[43] *V. Pareto*, Cours d'économie politique, 2. Bd., S. 272: „Ces buts accessoires ont été et sont utiles pour recruter des adhérents, ils peuvent devenir une cause d'insuccès dans l'avenir en entravant l'action de la concurrence."

sieht sie als konstitutives Mittel[44] zum Zwecke der wohlfahrtsökonomischen Bestlösung des Problems der Wirtschaftsrechnung unter freier Konkurrenz. In jeder Wirtschaftsordnung besteht nach Pareto das Zentralproblem darin, die Produktionsfaktoren in jene Verwendung einzuweisen, welche ihren wohlfahrtsökonomischen Ertrag, ausgedrückt in der Summe der subjektiven Nutzenschätzungen der Wirtschaftsteilnehmer, maximieren[45].

Auf den Grundlagen seiner später von E. Barone[46] weiterentwickelten Theorie der Wirtschaftsrechnung analysiert Pareto die wohlfahrtsökonomische Effizienz der individualistisch-dezentralen im Vergleich zur kollektivistisch-zentralen Bestimmung der Wirtschaftspläne und begründet vom Ergebnis her die gesamtwirtschaftliche Funktion und Bedeutung der einzelwirtschaftlichen Handlungsautonomie[47]: Das Gewinninteresse bestimme die Unternehmungen unter der Bedingung unbeschränkter Konkurrenz in permanenten Prozessen von Versuch und Irrtum, von Vorstoß und Anpassung die möglichst ökonomischen Faktorkombinationen zu realisieren.

Um Gewinne zu erzielen, trachteten die Unternehmungen im Wege der optimalen Bestimmung der Produktionskoeffizienten die Kosten unter die gegebenen Marktpreise zu drücken und erzielten so lange einen Gewinnvorsprung vor ihren Konkurrenten, bis diese sich unter dem Druck des Wettbewerbes angepaßt hätten und der Marktpreis auf das veränderte Kostenniveau sinke. Die permanenten — im Falle des Erfolges von Gewinnen, im Falle des Mißerfolges von Verlusten begleiteten — Versuche der Unternehmen, die jeweils wirtschaftlichsten Faktorkombinationen zu bestimmen, bilden nach Pareto im freien Wettbewerb die Grundlage der einzelwirtschaftlichen Existenzfähigkeit und der gesamtwirtschaftlichen, wohlfahrtsökonomischen Funktion der Unternehmen zugleich: während die Unternehmen, durch ihr Gewinninteresse motiviert, die Produktionskosten zu senken bestrebt seien, bewirkten sie — nolens volens — zugleich die Senkung der

---

44 Vgl. *V. Pareto*, Solidarité sociale, in: *G. Busino* (Hrsg.), Oeuvres complètes de V. Pareto, Bd. IV, Libre-échangisme, Protectionnisme et Socialisme, S. 274 f.

45 Vgl. derselbe, Cours d'économie politique, 2. Bd., S. 90 ff. und S. 187 ff.

46 *E. Barone*, Il ministro della produzione nello stato collettivista, Giornale degli Economisti, Rom 1908, S. 37 ff.

47 Zum folgenden vgl. *V. Pareto*, Cours d'économie politique, 2. Bd., S. 86 ff. Das Ergebnis Paretos ist die bekannte These, der Produktionsminister eines sozialistischen Staates müsse unter der Zielsetzung, die maximale Ophelimität anzustreben, bei der zentralen Festsetzung der Faktorallokation theoretisch zu den gleichen Produktionskoeffizienten wie unter freier Konkurrenz gelangen, die zentrale Wirtschaftsrechnung sei jedoch der dezentralen der freien Wettbewerbswirtschaft aus Gründen der Informations-, Organisations- und Kostenprobleme unterlegen, ja undurchführbar.

Verkaufspreise, da die vollständige Konkurrenz zur Eliminierung der Gewinne tendiere. Die Reduzierung der Verkaufspreise bewirke wiederum die Erhöhung der konsumierten Mengen und damit die Steigerung der Gesamtophelimitätssumme der subjektiven Bedürfnisbefriedigungen[48].

Diese Automatik des Wettbewerbs kann nach Pareto ihre Wirkung, die Gleichheit zwischen der einzelwirtschaftlich-gewinnmaximalen und der gesamtwirtschaft-wohlfahrtsmaximalen Faktorallokation zu erzwingen, jedoch nur voll entfalten, wenn der Leistungsdruck des freien Wettbewerbs ungehindert ist[49]. Denn je geringer der Leistungszwang des Wettbewerbes wirke, desto mehr erhielten die Konkurrenten die Möglichkeit, sich ihrer sozialen Funktion[50] der ökonomischen Faktorallokation gemäß den realen Knappheitsrelationen zu entziehen und nicht die wohlfahrtsoptimalen, sondern die einzelwirtschaftlich optimalen Produktionskoeffizienten zu realisieren. Denn für die einzelnen Wirtschaftsteilnehmer bestehen nach Pareto individuell-ophelimitätsoptimale Produktionskoeffizienten, die mehr oder minder von den gesamtwirtschaftlich-ophelimitätsoptimalen differieren[51].

Pareto sieht die Produktionskoeffizienten in der marktwirtschaftlichen Wirklichkeit tatsächlich nur zum Teil durch die freie Konkurrenz bestimmt, zu einem anderen, oft sehr beträchtlichen Teil seien sie aus der Absicht heraus determiniert, bestimmte Individuen auf Kosten anderer zu begünstigen. Gelinge es den Wirtschaftssubjekten, sich den Wirkungen des freien Wettbewerbs durch Faktoren wirtschaftlicher Macht (wirtschaftspolitischer Protektionismus, Monopolisierung, Kartellierung) zu entziehen, würden sie die in den Wettbewerbspreisen angezeigten realen Knappheitsrelationen der Güter und Produktionsfaktoren künstlich variieren, um die Einkommensverteilung zu ihrem

48 *V. Pareto*, Cours d'économie politique, 2. Bd., S. 88: „... et l'on entrevoit que, sous le régime de la libre concurrence, les entrepreneurs disponent les coefficients de production de manière à ce que la somme des ophélimités que se répartissent les échangeurs soit maxima."

49 Ebenda, S. 97: „C'est sous la *pression* de la libre concurrence que ces coefficients deviennent égaux à ceux qui assurent le maximum d'ophélimité à la société." (Hervorhebung im Original.)

50 Pareto veranschaulicht die ordnungspolitische Funktion des Wettbewerbsdrucks bzw. die Wirkungen des Protektionismus wie folgt: „Tout gouvernement qui accorde ces protections empêche les ‚entrepreneurs' de remplir leur fonction sociale. Il agit comme un gouvernement socialiste qui, après avoir chargé des employés de déterminer les coefficients de fabrication donnant le maximum d'ophélimité, permettrait à ces employés de ne rien faire; bien pis, de déterminer les coefficients de fabrication pour favoriser certains intérêts particuliers. Les entrepreneurs qui remplissent leur fonction sociale sont des êtres très utiles; les entrepreneurs qui ne la remplissent pas sont pour le moins des parasites, et peuvent devenir extrêmement nuisibles." (Cours d'économie politique, 2. Bd., S. 97 f.)

51 Vgl. ebenda.

Vorteil, aber zum Schaden der ökonomisch bestmöglichen Knappheitsüberwindung auf Kosten der Allgemeinheit zu verändern[52].

Diese gesamtwirtschaftliche, wohlfahrtsökonomische Relevanz der einzelwirtschaftlichen Disposition der Produktionskoeffizienten ist der übergeordnete Gesichtspunkt, unter dem Pareto die einzelwirtschaftlichen Gebilde wie private Unternehmungen, Gewerkschaften, Kartelle und nicht zuletzt die Genossenschaften behandelt[53]. Von diesem Aspekt gelangt Pareto auch zur differenzierten Beurteilung der Konsumgenossenschaften einerseits und der Produktivgenossenschaften andererseits.

Nach Pareto besitzen die Genossenschaften dann die größten Erfolgschancen, wenn sie als Mittel angewendet werden, den durch Wettbewerbsbeschränkungen behinderten Prozeß der Bestimmung der wohlfahrtsoptimalen Produktionskoeffizienten zu forcieren[54].

Die Konkurrenzintensivierung durch die Ökonomisierung der Leistungserstellung ist für Pareto der eigentliche Gegenstand genossenschaftlicher Betätigung. Die Genossenschaften errängen dort Erfolge, wo die Konkurrenz unvollständig sei, indem sie sie intensivierten, sie würden in der Regel dort scheitern, wo der Wettbewerb alle seine Effekte entfaltete. Während der Wettbewerb im Handel unvollständig sei und den Konsumgenossenschaften ein fruchtbares Aktionsfeld biete, sei er im Bereich der industriellen Produktion viel stärker ausgeprägt und lasse den industriellen Produktivgenossenschaften keinen Spielraum, in dem permanenten Prozeß der Ökonomisierung der Faktorkombination erfolgreich mit den privaten Unternehmungen zu konkurrieren. Nur wenn in der Industrie der Wettbewerb in ähnlichem Maße unvollständig wie im Einzelhandel sei, könnten die Produktivgenossenschaften einen dem der Konsumgenossenschaften analogen Erfolg erzielen[55]. Unter den zeitgenössischen Wettbewerbsverhältnissen aber sieht Pareto, außer in unbedeutenden Spezialbranchen, keine Entwicklungs- und Existenzchancen für industrielle Produktivgenossen-

---

[52] Pareto verdeutlicht diese Vorgehensweise am Beispiel eines Arbeiters. Einerseits habe ein Arbeiter das Interesse, daß mehr Arbeit und weniger Kapital beschäftigt werde, wenn dadurch sein Lohn steige. Andererseits lasse diese Modifikation der Produktionskoeffizienten den Produktpreis steigen und benachteilige den Arbeiter als Konsumenten. Der Arbeiter müsse nun seinen Ophelimitätszuwachs aufgrund der Lohnsteigerung seinem Ophelimitätsverlust aufgrund der Preissteigerung gegenüberstellen und werde so lange die Produktionskoeffizienten zugunsten der Beschäftigung des Faktors Arbeit verändern, wie ein Nettozuwachs an Ophelimität zu erzielen sei. (Cours d'économie politique, 2. Bd., S. 98.)

[53] Ebenda, S. 100.

[54] Ebenda, S. 272: „La vraie cause du succès de ces sociétés est qu'elles ont établi la libre concurrence là où elle n'était qu'imparfaite."

[55] *V. Pareto,* Les systèmes socialistes, 2. Bd., S. 191 f.

schaften[56]. Pareto erbringt keine ausführliche Begründung der einzelwirtschaftlich-strukturellen Wettbewerbsunterlegenheit der Produktivgenossenschaften gegenüber privaten industriellen Unternehmungen. An verschiedenen Stellen klingt jedoch die Auffassung an, daß das spezifisch produktivgenossenschaftliche Übergewicht des Faktors Arbeit und die untergeordnete Rolle des Kapitals sowohl bei der Faktorkombination als auch bei den Rechten der unternehmerischen Disposition dazu tendiere, die im freien Wettbewerb existenznotwendige ökonomisch-optimale Determination der Produktionskoeffizienten zu verzerren und die Produktivgenossenschaften kostenungünstiger arbeiten zu lassen. Denn eine nur geringe Variation der im ökonomischen Gleichgewicht fixierten Produktionskoeffizienten vermag nach Pareto eine große Veränderung der Produktionskosten zu bewirken[57]; bestehe nun die Tendenz, mehr Handarbeit und weniger Kapital einzusetzen, werde die Auswirkung auf die Produktionskosten erheblich sein. Andererseits könne die kleinste Vervollkommnung von Maschinen, welche nur eine minimale Verlagerung in den Proportionen von Kapital und Arbeit erfordere, einen sehr starken Unterschied in den Produktionskosten nach sich ziehen. Daraus folgert Pareto, daß eine vom rein ökonomischen Gleichgewicht abweichende Fixierung der Produktionskoeffizienten unter dem überwiegenden Interesse des Faktors Arbeit einen wohlfahrtsökonomischen Verlust bedinge und nur bei eingeschränktem Wettbewerb möglich sei[58].

Die wohlfahrtsökonomische Ineffizienz einer auf staatlicher Intervention basierenden Determinierung der Produktionskoeffizienten unter Bevorzugung des Faktors Arbeit demonstriert Pareto am Beispiel der Produktivgenossenschaften der Pariser Nationalwerkstätten von 1848[59]. Die Idee, den Arbeitern Beschäftigung und gerechten Lohn durch die staatliche Einrichtung von Werkstätten zu garantieren, sei gescheitert; man habe lediglich schlechte und sehr teure Arbeitsleistungen erhalten. Die Ursache sieht Pareto in der Unfähigkeit der Reformer, dem abgelehnten System der Preis- und Lohnbildung des freien

---

[56] Derselbe, Les sociétés coopératives, S. 131: „La production dans l'industrie en grand se fait maintenant suivant la loi de l'effort minimum, sauf bien entendu les graves perturbations qu'apporte la protection. Il y a donc peu de place pour un nouveau système."

[57] Pareto geht von einer Produktionsfunktion ähnlich der des Typs B von Gutenberg aus und postuliert für jede gegebene Ausbringungsmenge strenge Limitationalität der Produktionsfaktoren, wobei die Produktionskoeffizienten mit der Ausbringungsmenge variieren. Man könnte also schon hier durchaus die Vorstellung von Verbrauchsfunktionen i. S. Gutenbergs konstatieren. Vgl. dazu *V. Pareto*, Cours d'économie politique, 2. Bd., S. 82 ff. und *E. Gutenberg*, Grundlagen der Betriebswirtschaftslehre, 1. Bd., Die Produktion, 16. Aufl., Berlin, Heidelberg, New York 1969, S. 314 ff.

[58] *V. Pareto*, Cours d'économie politique, 2. Bd., S. 100.

[59] Derselbe, Les systèmes socialistes, 2. Bd., S. 256 ff.

Wettbewerbes ein eigenes, funktionsfähiges Preissystem entgegenzustellen. Die in den Werkstätten institutionalisierte Arbeitsgarantie könne das differenzierte Leistungspotential der Arbeiter nicht optimal ausschöpfen und behindere die ökonomische Auswertung der individuellen Fähigkeiten in den produktivsten Verwendungen[60]. Im Falle von Absatzkrisen der hergestellten Produkte tendiere die Beschäftigungsgarantie zur Verstärkung des Überangebots und Preisrückgangs und somit zur Arbeitslosigkeit der in der branchengleichen Privatindustrie Beschäftigten, welche nun zusätzlich das Recht auf Arbeit in den Nationalwerkstätten in Anspruch nähmen. Am Ende des Prozesses stehe eine große Überschußproduktion nicht absetzbarer Produkte und damit eine immense Reichtumsvernichtung.

Auch die von Cairnes und Walras in den Vordergrund gestellte vermögenspolitische Wirkung der Produktivgenossenschaften ist für Pareto ein zweifelhaftes Argument. Die Kapitalbildung der Arbeiter erfordere nicht, daß das Kapital in der gleichen Unternehmung angelegt sei, bei der der Arbeiter beschäftigt sei. Vielmehr erfordere der geringe Kapitalbesitz der Arbeiter, Anlagerisiken möglichst zu meiden, während aber in der Produktivgenossenschaft das Kapital vom geschäftlichen Erfolg einer einzigen Unternehmung abhängig sei[61].

Pareto räumt also den Produktivgenossenschaften im Gegensatz zu den Konsumgenossenschaften kaum Erfolgschancen ein und verweist die Gleichsetzung dieser Gebilde bei Pantaleoni[62] in den Bereich von Sophismus und Spitzfindigkeit[63].

b) Genossenschaftliche Strukturprinzipien aus produktions- und kostentheoretischer Sicht bei Pantaleoni

Nachdem Pareto das Problem der ökonomischen Determination der Produktionskoeffizienten als Kriterium der genossenschaftlichen Wettbewerbsfähigkeit gegenüber privatwirtschaftlichen Konkurrenten erst ansatzweise aufgeworfen hatte, knüpfte Pantaleoni hier mit einer eingehenden produktions- und kostentheoretischen Analyse spezifisch genossenschaftlicher Strukturprinzipien an. Die Ansatzpunkte Pantaleonis sind das Prinzip der offenen Mitgliedschaft, insbesondere das Recht auf freien Zutritt in den Konsum- und Produktivgenossenschaften und die darauf aufbauende kooperativistische Vorstellung von Gide, alle Konsumenten in einer konsumgenossenschaftlichen Großorganisation zu vereinigen[64].

60 Zur ökonomischen Relevanz der Faktormobilität allgemein vgl. *V. Pareto*, Cours d'économie politique, 2. Bd., S. 182.

61 Ebenda, S. 183.

62 Vgl. dazu oben, Abschnitt B. II, 1. b. dieses Kapitels.

63 *V. Pareto*, Lettere a Maffeo Pantaleoni, 2. Bd., S. 155 u. S. 167 f.

Der Beurteilung dieser genossenschaftlichen Vorstellungen aus ökonomisch-theoretischer Sicht legt Pantaleoni das allgemeine „Gesetz der bestimmten Proportionen" („la legge delle proporzioni definite") und das „Gesetz der zunehmenden Kosten" („la legge dei costi crescenti") zugrunde[65]. Ähnlich den natürlich bedingten Mengenrelationen in der Zusammensetzung chemikalischer Verbindungen sei auch bei der Durchführung der Produktionsprozesse die unter den jeweiligen Bedingungskonstellationen genau bestimmte ökonomisch-bestmögliche Faktorkombination zu realisieren. Das optimale, von Komplementarität bestimmte Faktoreinsatzverhältnis sei realisiert, wenn weder Überschuß- noch Engpaßfaktoren aufträten. Die in der wirtschaftlich-technischen Realität auftretenden und immer schwieriger zu überwindenden Engpaßfaktoren bewirken nach Pantaleoni jedoch mit dem Wachstum der Unternehmen über eine bestimmte Größe hinaus einen langfristigen Anstieg der Stückkosten[66].

Diesem „legge dei costi crescenti" unterliegt nun nach Pantaleoni auch das Größenwachstum der Genossenschaften:

„Die ökonomischste Kombination der Produktionsfaktoren, welche die minimalen Stückkosten hervorbringt, ist in jedem konkreten Falle nur eine einzige und entspricht einem Umsatz, der nicht kleiner und nicht größer ist als eine mit absoluter Genauigkeit bestimmte Menge[67]."

Daraus folge, daß der freie Zutritt weiterer Konsumenten zu einer im Größenoptimum operierenden Konsumgenossenschaft nicht im Interesse der bisherigen Mitglieder sei, da er die Stückkosten ansteigen lasse. Der Mitgliederkreis müsse also geschlossen werden, die Außenstehenden müßten neue Genossenschaften gründen, um ihrerseits die kostenminimale Betriebsgröße zu realisieren:

„... das Genossenschaftswesen ist dem gleichen begrenzenden Gesetz unterworfen, welchem alle Unternehmungen unterworfen sind ..., eine

---

64 Vgl. *M. Pantaleoni,* Esame critico dei principii teorici della cooperazione, S. 312 ff.

65 Vgl. derselbe, Principii di economia pura, S. 112 f.

66 Daß Pantaleoni eine — in heutiger Terminologie — long-run-Betrachtung anwendet, zeigt sich daraus, daß er nicht nur den Verlauf der variablen, sondern auch den der fixen Kosten für bestimmte Umsatzgrößenintervalle der Betrachtung der Kostenverläufe zugrunde legt (Esame critico ..., S. 319). Der bei Pantaleoni implizierte langfristige Stückkostenverlauf wird später durch Barone ausführlich begründet: „Die Erfahrung lehrt, daß, wenn die Unternehmung sich über einen bestimmten Punkt hinaus ausdehnt, die Produktionskosten pro Einheit nicht mehr sinken, sondern vielmehr zu steigen beginnen, sei es wegen der Schwierigkeit, Unternehmungen zu leiten, die gewisse Dimensionen überschreiten, sei es, weil die Beschaffung der Menge an einzelnen Produktionsfaktoren, die in der günstigsten Kombination für einen so bedeutenden Produktionsumfang notwendig wäre, unmöglich wird." (*E. Barone,* Grundzüge der theoretischen Nationalökonomie, S. 25.)

67 *M. Pantaleoni,* Esame critico dei principii teorici della cooperazione, S. 321 (übersetzt vom Verfasser).

große Einheitsgenossenschaft könnte daher nicht mit den geringstmöglichen Kosten arbeiten und gründete man sie, würden innere Kräfte dahinwirken, sie in eine Reihe autonomer Einzelgenossenschaften aufzuteilen. Das sollten jene bedenken, die glauben, ein System von unbegrenzter Anwendbarkeit zu besitzen und besonders jene, welche glauben, daß der gesamte Konsum eines Landes vorteilhaft von einer einzigen Genossenschaft umfaßt werden könnte[68]."

Aus der gleichen Sicht heraus antizipiert Pantaleoni die später von Oppenheimer ausgebaute Transformationstheorie der Produktivgenossenschaften[69]. Fixiere die Genossenschaft ihre Ausdehnung auf die kostenminimale Ausbringung, so werde das optimale Faktoreinsatzverhältnis durch das „Gesetz der bestimmten Proportionen" determiniert. Die optimalen Produktionskoeffizienten seien also nicht frei variierbar, sondern eine Funktion der produzierten Menge:

„Wenn man die Menge eines der zu beschäftigenden Produktionsfaktoren festlegt, ist die kostenminimale Ausbringung nicht mehr unbestimmt und umgekehrt[70]."

Daraus zieht Pantaleoni die praktische Schlußfolgerung, es sei unmöglich, in den Produktivgenossenschaften kostenminimal und wettbewerbsfähig zu produzieren und gleichzeitig den unbeschränkten Zugang neuer Mitglieder und damit die unbegrenzte Vermehrung des Faktors Arbeit zu gewähren.

Pantaleoni sucht das Optimum der Mitgliederzahl der Produktivgenossenschaften produktionstheoretisch genauer zu bestimmen. Die Hinzunahme eines Mitglieds bedeute die Hinzunahme einer weiteren Einheit zum Divisor des produktivgenossenschaftlichen Gesamtertrages. Wenn der produktive Beitrag des neuen Genossen größer sei als die durch die Vergrößerung des Divisiors bedingte Verringerung des auf jeden Genossen entfallenden Einzelertrages, könnten weitere Mitglieder aufgenommen werden, sobald sich die beiden Größen jedoch angleichten, müsse der Zugang für neue Mitglieder geschlossen werden.

„Denn wenn die Mitglieder zunehmen, wird immer der Moment eintreten, in welchem die Grenzproduktivität[71] des neuen Genossen kleiner ist als sein

[68] Ebenda (Übersetzung vom Verfasser). Zum gleichen Problem auch *M. Pantaleoni*, An Attempt to analyse the Concept of „Strong and Weak" in their Economic Connection, in: Economic Journal, Bd. VIII, London 1898, S. 183 ff.

[69] Vgl. *F. Oppenheimer*, Die Siedlungsgenossenschaft, 3. Aufl., Jena 1922, S. 135 ff.

[70] *M. Pantaleoni*, Esame critico dei principii teorici della cooperazione, S. 323 (Übersetzung vom Verfasser). Vgl. dazu die Aussage der heutigen Theorie bei E. Gutenberg: „Bei Produktionen, denen Produktionsfunktionen mit konstanten Produktionskoeffizienten oder Produktionsfunktionen mit zwar veränderlichen Koeffizienten, aber nicht frei variierbaren Faktoreinsatzmengen zugrunde liegen, sind die Einsatzmengen des Faktors Arbeit lediglich eine Funktion der Produktmenge." (Grundlagen der Betriebswirtschaftslehre, 1. Bd., Die Produktion, S. 183.)

Anteil am Gesamtertrag, vorausgesetzt er erhält die gleiche Quote wie die alten Genossen[72]."

Nach Pantaleoni entspricht also die immer wieder beobachtete und als Degenerationserscheinung der Produktivgenossenschaften beklagte Tendenz, den Mitgliederkreis im Falle des Erfolges zu schließen, in Wirklichkeit den ökonomischen Existenzbedingungen der Genossenschaften in der wettbewerbswirtschaftlichen Umwelt und sei damit eine „organische und notwendige Tatsache"[73].

3. Die volkswirtschaftlichen Wirkungen der Genossenschaften in der Wettbewerbswirtschaft bei Pareto, Pantaleoni, Barone und Gobbi

Da die französisch-italienischen Neoklassiker die Entstehung und Existenzfähigkeit der Genossenschaften in der freien Wettbewerbswirtschaft im Kern auf die ökonomische Vorteilhaftigkeit des genossenschaftlichen Zusammenschlusses für die Mitglieder zurückführen, rückt die Frage in den Vordergrund, durch welche ökonomische Verfahren der Genossenschaften die genannten Autoren die Vorteilhaftigkeit realisiert sehen und wie die genossenschaftliche Betätigung unter volkswirtschaftspolitischen Gesichtspunkten, insbesondere unter wohlfahrtspolitischem Aspekt beurteilt wird.

Zu diesem Fragenkreis findet sich eine Fülle relevanter Aussagen, die — wenn auch zumeist nur in Ansätzen formuliert, verstreut und ohne übergreifende Systematik beigetragen — gemessen am Stand der heutigen Genossenschaftstheorie verblüffend aktuell geblieben sind. Um die vorgefundenen Beiträge systematisch geordnet darzustellen, soll eine grobe Unterteilung der neueren Genossenschaftstheorie zugrunde gelegt werden, wonach die ökonomischen Ziele der Genossenschaften unter zwei Hauptbereichen zu subsummieren sind: die Ökonomisierung von Produktionsfunktionen und die Verbesserung der Tauschbedingungen am Markt[74].

a) Produktivitätssteigerung durch genossenschaftliche Ökonomisierung von Produktionsfunktionen

Wie bereits aufgeführt, sieht Pareto den Existenzspielraum der Genossenschaften durch ihre Fähigkeit bestimmt, die unternehmerische

---

[71] Mit „produttività marginale" meint Pantaleoni in diesem Zusammenhang offensichtlich den Inhalt des heutigen Begriffs der Grenzwertproduktivität.

[72] *M. Pantaleoni*, Esame critico dei principii teorici della cooperazione, S. 313 (übersetzt vom Verfasser).

[73] Ebenda, S. 321 (übersetzt vom Verfasser).

[74] Vgl. *H. Ohm*, Die Genossenschaft und ihre Preispolitik, S. 20.

Aufgabe der kostenminimalen Determination der Produktionskoeffizienten mindestens gleich gut oder besser als privatwirtschaftliche Konkurrenten zu lösen. Der Erfolg der Konsumgenossenschaften wird wie der Erfolg der sich gleichzeitig ausbreitenden Warenhäuser mit der Rationalisierung des von Kleinbetrieben übersetzten Einzelhandels erklärt. Wie schon Fawcett sieht Pareto erhebliche Kostenersparnisse infolge des Barzahlungsprinzips. Die Beseitigung von Preiswucher und Warenverfälschung mindere erheblich den übermäßigen Zeitaufwand der Konsumenten für Marktvergleiche und führe zu einer Einsparung gesamtwirtschaftlich schwerwiegender Verluste an Arbeitszeit[75].

Die Hauptursache des Erfolges und die wichtigste volkswirtschaftliche Wirkung der Konsumgenossenschaften sieht Pareto jedoch in der Realisierung von Betriebsgrößenvorteilen und der damit verbundenen günstigeren Gestaltung des Verhältnisses der variablen und fixen Kosten. Durch den großen Umsatz seien die einzelnen Verkaufseinheiten mit geringeren Fixkostenanteilen belastet, der niedrigere Verkaufspreis bewirke eine Erhöhung der realen Konsumentenversorgung[76].

Besonders im Nahrungsmittel-Einzelhandel sieht Pareto auf der Basis der gleichen Argumente, die schon Cairnes vorgebracht hatte, ein wohlfahrtsökonomisch höchst fruchtbares Feld für genossenschaftlich organisierte Rationalisierung. Durch Fortschritte in dieser Branche

„würde man Einsparungen und damit eine allgemeine Wohlfahrtserhöhung erzielen, die nur vergleichbar wäre mit jener, die man durch die Erfindung der Eisenbahn erzielt hat“[77].

Barone folgt den Argumenten Paretos und formuliert über die Erfolgsursachen der Konsumgenossenschaften resümierend:

„Das liegt einfach daran, daß sie größere Unternehmungen an die Stelle der kleineren setzten und so ihre Produktionskosten und ihre Preise senken konnten. Der Grund für die Erfolge der großen Konsumgenossenschaften beruht vor allem auf einer besseren Lösung der Frage nach der richtigen Dimension der Unternehmung[78].“

Pantaleoni sieht die Produktivitätssteigerung durch Genossenschaften allgemein in dem „springenden Punkt“[79], daß durch die kooperative

---

[75] *V. Pareto,* Les sociétés coopératives, S. 128.

[76] *V. Pareto,* Cours d'économie politique, 2. Bd., S. 272 ff. Hier errechnet Pareto, ausgehend vom Erfolg der Brotkonsumgenossenschaft Bricherasio, Piemont, die den Brotpreis um 5 Centesimi gesenkt hatte, bei allgemeiner Verbreitung dieses Beispiels eine mögliche jährliche Einsparung von ca. 200 Millionen Franken für die italienischen Konsumenten.

[77] Ebenda (Übersetzung vom Verfasser).

[78] *E. Barone,* Grundzüge der theoretischen Nationalökonomie, S. 172.

[79] *M. Pantaleoni,* Esame critico dei principii teorici della cooperazione, S. 213: „Il punto saliente nella costituzione di una cooperativa è questo, che la *unione* di forze economiche in una *nuova combinazione* ... *costituisce* o

Vereinigung eine neue Kombination der Produktionsfaktoren erfolge, welche kostengünstiger sei und dadurch einen Substitutionswert realisiere. Wenn Konsumenten, nachdem sie bis dahin einzeln und je nach ihren individuellen Bedarfsmengen im Einzelhandel eingekauft haben, sich zusammenschließen, um auf gemeinsame Rechnung unter Ausschaltung des Zwischenhändlers direkt beim Produzenten oder Großhändler einzukaufen, senken sie nach Pantaleoni die Kosten der bisherigen Warendistribution des Einzelhandels bis auf die Selbstkosten ihrer konsumgenossenschaftlichen Vorgehensweise ab.

Für die Produktivgenossenschaften gilt nach Pantaleoni das gleiche Prinzip: Wenn Gruppen von Arbeitern oder Handwerkern nicht mehr durch Lohnarbeit bei einem Unternehmer ihren Lebensunterhalt verdienen wollten, könnten sie ihre ökonomischen Kräfte in einer Produktivgenossenschaft vereinigen, um ein Produkt für den Markt ohne die Kosten des ausgeschalteten Unternehmers zu produzieren.

Für alle Genossenschaften zieht Pantaleoni die allgemeine Schlußfolgerung:

„Die Genossenschaften jeder Art sind Vereinigungen ökonomischer Kräfte, um die Kosten einer Leistung zugunsten derjenigen, die ihre Kräfte vereinigt haben, auf die Reproduktionskosten zu senken[80].“

Zur Erklärung des Verfahrens der genossenschaftlichen Verbesserung von Produktionsfunktionen verwendet Pantaleoni bereits die These der Funktionsauslagerung[81]. Während z. B. landwirtschaftliche Bezugsgenossenschaften, welche Rohmaterialien, Düngemittel und Maschinen für die angeschlossenen Mitglieder beschafften, die gemeinsame Funktionserfüllung nur für einen Teil der Funktionen des Produktionsprozesses realisierten, werde in den Produktivgenossenschaften der gesamte Produktionsprozeß genossenschaftlich ausgeführt.

Gobbi[82] sucht darauf aufbauend die Bedingungen der genossenschaftlichen Funktionsauslagerung näher zu bestimmen: Die Möglichkeit, genossenschaftlich-großbetriebliche Produktion in einer Phase des Produktionsprozesses mit individuell-kleinbetrieblicher in anderen Phasen zu verbinden, hingen von zwei Bedingungen ab: erstens von den technischen Eigenheiten des betreffenden Gewerbes und zweitens von der Fähigkeit der kleinen Unternehmer, sich zusammenzutun, um gemeinsame Interessen wahrzunehmen. Wo große und kostspielige Maschinen erforderlich seien, wo komplizierte Produktionsprozesse über

---

crea un costo di produzione, o un valore di sostituzione, che prima non c'era.“ (Hervorhebung im Original.)

80 *M. Pantaleoni,* Esame critico dei principii teorici della cooperazione, S. 214 (Übersetzung vom Verfasser).

81 Ebenda, S. 417.

82 Zum folgenden vgl. *U. Gobbi,* 2. Bd., S. 66 ff.

verschiedene Phasen in weitgehender Arbeitsteilung zwischen speziell ausgebildeten Personengruppen unter der koordinierenden Leitung einer einheitlichen Direktion vorherrschten, sei die Konzentration der Produktion in Großunternehmungen vorteilhaft. Wo jedoch der Kleinbetrieb seine spezifischen Vorteile — wie die direktere unternehmerische Verantwortung und die erhöhten Kontrollmöglichkeiten des Eigentümers — entfalten könne, werde es um so günstiger sein, bei den Betriebsprozessen der Beschaffung und des Absatzes, des Transports und der Werbung genossenschaftlich zu kooperieren. Doch wenn aus technischen Gründen die in Großunternehmungen konzentrierte Produktion ökonomisch günstiger wird, sind nach Gobbi auch die Anstrengungen vergeblich, die Kleinen mit Hilfe von Genossenschaften zu erhalten.

Nach Gobbi können daher die Genossenschaften kein wirksames Mittel sein, nicht wettbewerbsfähige Unternehmungen künstlich zu schützen, sondern nur ein Instrument, wirtschaftlich existenzfähigen eine bessere Entwicklung zu ermöglichen.

Während die Genossenschaften nach der Auffassung der hier behandelten Autoren einerseits produktivitätssteigernde Wirkungen hauptsächlich durch die Anwendung des allgemeinen, auch von den privatwirtschaftlichen Konkurrenten genutzten Prinzips der Betriebsgrößenvariation erzielen, werden ihrer spezifisch-einzelwirtschaftlichen Struktur andererseits aber auch effizienzmindernde Effekte zugeordnet. Obwohl eine ausgeprägte Genossenschaftsgesinnung der Genossenschaftsleiter und Mitglieder ökonomisch vorteilhaft wirken könne[83], sehen Pareto[84], Pantaleoni[85] und Gobbi[86] in der demokratischen Struktur der Genossenschaften die Gefahr von Wettbewerbsnachteilen gegenüber der privatwirtschaftlichen Konkurrenz. Im Gegensatz zum Optimismus der englischen Spätklassiker, welche den genossenschaftlichen Idealismus der Gleichgültigkeit der Geschäftsführer privatwirtschaftlicher Aktiengesellschaften gegenübergestellt hatten, sehen Pantaleoni und Gobbi das Problem der „gemieteten Diener“ in besonderer Schärfe gerade für die Genossenschaft.

Hinzu trete, daß das genossenschaftliche Bestreben, Risiken möglichst zu meiden, die unternehmerische Initiative der Genossenschaften sehr einschränke:

[83] Vgl. die Ausführungen oben, Abschnitt B. II. 1. c. dieses Kapitels.

[84] Vgl. *V. Pareto,* Cours d'économie politique, 2. Bd., S. 275.

[85] Vgl. *M. Pantaleoni,* Esame critico dei principii teorici della cooperazione, S. 317.

[86] Vgl. *U. Gobbi,* 2. Bd., S. 60 f.

„Neue Systeme zu erproben ist ein Risiko, welches sie nicht zu übernehmen wagen; daher kommen sie mit einer Neuerung immer erst vierundzwanzig Stunden später, nachdem eine private Firma den Weg gewiesen hat[87].“

Wenn alles genossenschaftlich organisiert würde, so meint Pantaleoni, würde der Fortschritt stark paralysiert und das in einem solchen System erreichte Kostenminimum wäre immer noch höher als jenes, welches unter freier Konkurrenz der Unternehmensformen erreicht werden könne[88].

Aus der Sicht der genannten Autoren sind die Genossenschaften also geeignet, überkommene Produktionsmethoden produktivitätssteigernd zu ökonomisieren, indem sie durch Zusammenfassung gleichgerichteter, bis dahin individuell erfüllter wirtschaftlicher Funktionen in einer kostengünstigeren Betriebsgröße operieren. In ausgeprägtem Wettbewerb mit gleich ökonomisierten Privatunternehmungen unterliegt die genossenschaftliche Unternehmensform jedoch spezifischen Handicaps, welche sie nach der ökonomischen Leistungsfähigkeit nur eine zweitrangige, imitierende Rolle spielen läßt.

b) Die ordnungspolitische Funktion der Wettbewerbsintensivierung

Obwohl auch bei Pareto wie allgemein in der liberalen Nationalökonomie um die Jahrhundertwende das Modell allseitiger atomistischer Konkurrenz auf vollkommenen Märkten noch im Mittelpunkt der Ordnungstheorie steht, wendet er den Diskrepanzen zwischen dem ordnungstheoretischen Ideal der „libre concurrence“ und der wirtschaftlichen Wirklichkeit besondere Aufmerksamkeit zu[89]. In der Zeit des verstärkten Auftretens von Großunternehmungen und vielfältigen Formen industrieller Zusammenschlüsse gelingt es Pareto als Erstem[90], die marktformenmäßigen Extreme von Konkurrenz und Monopol expressis verbis nach der Verhaltensweise der Marktteilnehmer theoretisch zu fixieren[91]: Der Zustand der „libre concurrence“ wird nach Pareto dadurch charakterisiert, daß der Tauschende den Preis als Datum dem Markt entnimmt ohne den Versuch, ihn absichtlich zu ver-

---

87 *M. Pantaleoni*, Esame critico dei principii teorici della cooperazione, S. 317 (Übersetzung vom Verfasser).

88 Ebenda.

89 Zur Frage des Ausmaßes der freien Konkurrenz in der Wirklichkeit schreibt Pareto: „Die freie Konkurrenz bringt das Maximum an Ophelimität hervor — Die freie Konkurrenz herrscht in unserer Gesellschaft: das sind zwei verschiedene Behauptungen. Die erstere ist sehr wahrscheinlich wahr, die zweite ist sicher falsch. (Cours d'économie politique, 2. Bd., S. 130, Übersetzung vom Verfasser.)

90 Vgl. dazu *E. Schneider*, Einführung in die Wirtschaftstheorie, IV. Teil, Ausgewählte Kapitel der Geschichte der Wirtschaftstheorie, Tübingen 1962, S. 374.

91 *V. Pareto*, Cours d'économie politique, 1. Bd., S. 20.

ändern. Die Preise werden zwar tatsächlich durch sein Angebot und seine Nachfrage beeinflußt, aber dessen ist er sich nicht bewußt. Bemüht der Tauschende sich aber — individuell oder in Abstimmung mit anderen — um Manöver, die Marktpreise zu ändern, erwägt er also die Variabilität der Marktpreise in Abhängigkeit von den von ihm festzusetzenden Angebots- und Nachfragemengen, charakterisiert dies nach Pareto den Fall der Monopole und Kartelle.

Den faktischen Spielraum der Unternehmer, sich ihrer ordnungspolitisch begründeten Aufgabe in der Wettbewerbswirtschaft zu entziehen, nämlich unter dem Druck der freien Konkurrenz als Mengenanpasser die bestmögliche Faktorallokation zu realisieren und die Ausbringung wohlfahrtsoptimal im Minimum der Stückkosten zu fixieren, führt Pareto auf zwei wettbewerbspolitische Grundtatbestände zurück[92]: Der Hauptgrund des Erfolges wettbewerbsbeschränkender Koalitionen und industrieller Monopole sei die direkte oder indirekte Unterstützung durch die Gesetze, also die Begünstigung durch die Inhaber öffentlicher Macht. Zum zweiten würden in sehr seltenen Fällen Monopole ohne gesetzliche Unterstützung entstehen. In diesen Fällen müsse untersucht werden, wie man auf dem Wege der Gesetzgebung ihre schädlichen Wirkungen neutralisieren kann.

Aufgrund historischer Betrachtungen nimmt Pareto zur politischen Durchsetzbarkeit einer am Ideal der freien Konkurrenz orientierten Wettbewerbsordnung eine weit skeptischere Haltung als Walras ein. Hatte Walras eine umfassende und komplizierte Wettbewerbsgesetzgebung gefordert[93], ohne die Fragen ihrer politischen Realisierbarkeit und Praktikabilität näher zu untersuchen, sieht Pareto gerade in diesen Problemen die Haupthindernisse einer am wohlfahrtsökonomischen Optimum orientierten Ordnungspolitik. Die herrschenden Klassen — „sei es eine Oligarchie, eine Plutokratie, eine Demokratie" — neigten nach der geschichtlichen Erfahrung dazu, die staatliche Macht als Ausbeutungsinstrument partikularistischer Interessen zu erlangen und in der Folge durch monopolistische Praktiken nicht nur die Wohlfahrt der direkt benachteiligten Gruppen, sondern das Gesamtwohl durch eine beträchtliche Reichtumsvernichtung zu schädigen[94]. Darüber hinaus sei die Wirksamkeit der wettbewerbspolitischen Gesetzgebung ein schwerwiegendes Problem. Denn die Wettbewerbsgesetzgebung ist nach Pareto

92 *V. Pareto*, Cours d'économie politique, 2. Bd., S. 247 ff.; S. 253.

93 Vgl. oben, Abschnitt A. II. 2. dieses Kapitels.

94 In Anspielung auf die Klassenkampfthese bei Marx schreibt *Pareto:* „Der Kampf, den bestimmte Individuen führen, um sich den Reichtum anzueignen, der von anderen produziert wurde, ist die große Tatsache, die die ganze Geschichte der Menschheit beherrscht." (Cours d'économie politique, 2. Bd., S. 386, übersetzt vom Verfasser.)

nicht an ihren Prinzipien, sondern an ihrem Wirkungsgrad zu beurteilen, dieser aber sei bislang sehr gering[95].

Vor dem Hintergrund dieser pessimistischen Einschätzung der Wirksamkeit staatlicher Wettbewerbspolitik betont Pareto die ordnungspolitische Funktion von Defensivzusammenschlüssen auf kartellierten Märkten:

„Eine andere Methode, den von Produzentenkoalitionen verursachten Mißständen entgegenzuwirken, ist, ihnen Konsumentenvereinigungen entgegenzustellen[96]."

Beeinträchtigten die Produzenten die Wirksamkeit des freien Wettbewerbes auf Kosten der Konsumenten, könnten die Verbraucher im Wege des Zusammenschlusses den Wettbewerb wiederherzustellen suchen, die Konsumgenossenschaften seien ein geeignetes Mittel dazu[97].

Pantaleoni knüpft an diesen Grundgedanken eine Darstellung der preisregulierenden Wirkungen von Konsumgenossenschaften auf Einzelhandelsmärkten an, die von Händlerkartellen besetzt sind[98]. Schaffe sich ein solches Kartell im Wege der Wettbewerbsbeschränkung Verkaufspreise, welche weit über den Kosten lägen und einen Monopolgewinn ermöglichten, so bewirkten die höheren Erträge einen permanenten Anreiz für den übermäßigen Zufluß neuer Anbieter in der Branche. Das Kartell habe dann zwei grundsätzliche Möglichkeiten zu reagieren: entweder man bezieht die neuen Anbieter in das Kartell mit ein und nimmt Preissenkungen und Gewinnminderungen aufgrund ihres zusätzlichen Marktangebots noch in Kauf, oder man schließt den Mitgliederkreis und versucht, den Marktzutritt von Außenseitern in ruinösem Wettbewerb durch zeitweilig nicht kostendeckende Preissetzung und unter kurzfristigem Gewinnverzicht zu verhindern.

Pantaleoni sieht nun besonders die Konsumgenossenschaften als geeignet an, die Rolle des wettbewerbsintensivierenden Außenseiters zu übernehmen und einem dauerhaften Erfolg des Kartells, nämlich der Preissetzung weit über den Kosten, vorzubeugen.

Während ein erwerbswirtschaftlicher Außenseiter den Marktzutritt nur unter günstigen Gewinnchancen unternehmen werde und Gefahr laufe, bei ruinösem Verdrängungswettbewerb des Kartells nur unter Verlusten wieder ausscheiden zu müssen, sehe die nicht auf Gewinn-

---

95 *V. Pareto,* Cours d'économie politique, 2. Bd., S. 269 f.: „Die Gesetzgebung gegen die Koalitionen, vor allem wenn die Ausführung Regierungsbeamten anvertraut ist, ist nichts als ein dünnes Spinnengewebe. Sie fängt die ganz kleinen Mücken und läßt die großen Hornissen ungestraft passieren." (Übersetzung vom Verfasser).

96 Ebenda, S. 253 (Übersetzung vom Verfasser).

97 Ebenda, S. 270.

98 *M. Pantaleoni,* Esame critico dei principii teorici della cooperazione, S. 314 ff.

erzielung abgestellte Konsumgenossenschaft durch diese Reaktion des Kartells ihr Ziel gerade erreicht. Habe die Genossenschaft durch Verkauf zu Kostenpreisen das Kartell zur Anpassung oder Unterbietung veranlaßt, könne sie ihre Tätigkeit wieder einschränken und ihre Betriebskosten auf das minimale Niveau senken, welches für die Möglichkeit der Reaktivierung im Falle des erneuten Ansteigens der Kartellpreise über den Kostenpreis der Konsumgenossenschaft gerade erforderlich sei. Die Konsumgenossenschaften erzielen also nach Pantaleoni preisregulierende Wirkungen nicht nur über den wettbewerbsintensivierenden Marktzutritt mit eigener Warenhandelstätigkeit, sondern allein die Möglichkeit ihres Marktzutritts — d. h. ihre potentielle Konkurrenz — kann schon geeignet sein, monopolistische Preiserhöhungsspielräume der Einzelhändler zu begrenzen.

4. Ansätze systematisch-theoretischer Analyse der genossenschaftlichen Preispolitik bei Pareto und Pantaleoni

Während Walras vom Standpunkt seiner erwerbswirtschaftlich-kapitalistisch geprägten Genossenschaftsdoktrin eine bedarfsdeckungswirtschaftliche, am Kostenpreis orientierte Preispolitik der Genossenschaften abgelehnt und ihre praktische Verbreitung innerhalb der Genossenschaftsbewegung noch ignoriert hatte[99], finden sich demgegenüber bei Pareto und Pantaleoni beachtliche Ansätze einer systematischen Darstellung und Diskussion der praktizierten und theoretisch möglichen Formen der genossenschaftlichen Preispolitik.

Pareto unterscheidet zwei Typen (konsum-)genossenschaftlicher Preispolitik[100]. Im ersten Falle verkaufe die Genossenschaft zu nur sehr wenig niedrigeren Preisen als die privaten Konkurrenten. Die Differenz zwischen den berechneten Verkaufspreisen und den Kostenpreisen werde am Jahresende im Verhältnis zu den Umsatzanteilen auf die Kunden verteilt. Im zweiten Falle verkaufe die Genossenschaft sogleich zum Kostenpreis, diese Methode führt nach Pareto jedoch zu Mißerfolgen, da es nicht leicht sei, für jeden Verkauf sofort den Kostenpreis zu kalkulieren und da erst am Ende des Jahres ein bestimmter Durchschnittspreis zu errechnen sei. Die Genossenschaften sollten nach Pareto, um Risiken möglichst zu meiden, besser eine gewisse Marge als Reserve einbehalten und Überschüsse lieber erst dann verteilen, wenn sie wirklich erwirtschaftet worden seien. Gegenüber dem in England verbreiteten System der jährlichen Rückvergütung neigt Pareto jedoch mehr der nach seiner Auffassung auf dem Kontinent bevorzugten

---

[99] Vgl. oben, Abschnitt A. III. 4. dieses Kapitels.
[100] *V. Pareto,* Cours d'économie politique, 2. Bd., S. 275.

Methode der unmittelbaren Preisreduktion zu, wobei aber eine Verlusten vorbeugende Überschußspanne zu berücksichtigen sei.

Pantaleoni[101] fügt eine dritte, mehr theoretisch relevante Möglichkeit der konsumgenossenschaftlichen Preispolitik hinzu: Die Genossenschaft verkauft die Waren zunächst zum Marktpreis, vergütet aber am Ende der Wirtschaftsperiode den Käufern die Summe der für jeden gekauften Artikel gesondert berechneten Differenzbeträge zwischen dem gezahlten Marktpreis und den tatsächlich entstandenen Stückkosten. Den Unterschied zur Methode der Verteilung der dem Gesamtumsatz der Genossenschaft pauschal zugerechneten Überschußsumme nach den Umsatzanteilen der Käufer sieht Pantaleoni in den unterschiedlichen Überschußbeiträgen, welche die einzelnen Waren verursachen. Die beiden Methoden seien im Ergebnis nur dann identisch, wenn die berechneten Marktpreise für alle Artikel ein gleiches Multiplum ihrer Kostenpreise seien; in der Realität treffe dies jedoch nicht zu.

Die — in heutiger Terminologie — Ausgleichskalkulation, welche die herkömmliche Form der genossenschaftlichen Rückvergütung bewirke, hat für Pantaleoni folgende Wirkungen: Innergenossenschaftlich liegt eine Verteilungswirkung vor. Die Käufer der Waren, deren Kostenpreis näher an den vorläufig berechneten Marktpreisen lägen, erzielten einen Vorteil auf Kosten der Käufer der Waren, welche höhere Überschußspannen beigetragen hätten. Sei der nachträglich ermittelte Kostenpreis gleich dem vorläufig gezahlten Marktpreis, bezögen die Käufer dieses Artikels bei gleichen Rückvergütungssätzen aller Genossen sogar zum unter-Kosten-Preis, während andere die Defizit-Artikel durch über-Kosten-Preise bei Überschußartikeln subventionierten.

Im Außenverhältnis der Genossenschaft zu den nicht-genossenschaftlichen Wettbewerbern führt die Jahresrückvergütung auf der Bemessungsgrundlage des Gesamtumsatzüberschusses nach Pantaleoni zu einer Wettbewerbsverzerrung. Der gleiche Rückvergütungssatz auf mit nur geringem oder gar ohne Überschuß verkaufte Waren einerseits und auf überschußträchtige Waren andererseits verschärfe den Wettbewerb ungleich mehr gegenüber den privatwirtschaftlichen Anbietern der nahe am Kostenpreis mit normalen Gewinnen kalkulierten Waren als gegenüber den Wettbewerbern, die mit den gewinnträchtigeren Waren operierten.

Es gibt nach Pantaleoni drei Möglichkeiten, die innere Verteilungs- und die äußere Wettbewerbsverzerrungswirkung zu korrigieren: Im ersten Fall beschränkt die Konsumgenossenschaft ihre Tätigkeit auf

---

101 *M. Pantaleoni*, Esame critico dei principii teorici della cooperazione, S. 412 ff.

die Waren, bei welchen durchweg große Unterschiede zwischen den herrschenden Marktpreisen und den Kostenpreisen zu erzielen sind. Im zweiten Fall gruppiert die Genossenschaft zur Überschußverteilung die Käufer gemäß der Zusammensetzung ihrer Warenbezüge, und zwar je nachdem, ob sich die bezogenen Waren aus überschußarmen oder überschußreichen Artikeln ergeben. Im dritten Fall wird die Umsatzrückvergütung ganz aufgegeben und für jeden Verkauf sofort der Kostenpreis kalkuliert. Pantaleoni gesteht allen dieser drei Lösungsmöglichkeiten jedoch ausschließlich theoretische Bedeutung zu: Während die erstgenannte Lösung das Umsatzvolumen und damit eine günstigere Ausnutzung der fixen Kosten beeinträchtigen würde, seien die zweite und dritte Lösung durch ihre komplizierte Anwendung zu kostenaufwendig.

Eine praktikable Lösung des Problems einer differenzierten, auf die Umsätze der einzelnen Mitglieder bezogenen Überschuß- und Defizitzurechnung sieht Pantaleoni also nicht.

C. Zusammenfassende Charakteristik der Genossenschaftslehre der französisch-italienischen Neoklassik

Hatten die englischen Spätklassiker, beeinflußt von den Ideen der mit sozialreformatorischen Zielen auftretenden frühen Genossenschaftsbewegung und auf der Basis einer weit ausgelegten, neuen Ideen zugänglichen utilitaristisch-evolutionistischen Auffassung der Wirtschafts- und Gesellschaftsentwicklung, den Genossenschaften — vornehmlich den Produktivgenossenschaften — ein breites Spektrum sozialökonomischer Wirkungsmöglichkeiten zugeordnet, so ergibt sich bei den zuletzt behandelten Autoren ein sehr verschiedenes Bild.

Gleichlaufend mit der Herausbildung der neoklassischen, auf der subjektivistischen Grenznutzenlehre gründenden reinen Theorie der Lausanner Schule entwickelt sich eine zunehmend auf den ökonomischen Aspekt begrenzte, überhöhende Ideale außer acht lassende und gesellschaftsevolutorische Aspekte ausklammernde Behandlung der Genossenschaften im Bereich angewandter, rational-ökonomischer Theorie.

Die Genossenschaftslehre der Lausanner Schule ist stark geprägt von den allgemeinen Grundzügen ihrer volkswirtschaftstheoretischen und -politischen Anschauungen. Walras, Pareto und Pantaleoni sind bestrebt, der Wirtschaftswissenschaft auf der Basis der Grenznutzenlehre in Analogie zur Naturwissenschaft einen höchstmöglichen Grad an Exaktheit zu verleihen und in mathematischer Form ein Gebrauchswertschema der ökonomischen Statik zu entwickeln, das in sich vollständig ist und sowohl die Bereiche der Produktion als auch der Verteilung umfaßt[1]. Die Methode der mathematisch-formalen, auf abstrahierenden Prämissen fußenden Modellanalyse in der reinen Theorie beeinflußt besonders bei Pantaleoni und Pareto auch die Ergebnisse im Bereich der angewandten Theorie der Genossenschaftslehre.

Die volkswirtschaftspolitische Behandlung wird dominiert vom ordnungspolitischen Aspekt. Das System einer am Ideal möglichst vollkommener Konkurrenz orientierten staatlichen Ordnungspolitik ist der Bezugsrahmen sowohl für die mehr auf praktische Anwendbarkeit hin ausgearbeitete genossenschaftliche Konzeption von Walras als auch der mehr theoretisch-analytischen Behandlung der Genossenschaften durch Pareto und Pantaleoni.

Aus volkswirtschaftstheoretischer Sicht setzen die Neoklassiker zu einer rational-ökonomischen Konzipierung bzw. Analyse des Genossenschaftswesens an, indem sie — von metaökonomischen Motiven der Genossenschafter weitgehend abstrahierend — das hedonistische Eigennutzstreben, das utility-disutility-Kalkül des nach dem ökonomischen Prinzip handelnden Individuums als tragendes Grundmotiv seiner genossenschaftlichen Betätigung postulieren. Auf dieser Basis werden die Fragen der Entstehung, der Existenzfähigkeit und -bedingungen sowie der einzel- und gesamtwirtschaftlichen Wirkungen der Genossenschaften ökonomisch-funktional behandelt.

Der Fortfall der Lohnfondstheorie als Hauptbestandteil des in der englischen Klassik relativ eigenständigen Bereichs der Verteilungslehre und die Einheit der funktionalen Betrachtung von Produktion und Verteilung im geschlossenen System der Grenznutzentheorie der Lausanner Schule führen zu einer veränderten Einschätzung der Produktivgenossenschaften. Hatte besonders Cairnes seine positive Einstellung zu ihnen mit lohnfondstheoretischen Einsichten über die langfristigen Verteilungswirkungen der Produktivgenossenschaften begründet, ohne der produktionstheoretischen Seite besondere Beachtung zu widmen, so sind aus der mikroökonomischen Sicht der paretianischen Theorie der Produktionskoeffizienten und der Grenzproduktivitätstheorie Pantaleonis Produktion und Verteilung nur die zwei Seiten derselben Medaille, nämlich des Problems der kostenminimalen Faktorkombination im marktwirtschaftlichen Leistungswettbewerb. Die Verteilung resultiert unter freier Konkurrenz aus der Beschäftigung und Entlohnung der Produktionsfaktoren — somit auch des Faktors Arbeit — gemäß der jeweils kostengünstigsten Kombination und somit gleichsam marktautomatisch.

---

1 Vgl. *J. Schumpeter*, Geschichte der ökonomischen Analyse, 2. Bd., S. 1121.

Aus dieser Sicht müssen produktivgenossenschaftliche Ideen, möglichst vielen Arbeitern in Assoziationen mit unbeschränktem Zutritt bessere Beschäftigungsbedingungen und höhere Arbeitseinkommen zu sichern, unter dem Kriterium der marktwirtschaftlichen Funktionsfähigkeit illusorisch erscheinen.

Nach Paretos wohlfahrtsökonomischem Modell der freien Konkurrenz ist eine vom ökonomischen Gleichgewicht abweichende Fixierung der Produktionskoeffizienten zugunsten des Faktors Arbeit nur unter wirksamer Wettbewerbsbeschränkung möglich und würde gesamtwirtschaftlich einen wohlfahrtsökonomischen Verlust durch die Abweichung von der kostenminimalen und wohlfahrtsoptimalen Faktorkombination bewirken. Die wettbewerbswirtschaftliche Fähigkeit, jeweils die wirtschaftlichste Organisation der Produktion zu wählen, ist nach Pareto aber die einzelwirtschaftliche Existenzgrundlage und gesamtwirtschaftlich-ordnungspolitische Existenzberechtigung der Unternehmungen zugleich. Beides jedoch sei den Produktivgenossenschaften kaum zuzugestehen.

Während Walras der spezifisch-einzelwirtschaftlichen Struktur der Produktivgenossenschaften aus sozialpolitischen, vermögenspolitischen und produktionsverfassungspolitischen Aspekten noch besondere Beachtung gewidmet hatte, treten strukturell-qualitative Gesichtspunkte bei Pareto und Pantaleoni zugunsten funktional-quantitativer weitgehend in den Hintergrund. Im Gegensatz zur weiter gefaßten welfare-Vorstellung des englischen, spätklassischen Utilitarismus bei J. St. Mill, der schlechthin alle Faktoren des menschlichen „größten Glücks der größten Zahl“, d. h. sowohl quantitative als auch qualitative, materielle und immaterielle Werte als Kriterien der „improvement of mankind“ einzubeziehen suchte und von dorther das Genossenschaftswesen neben der rein ökonomischen Vorteilhaftigkeit auch als Mittel des gesellschaftlichen Fortschritts — z. B. in den Bereich einer von verstärkter Selbstbestimmung der Individuen gekennzeichneten Produktionsverfassung oder im Bereich der Erziehung und Bildung der unteren Bevölkerungsschichten — behandelt hatte, analysiert die neoklassische Schule auf einer engeren[2], aber exakteren Basis.

Das auf Quantifizierbarkeit abgestellte Kriterium der individuellen Nutzenschätzung der Wirtschaftssubjekte, die „ophélimité élémentaire“,

---

2 *Pareto* ist sich der Problematik, die gesamtgesellschaftliche Wohlfahrt als Summe subjektiver Nutzenschätzungen zu definieren, wohl bewußt, zieht diesen Ansatz jedoch vor, da die Frage der Maßstäbe objektiven Nutzens und Fortschritts der Gesellschaft wissenschaftlich nicht geklärt sei. Pareto betont auch ausdrücklich die Begrenzung der theoretischen Analyse auf rein ökonomische Zusammenhänge und die Notwendigkeit, bei der Behandlung konkreter Phänomene andere sozialwissenschaftliche Disziplinen mit einzubeziehen. (Cours d'économie politique, 1. Bd., S. 13 f.)

und das für die gesamtwirtschaftliche Wohlfahrtsanalyse geltende additive Aggregat der individuellen Nutzenschätzungen, die „somme des ophélimités“ wird bei Pantaleoni und besonders Pareto zur Grundlage der ersten Ansätze einer ökonomisch-rationalen Wohlfahrtsanalyse des Genossenschaftswesens.

Die volkswirtschaftspolitische Behandlung der Genossenschaften ist entsprechend der ausgeprägten, zeitgenössischen Ansätze zur wissenschaftlichen Ordnungspolitik bei Walras, Pareto und später Barone stark auf eine ordnungspolitische Standortbestimmung hin ausgerichtet. Die in der Gleichgewichtstheorie theoretisch begründete und volkswirtschaftspolitisch geforderte Prädominanz des Wettbewerbsprinzips entspricht bei Walras nicht dem natürlichen prästabilisierten Zustand einer rein liberalistischen, sich selbst überlassenen Wirtschaft, sondern bedarf einer staatlich gesetzten, systematisch ausgestalteten und aufrecht erhaltenen Ordnung, insbesondere einer klaren Rollenverteilung zwischen individualwirtschaftlich-autonomen und staatlichen Gestaltungsbereichen. Gemäß dieser Rollenverteilung sind die Genossenschaften für Walras nicht Ansatz eines umfassenden Systems der Wirtschafts- und Gesellschaftsordnung, sondern auf individualwirtschaftlichen Zielsetzungen gründende Gebilde, deren Struktur und Tätigkeiten sich aus der Funktionsfähigkeit innerhalb der staatlich gesetzten, liberal orientierten Wirtschafts- und Sozialordnung bestimmen.

Auch die am rein ökonomischen Wohlfahrtsmaximum orientierte Ordnungstheorie Paretos mit den beiden theoretischen, polaren Lösungsalternativen der freien Konkurrenz einerseits und der zentralen Verwaltungswirtschaft andererseits läßt keinen Raum für ein theoretisch autonomes, genossenschaftliches Ordnungssystem. Der Kooperativismus Gides steht für Pareto auf den tönernen Füßen eines irrationalen, an verbreitete Gefühlslagen der Menschen appellierenden Solidarismus und entbehrt sowohl empirischer Relevanz als auch theoretischer Logik.

Während Walras die volkswirtschaftspolitische Aufgabe der Genossenschaften besonders darin sieht, breite, wirtschaftlich schwächere Schichten durch die Verbesserung ihrer Startchancen, d. h. durch die kooperative Mobilisierung und Auswertung ihrer wirtschaftlichen Fähigkeiten sowie die Bildung des notwendigen Anfangskapitals in den marktwirtschaftlichen Leistungswettbewerb zu integrieren, sehen Pareto, Pantaleoni, Barone und Gobbi besonders die Konsumgenossenschaften als aus freien gesellschaftlichen Kräften entstehende Selbsthilfe-Einrichtungen an, um wohlfahrtsschädigende, aus überkommenen Produktionsmethoden oder künstlichen Monopolen resultierende Unvollkommenheiten des Wettbewerbes durch stimulierende und rationalisierende Impulse zu beseitigen.

Drittes Kapitel

Die Behandlung der Genossenschaften in der englischen Neoklassik bei Marshall und Pigou

A. Die Fortführung und der Ausbau der klassischen Genossenschaftslehre bei Marshall: der sozial-evolutionäre und der ökonomisch-theoretische Aspekt

Das Verdienst Alfred Marshalls, auf dem Wege der Auswahl, der kritischen Reinterpretation, der Präzisierung und der Weiterentwicklung der übernommenen Lehren einen vermittelnden Übergang zwischen der englischen Klassik und Neoklassik geschaffen und damit die kontinuierliche Entwicklung der liberalen englischen Volkswirtschaftslehre begünstigt zu haben[1], trifft auch für die Genossenschaftslehre im Bereich der angewandten Theorie zu.

Ähnlich dem System der spätklassischen normativen Ökonomik von J. St. Mill, Fawcett und Cairnes bedeutet auch die Volkswirtschaftslehre Marshalls eine komplexe Verbindung von durch Moralbewußtsein, Hinwendung zu den zeitgenössischen sozialen Problemen und Entwicklungsgläubigkeit getragenen Normen einerseits und dem Instrumentarium der ökonomisch-theoretischen Analyse andererseits[2].

Marshalls „Principles" sind ein Versuch, von sozialem Verantwortungsbewußtsein — „class-sympathy" — geprägten englischen „common sense" mit Hilfe des Instrumentariums der ökonomischen Analyse

---

[1] Vgl. dazu *J. Schumpeter*, Geschichte der ökonomischen Analyse, 2. Bd., S. 1017 ff.; *G. J. Stigler*, Production and Distribution Theories, New York 1948, S. 63; *K. H. Hansmeyer*, Lehr- und Methodengeschichte, in: *W. Ehrlicher, J. Esenwein-Rothe, H. Jürgensen, K. Rose* (Hrsg.), Kompendium der Volkswirtschaftslehre, 3. Aufl., 1. Bd., Göttingen 1972, S. 496 f.

[2] Vgl. die ausführlichen Analysen des Marshall'schen Wissenschaftsprogramms von *J. M. Keynes, F. Y. Edgeworth* und *A. C. Pigou*, in: *A. C. Pigou* (Hrsg.), Memorials of Alfred Marshall, London 1925. Sowie *T. Parsons*, Wants and Activities in Marshall, in: Quarterly Journal of Economics, Bd. 46, Cambridge, Mass. 1932, S. 101 ff.; derselbe: Economics and Sociology: Marshall in Relation to the Thought of His Time, in: Quarterly Journal of Economics, Bd. 46, Cambridge, Mass. 1932, S. 316 ff.; *J. Schumpeter*, Alfred Marshall 1842 - 1924, in: *J. Schumpeter*, Dogmenhistorische und biographische Aufsätze, Tübingen 1954, S. 285 ff.

möglichst wirksam zum wirtschaftlichen und sozialen Fortschritt beitragen zu lassen.

"Economics is thus taken to mean a study of the economic aspects and conditions of man's political, social and private life; but more especially of his social life. The aims of the study are to gain knowledge for its own sake, and to obtain guidance in the practical conduct of life, and especially of social life[3]."

Die auf Wirklichkeitsnähe, Anwendbarkeit und Einfluß in der wirtschaftlichen Praxis[4] hin orientierte und stark von sozialen Impulsen motivierte Lehre Marshalls findet in den zugleich von sozialen und ökonomischen Bestrebungen getragenen Genossenschaften einen besonders beachtenswerten Betrachtungsgegenstand.

Das Engagement für die ökonomisch und sozial schwachen Bevölkerungsschichten, verbunden mit überzeugtem Gestaltungsoptimismus und dem wissenschaftlichen Potential der wirklichkeitsnahen theoretischen Analyse bestimmt die Berührungspunkte Marshalls zu der aus rationalistischen Selbsthilfe-Bestrebungen der unteren Schichten entstandenen englischen Genossenschaftsbewegung. Marshalls Eröffnungsrede auf dem Genossenschaftskongreß von Ipswich 1889[5] dokumentiert sowohl sein Bekenntnis zu hohen sozialen Idealen der Genossenschaftsbewegung als auch seine selbstgesetzte genossenschaftswissenschaftliche Aufgabenstellung, auf der Basis der allgemeinen Volkswirtschaftslehre zu praktischen Verhaltensnormen für die Genossenschafter zu gelangen. Wurzeln die Genossenschaften für Marshall auch weitgehend im Bereich metaökonomischer Ideale, so ist doch die Aufgabe der Gestaltung ihrer Strukturen und Funktionen vorwiegend eine ökonomische.

Um die als Kompositum sowohl sozial-evolutionärer als auch ökonomisch-analytischer Betrachtung entstandenen Beiträge Marshalls zur Kooperation im allgemeinen und zur Genossenschaftsbewegung im besonderen möglichst aufschlußreich und in Beziehung zu seinem Gesamtwerk darzustellen[6], sollen die Bezüge zu den beiden theoretisch eigenständigen, aber bei der Behandlung konkreter Phänomene stets eng verknüpften Bereichen[7] des Marshallschen Systems gesondert aufgedeckt werden.

---

[3] *A. Marshall*, Principles of Economics, 1. Bd., S. 42.

[4] Vgl. *J. Schumpeter*, Alfred Marshall 1842 - 1924, S. 296 f. sowie derselbe, Geschichte der ökonomischen Analyse, 2. Bd., S. 1018 f.

[5] *A. Marshall*, Co-operation, Presidential address to the Co-operative Congress, 1889 (im folgenden zitiert als: „Co-operation").

[6] Bei *Y. C. Devadhar* findet sich bereits eine lose Zusammenstellung der wichtigsten Äußerungen Marshalls zum Genossenschaftswesen, die Bezüge zum sozial-evolutionären und ökonomisch-theoretischen Denken Marshalls werden dort jedoch noch nicht in einer dem Stand der dogmenhistorischen Analyse des Marshall'schen Werkes entsprechenden Weise herausgearbeitet.

Der erste Bereich, gleichsam die sozialphilosophische Basis, ist bei Marshall gemäß seinem Bemühen um Wirklichkeitsnähe dem Studium des menschlichen Verhaltens gewidmet. Grundsätzlich geht Marshall von der zunehmenden Entfaltung rationalistischer, auf gesellschaftlich-wirtschaftlichen Fortschritt abzielender Aktivitäten der Menschen aus (activities). Dieser mit dem Kulturfortschritt wachsende Gestaltungsdrang ist für Marshall der entscheidende Einflußfaktor auf die moralische und intellektuelle Qualität und damit auf die Bedürfnisse (wants) der Menschen. Dieser Bereich in Marshalls Lehre bildet die Grundlage seiner sozialökonomischen Evolutionstheorie und wird insbesondere bei der Behandlung der gesellschaftlichen Wirkungen der Genossenschaften bestimmend. Die dazu relevanten Aussagen Marshalls im übergreifenden Zusammenhang herauszuarbeiten, ist die Aufgabe des ersten folgenden Hauptabschnitts.

Der zweite Bereich, gleichsam der ökonomisch-rationale Überbau, besteht aus dem Instrumentarium der entscheidungslogischen Partialanalyse des Prozesses der Befriedigung gegebener Bedürfnisse unter den Bedingungen freier, wettbewerblicher Wirtschaftstätigkeit und unter den Kriterien der größtmöglichen Effizienz der Leistungserstellung und der Maximalbefriedigung der Konsumentenbedürfnisse. In diesem Bereich vollzieht Marshall die quantitative Analyse der qualitativ sehr heterogenen menschlichen Aktivitäten und Bedürfnisse, dieser Teil seiner Lehre ist für ihn daher

„not a body of concrete truth, but an engine for the discovery of concrete truth, similar to, say, the theory of mechanics"[8].

Die Anwendung des Instrumentariums ökonomisch-theoretischer Analyse auf die Kooperation und speziell das Genossenschaftswesen bei Marshall ist der Gegenstand des zweiten folgenden Hauptabschnitts.

I. Die Rolle der Genossenschaften in der sozialökonomischen Entwicklung

Marshall betrachtet die statische, rein ökonomische Gleichgewichtsanalyse, „(which) alone can give us definiteness and precision of thought" gleichwohl nur als Einführung zur Untersuchung der langfristigen sozialökonomischen Entwicklung der Gesellschaft, „to a more philosophic treatment of society as an organism"[9]. Hat Marshall auch das Fernziel einer ausgebauten Entwicklungstheorie, angesichts dessen er die „Principles" als „introductory volume" versteht, nicht mehr

---

7 Vgl. die sehr tiefgehende Analyse der Grundstruktur des Marshall'schen Systems bei *T. Parson*, Wants and Activities in Marshall, S. 101 ff.

8 *A. Marshall*, The Present Position of Economics (1885), in: *A. C. Pigou* (Hrsg.), Memorials of Alfred Marshall, S. 159.

9 *A. Marshall*, Principles of Economics, 1. Bd., S. 461.

realisiert, so sind doch in den ausgearbeiteten Teilen seines Werkes Überzeugungen zu einem Faktor der Entwicklung, nämlich zur Rolle der menschlichen Motivationen, Haltungen und Charaktereigenschaften, sehr deutlich nachzuvollziehen[10] und bilden eine der Hauptgrundlagen für Marshalls Einschätzung der entwicklungspolitischen Rolle des Genossenschaftswesens.

Marshall sieht als wichtigste Triebfeder des wirtschaftlich-gesellschaftlichen Fortschritts die Erweiterung und Differenzierung der menschlichen Bedürfnisse, ausgehend von den biologischen Lebensnotwendigkeiten wie Nahrung, Kleidung und Behausung in Richtung auf die aus schöpferisch-gestaltenden Aktivitäten resultierenden, einer höheren Kulturstufe adäquaten Bestrebungen:

"... while wants are the rulers of life among the lower animals, it is to changes in the forms of efforts and activities that we must turn when in search for the keynotes of the history of mankind[11]."

Von diesem Grundsatz — „wants in relation to activities"[12] — gelangt Marshall zur Aufstellung einer — als empirische Erklärung und normatives Postulat zugleich verstandenen — Hierarchie der Bedürfnisse[13].

Die erste Kategorie der Bedürfnisse entspreche den biologischen Lebensnotwendigkeiten und bestimme die Aktivität der Menschen in ihren frühesten Entwicklungsstadien. Die zweite Kategorie beinhalte in umgekehrter Beziehung durch menschliche Aktivität entstandene Bedürfnisse, die nach Marshall aus dem permanenten Streben nach kulturell fortschrittlicher Gestaltung der Lebensbedingungen resultieren und gleichlaufend mit der Ausbreitung von Sittlichkeit und Rationalität die Oberhand gewinnen. Nicht allein als persönliche Wertung, sondern als mit der Kulturwirklichkeit übereinstimmend sieht Marshall das höchste Ziel des menschlichen Lebens in der gestalterischen Selbstverwirklichung:

"Vigorous mental faculties imply continual activity. Work, in its best sense, the healthy energetic exercise of faculties, is the aim of life, is life itself[14]."

Die Entwicklung von Gesellschaft und Wirtschaft wird nach Marshall vorangetrieben von der Motorik energischer Initiative und unternehmerischem Wagemut und bestimmt von der Verbreitung menschlicher Eigenschaften wie Rationalität, Genügsamkeit, Fleiß und Ehrlich-

---

[10] Eine sehr ausführliche Darstellung gibt *T. Parsons,* Wants and Activities in Marshall.

[11] *A. Marshall,* Principles of Economics, 1. Bd., S. 85.

[12] So lautet auch die Überschrift des 2. Kapitels des 3. Buches der „Principles".

[13] Vgl. dazu *T. Parsons,* Wants and Activities in Marshall, S. 112 f.

[14] *A. Marshall,* The Future of The Working Classes (1873), S. 115.

keit[15]. Die Ausübung solcher Aktivitäten und die daraus resultierenden kulturell höheren Lebensansprüche tragen nach Marshall zur Erhöhung des „standard of life“[16] bei, welchen er scharf gegen den Begriff des „comfort“[17] abgegrenzt wissen will. Während der „standard of life“ durch die Befriedigung der gestalterischen Bedürfnisse und des daraus resultierenden „increase of intelligence and energy and self respect“ gefördert werde, ergebe sich „comfort“ aus der Befriedigung der Bedürfnisse der dritten Kategorie bei Marshall: der „artifical wants“. Dabei handele es sich um Bedürfnisse, die weder lebensnotwendig seien, noch aus schöpferischer,asketischer Lebensführung rührten, sondern „among which perhaps the grosser wants may predominate“[18]. Wie Marshall in der aktiven Selbstverwirklichung im Schaffen des Menschen das letzte Ziel des Lebens sieht, so gilt für ihn:

"... the true key-note of economic progress is the development of new activities rather than of new wants[19]."

Die Anwendung dieser Grundauffassung des sozialökonomischen Entwicklungsprozesses bei Marshall auf das konkrete Problem der Verbesserung der Lebensbedingungen der wirtschaftlich und sozial schwachen Bevölkerungsschichten begründet seine Interpretation und positive Bewertung der Entwicklungsfunktion genossenschaftlicher Selbsthilfe-Organisationen.

Ausgehend von den Wirkungen der Arbeits- und Lebensbedingungen auf die Bildung des menschlichen Charakters und von der Überzeugung erfüllt, daß bestimmte, insbesondere ökonomisch-rationale Tätigkeitsbereiche geeignet sind, die besten Züge in den menschlichen Eigenschaften zu stimulieren und wirksam werden zu lassen, konkretisiert Marshall sein sozialpolitisches Leitbild anhand des angelsächsisch-victorianischen Ideals der „gentility“, des „noble life“[20].

Anknüpfend an die Auffassungen J. St. Mills[21] über die vorauszusagenden Lösungswege der sozialen Frage bekundet Marshall seine

---

[15] Folgt man *Parsons* und *Schumpeter*, könnten Marshalls Wertvorstellungen als Bestätigung seiner Aussage (Principles, S. 1) interpretiert werden, Religion und Wirtschaft übten letztlich die stärksten Einflüsse auf die Menschen aus. Parsons (Economics and Sociology, S. 321) sieht Marshalls Wertvorstellungen als Derivativ protestantischer Ethik, für Schumpeter (A. Marshall 1842 - 1924, S. 287, 295, 298) entsprechen sie dem kapitalistischen „Geist der Zeit“ und „Mittelstandsidealen“.

[16] *A. Marshall*, Principles of Economics, 1. Bd., S. 689 f.

[17] Ebenda.

[18] Ebenda.

[19] *A. Marshall*, Principles of Economics, 1. Bd., S. 689.

[20] Vgl. dazu ausführlicher: *J. Viner*, Marshalls Economics in Relation to the Man and His Times, American Economic Review, Bd. 31, Evanston, Ill. 1941, S. 227.

[21] Vgl. dazu den im ersten Kapitel dieser Arbeit ausführlich abgehandelten Abschnitt „Über die wahrscheinliche Zukunft der arbeitenden Klassen“ bei *J. St. Mill*, Grundsätze, 2. Bd., S. 396 ff.

eigene Zukunftsvision vom gesellschaftlich-wirtschaftlichen Aufstieg der breiten Arbeitnehmerschaft:

"The question is ... whether progress may not go on steadily if slowly, till the official distinction between working man and gentleman has passed away; till, by occupation at least, every man is a gentleman. I hold that it may, and that it will[22]."

Die „occupations", die Beschäftigungen und ihre Einflüsse auf die geistigen und materiellen Lebensbedingungen sind bei Marshall das zentrale Abgrenzungskriterium zwischen dem „working man" und dem „gentleman".

Was die Genossenschaften vom Standpunkt des Marshallschen Leitbilds für die wirtschaftliche und soziale Emanzipation der Arbeiter so geeignet macht — auch Marshall sieht wie Mill die Realisierbarkeit der Produktivgenossenschaften in vielen Industriezweigen voraus[23] — ist die institutionelle Verbindung von hohen, im außerökonomischen Bereich begründeten Bestrebungen und besonnener, kluger Geschäftstätigkeit. Das Marshallsche Grundmuster der „activity" und „rationality" findet hier eine vorbildhafte Konkretisierung[24]. Marshall sieht die sozialen Normen der Genossenschaftsbewegung in vier hauptsächlichen Doktrinen enthalten: Erstens sei die Herausbildung guter Menschen und nicht die Produktion reicher Güter das letzte Ziel allen wertvollen Bemühens. Zweitens führe derjenige, welcher nur für sich und seine Familie lebe, ein unvollständiges Leben und müsse mit anderen für große und höhere Ziele kämpfen. Drittens sei als ein solches Ziel die genossenschaftliche Überwindung der Nachteile anzusehen, die den Arbeitern aus ihrer Kapitallosigkeit erwüchsen: ungenügende materielle Einkünfte und Mangel an Gelegenheit, viele ihrer besten Fähigkeiten zu entwickeln. Viertens führe die genossenschaftliche Entfaltung der gemeinsamen Kräfte der Arbeiter zu ihrer Befreiung aus der hilflosen Abhängigkeit, aus der Führung und Bevormundung durch die begüterten Klassen.

Der Genossenschaftsglaube ist für Marshall demnach sowohl Resultat als auch stimulierender Faktor des allgemeinen Prozesses der sozialen Evolution:

"The co-operative faith is a belief in the beauty and the nobility, the strength and the efficiency, of collective action by the working classes, employing their own means, not indeed suddenly to revolutionize, but gradually to raise, their own material and moral condition[25]."

[22] Dazu und zum folgenden vgl. *A. Marshall*, The Future of the working classes, S. 102 f.

[23] Vgl. *A. Marshall*, The Future of the working classes, S. 113 f.

[24] Derselbe, Co-operation, S. 228: "What distinguishes co-operation from all other movements is that it is at once a strong and calm and wise business, and a strong and fervent and proselytizing faith."

Die Betonung des ökonomisch-rationalen Elements für die erfolgreiche Geschäftsführung der Genossenschaften bedeutet bei Marshall also nicht, daß er die Motive der Mitglieder zur Beteiligung an der Genossenschaft letztlich auf den wirtschaftlichen Eigennutz zurückführt. Die ökonomische Analyse der Genossenschaften bezieht sich zwar allein auf ökonomische Größen, diese sind für Marshall jedoch nur Rechenmaßstab zur wirtschaftswissenschaftlichen Behandlung heterogener menschlicher Motive[26], deren Verfolgung durch zunehmende Rationalität gekennzeichnet ist. Altruismus, Ritterlichkeit und sonstige metaökonomische Beweggründe der Genossenschafter schließt Marshall also nicht aus, sondern er sieht seine Auffassung der Ökonomik als geeignet an, die sich mit den entwickelnden Aktivitäten der Menschen verändernden Motive in ihren ökonomischen Implikationen zu erfassen[27].

Die tragenden Motive der Genossenschaftsbewegung werden bei Marshall aus seinem von zeitgenössischen englischen Erziehungsidealen[28] geprägten Menschenbild und aus enthnologischem Aspekt heraus interpretiert. Die Bestrebungen der Genossenschafter entsprechen für Marshall weitgehend den Erziehungsnormen seines „gentlemen"-Ideals und beruhen zudem auf einer besonderen angenommenen Neigung der teutonischen Menschen zur Assoziation[29]. Die Genossenschaften basieren demnach auf freiwilliger Gemeinsamkeit und verkörpern commonsense-geprägtes soziales Engagement mit rationalistisch bestimmtem Leistungsdenken und praktischer Vernunft in der Lösung realer Probleme.

Auf der Basis des sozial-evolutionären Ansatzes „wants in relation to activities" erscheinen die Genossenschaften bei Marshall also als prädestiniert, die wirtschaftlich und sozial Schwachen zur Selbsthilfe zu aktivieren und in den von Rationalität und Gestaltungsdrang bestimmten Fortschritt der Gesellschaft und Wirtschaft zu integrieren.

---

25 Ebenda, S. 229.

26 *A. Marshall*, Principles of Economics, 1. Bd., S. 14 ff., insbes. S. 22.

27 Ebenda, S. 25: "... and these changes, together with the spread of the co-operative movement ... are growing up under the influence of various motives besides that of pecuniary gain: they are ever opening to the economist new opportunities of measuring motives whose action it had seemed impossible to reduce to any sort of law."

28 Zum — insbesondere religiösen, protestantisch-calvinistischen — Hintergrund der Evolutionsauffassungen Marshalls vgl. die Biographie Marshalls von *Keynes*, in: *A. C. Pigou* (Hrsg.), Memorials of Alfred Marshall, S. 1 ff. sowie *T. Parsons*, Economics and Sociology, S. 321.

29 *A. Marshall*, Co-operation, S. 229.

II. Die ökonomisch-theoretische Behandlung der Kooperation unter besonderer Berücksichtigung der Genossenschaften

1. *Das Verhältnis von Kooperation und Wettbewerb*

a) Kooperation und Wettbewerb — Verhaltensalternativen unter ökonomischer Freiheit

Während J. St. Mill den Wettbewerb als das unter den Bedingungen individueller Freiheit dominierende und unter dem „gegenwärtigen Zustand der Gesellschaft“[30] bestmögliche Ordnungsprinzip betrachtete und die von ihm konstatierten Tendenzen zur Zusammenarbeit nur insoweit mit der liberalen Wirtschaftsordnung für vereinbar hielt, als sie die Wettbewerbsfreiheit unberührt ließen, strebt Marshall dagegen einen weitergefaßten Ansatz an, der neben dem Wettbewerbsprinzip das Kooperationsprinzip systematisch miteinbezieht.

Entwicklung und Stand der modernen westlichen Industriewirtschaften lassen sich nach Marshall nicht allein durch das Vordringen des Wettbewerbsprinzips erklären, denn neben dieses trete mit dem Fortschritt der Wirtschaft und Gesellschaft zunehmend das Prinzip der Kooperation der Wirtschaftssubjekte, beides bedürfe einer übergreifenden wissenschaftlichen Behandlung. Der wirtschaftliche Wettbewerb ist für Marshall

„only a secondary, and one might almost say an accidental consequence from the fundamental characteristics of modern industrial life“[31].

Diese übergreifenden, fundamentalen Charakteristika der modernen Wirtschaft kleidet Marshall in die Begriffe: "Freedom of Industry and Enterprise" oder kurz "Economic Freedom"[32]. Der für die moderne wirtschaftliche Entwicklung so entscheidende Grundtatbestand der ökonomischen Freiheit bedeute die wachsende Unabhängigkeit der Individuen, selbstverantwortlich ihr Leben zu bestimmen, d. h. die Lösung von überkommenen, traditionsgebundenen und passiven Verhaltensweisen zu einer auf eigenen, rationalen Erwägungen basierenden, an langfristigen Zielen orientierten Lebensgestaltung[33].

Dieser Grundtatbestand der individuellen Entscheidungsfreiheit, langfristige Ziele zu setzen und sie durch freie Wahl der Mittel anzustreben, führt nach Marshall im Bereich der Wirtschaft nun sowohl zum mehr gegeneinander orientierten Wettbewerbsverhalten der Wirtschaftssubjekte, z. B. dazu, sich beim Kauf oder Verkauf einer Sache

30 *J. St. Mill,* Grundsätze, 2. Bd., S. 454 f.
31 *A. Marshall,* Principles of Economics, 1. Bd., S. 5.
32 Ebenda, S. 10.
33 Ebenda, S. 5 f.

gegenseitig zu überbieten, als auch zum mehr miteinander orientierten Verhalten der Kooperation, im Wege freiwilligen, vereinten Vorgehens wichtige Ziele zu verfolgen[34]. Marshall grenzt die modernen Kooperationstendenzen, besonders das Genossenschaftswesen, durch ihren freiheitlich-rationalistischen Charakter gegenüber den auf Herkommen und „passive drifting into association" beruhenden Gemeinschaftsformen früherer Zeiten ab und sieht die Kooperation wie auch das Wettbewerbsverhalten als Ergebnis

„of free choice by each individual of that line of conduct which after careful deliberation seems to him the best suited for attaining his ends, whether they are selfish or unselfish"[35].

Während die Wahl der Verhaltensalternative des Wettbewerbes eher einer individualistischen Grundhaltung entspreche, welche der unmittelbaren Verfolgung des Eigeninteresses des Individuums Priorität einräume, wurzelt Kooperationsverhalten nach Marshall eher in einem von der Erkenntnis gegenseitiger Abhängigkeit getragenen Gemeinschaftsbewußtsein und ist gekennzeichnet von abgewogenem, nur mittelbaren Eigennutzstreben oder sogar vom Ideal, der überindividuellen Gemeinschaft aus Altruismus zu dienen. Gegenüber energischer Kooperation in uneigennütziger Arbeit für das öffentliche Wohl sind nach Marshall selbst die besten Formen des Wettbewerbes relativ von Übel. Doch die Gegenüberstellung des Wettbewerbes mit einem Idealbild der Kooperation ist für Marshall ein Fehler frühsozialistischer Vorstellungen. Idealer Altruismus gehe von einem vollkommen tugendhaften Menschen aus und gehöre zum „Golden Age to which poets and dreamers may look forward"[36]. Gleichwohl seien die Menschen zu viel mehr uneigennützigem Wirken fähig, als sie tatsächlich zeigten. Eine Aufgabe des Ökonomen sei es aufzudecken, wie diese latente Neigung möglichst schnell gesellschaftlich nutzbar gemacht werden könne.

Bei der volkswirtschaftlichen Behandlung der Kooperation ist nach Marshall also nicht von einem Idealbild der Kooperation auszugehen, sondern es bedarf der Untersuchung der tatsächlichen Erscheinungsformen und Auswirkungen der Kooperation. Dabei sei die Hauptfrage zu beantworten, ob die Einschränkung des Wettbewerbs durch den Weg der freiwilligen, den individuellen Handlungsspielraum einschränkenden Kooperation volkswirtschaftlich nützlich ist oder im Endeffekt gar weniger nützlich als der Wettbewerb selbst[37].

34 Ebenda, S. 5: "They may and often do cause people to compete with one another, but on the other hand they may tend, and just now indeed they are tending, in the direction of cooperation and combinations of all kinds good and evil."

35 *A Marshall*, Principles of Economics, 1. Bd., S. 5.

36 Ebenda, S. 9,

37 Ebenda.

Diese Grundfrage führt zum Begriffspaar der konstruktiven und destruktiven Kooperation bei Marshall.

b) Konstruktivität und Destruktivität als wirtschaftspolitisches Beurteilungskriterium der Kooperation und Kombination bei Marshall

Die Aufgeschlossenheit Marshalls gegenüber freiwilliger Kooperation als einzelwirtschaftlicher Verhaltensalternative zum Wettbewerb unter der Rahmenbedingung ökonomischer Freiheit ist begleitet von einer besonderen Aufmerksamkeit gegenüber den volkswirtschaftlichen Wirkungen beider Alternativen auf die gesamtwirtschaftliche Produktivität, auf den wirtschaftlich-technischen Fortschritt und die Befriedigung der Konsumentenbedürfnisse.

Den Umstand, daß Marshall die ökonomische Freiheit stärker betonte als den Wettbewerb, auf eine scharfe Definition desselben verzichtete und den Problemen der praktischen Marktpolitik der einzelnen Unternehmungen große Aufmerksamkeit widmete, führt Schumpeter[38] auf das Bewußtsein von jenem Problemkomplex zurück, aus dem später die Theorie des monopolistischen (Chamberlin) und des unvollkommenen (Robinson) Wettbewerbs hervorgegangen ist. Anstatt die Zwischenformen der Preisbildung als Abweichungen von den grundlegenden Fällen des reinen Wettbewerbs einerseits und des reinen Monopols andererseits zu behandeln, entspricht es eher der Methode Marshalls, die Zwischenformen als grundlegende Phänomene und das reine Monopol und den vollkommenen Wettbewerb als Grenzfälle zu betrachten[39]. Angesichts der ausgebauten Kostentheorie Marshalls können den reinen Wettbewerb mindernde Kooperationen und Kombinationen von Unternehmungen sowie Individualmonopole nicht allein aufgrund ihrer Möglichkeit, eine vom reinen Wettbewerbspreis abweichende Preis-Mengenpolitik zu realisieren, als Negativsymbole erscheinen. Cournot hatte bereits die unterschiedliche Kostenstruktur monopolistischer und unter Wettbewerbsbedingungen arbeitender Industrien erkannt[40], aber erst bei Marshall findet dieser Gesichtspunkt auf der Basis einer weit ausgebauten Kostentheorie besondere Berücksichtigung und ausführliche Anwendung auf individuelle Monopolunternehmen, auf Trusts und Kartelle sowie auf losere Kooperationsformen einschließlich der Genossenschaften.

Die Kooperation und die Kombination der Einzelwirtschaften ist gegenüber isoliertem Vorgehen im Wettbewerb nach Marshall sowohl

---

38 *J. Schumpeter*, Geschichte der ökonomischen Analyse, 2. Bd., S. 1185 f.

39 Vgl. ebenda.

40 *J. Schumpeter*, Geschichte der ökonomischen Analyse, 2. Bd., S. 1189.

im Bereich der Produktion als auch des Absatzes mit volkswirtschaftlichen Vor- und Nachteilen zugleich behaftet, wobei jedoch vereintes Vorgehen im Absatz eher zu destruktiven Folgen tendiere als im Bereich der Produktion:

"... and these abuses are more closely connected generally with the operations of marketing, than of production[41]."

Je größere Freiheit den Unternehmen zur Vereinigung gewährt werde, desto dringender sei es Aufgabe der Wissenschaft, Mißbrauchsmöglichkeiten zu prüfen und Aufgabe der Behörden, sie unter Kontrolle zu halten[42]. Das Hauptproblem der wissenschaftlichen Behandlung dieser Frage besteht nach Marshall darin, die volkswirtschaftlich positiven Effekte von den negativen zu unterscheiden, wobei beide in der Realität oft eng miteinander verbunden seien.

Der Versuch, die allgemeinen Merkmale konstruktiver und destruktiver Kooperation bei Marshall aus den zum Teil verstreuten und erst wenig systematischen Betrachtungen herauszuarbeiten, die Marshall über Fragen der Entwicklung industrieller Organisationsformen in den „Principles", besonders aber in „Industry and Trade" angestellt hat, ergibt folgendes Bild: Die volkswirtschaftliche Konstruktivität von Vereinigungen zur gemeinsamen Verfolgung wirtschaftlicher Ziele ist weitgehend durch den Spielraum bestimmt, der für die Entfaltung individueller unternehmerischer Eigeninitiative der Mitglieder offen bleibt. Die kooperative Erfüllung von Aufgaben, deren wirtschaftlichste Lösung die Kräfte der einzelnen Unternehmung übersteigen, darf nach Marshall nicht das für den wirtschaftlichen Fortschritt notwendige Potential von Eigenschaften und Fähigkeiten der Individuen — Initiative, Risikobereitschaft, Selbstverantwortung, Entschlußkraft, Urteilsfähigkeit und Flexibilität — beeinträchtigen, sondern soll diese menschlichen Ressourcen in neuen Organisationsformen zu erhöhter Wirksamkeit gelangen lassen. „Strong individuality as a priceless national asset" ist für Marshall einer der Hauptfaktoren der industriellen Entwicklung Englands, militärisch straff organisierte Formen wirtschaftlicher Zusammenarbeit, wie sie in Deutschland realisiert seien, mögen kurzfristige Erfolge erringen, doch sie sind für Marshall mit dem Preis einer „diminuition of the spirit of free enterprise" zu teuer erkauft[43].

Die idealtypischen Grundzüge der Organisation konstruktiver Kooperation sieht Marshall wie folgt:

"... to have a broad and solid association based on many smaller associations, not controlling and directing them, not interfering with their freedom without absolute necessity, but acting as a common centre for

---

41 *A. Marshall*, Industry and Trade, S. 611.

42 Ebenda.

43 *A. Marshall*, Industry and Trade, S. 582 f.

help and advice; serving as a channel by which any member that is in special need may receive the aid of others, and taking perhaps an active part in administering aid and the wholesome advice by which it may perhaps have to be accompanied[44]."

Freiheitlich geprägte Zusammenarbeit bietet für Marshall also das geeignete Klima zur volkswirtschaftlich konstruktiven Entfaltung englischer Unternehmerfähigkeiten. So führt nach Marshall z. B. die freiwillige Kooperation bei der Standardisierung von Produkten[45] zur Spezialisierung von Produktionsprogrammen, ermöglicht einen höheren Grad an Arbeitsteilung, interne und externe „economies of scale" und resultiert durch die Kostensenkungen und Leistungssteigerungen in erhöhter volkswirtschaftlicher Produktivität, ohne aber die unternehmerische Autonomie und Einzelinitiative der Kooperierenden in schädlichem Maße einzuschränken. Die Erzielung interner und externer Betriebsgrößenersparnisse ist der Hauptgegenstand konstruktiver Kooperation bei Marshall, eine ausführliche Darstellung soll im nächsten Abschnitt gegeben werden.

Das destruktive Element in Kooperationen zielt nach Marshall nicht auf Leistungssteigerung und Förderung des technisch-wirtschaftlichen Fortschritts, sondern eher auf Verteilungswirkungen ab, nämlich durch Wettbewerbsbeschränkung einzelne Gruppen auf Kosten anderer zu begünstigen. Dieses Element in Kooperationen sei um so gefährlicher für die öffentliche Wohlfahrt, je attraktiver es für diejenigen sei, die daran teilhaben. Besonders im Bereich des Absatzes tendiere die Kooperation zu volkswirtschaftlich destruktiven Wirkungen, wenn sie sich auf die gemeinsame Regelung der Preispolitik erstrecke.

Obwohl für Marshall auch Kooperationen im Absatz ökonomisierende, produktivitätssteigernde und die Konsumentenversorgung verbessernde Wirkungen entfalten können, bestehe doch die Tendenz, daß die Gruppenharmonie unter den Kooperierenden über die Regulierung der Absatzpreise angestrebt werde, und zwar mit dem Ziel, Verkäufe zu Preisen zu verhindern, die als nicht zufriedenstellend betrachtet würden:

"... and they work, not so much for an increase of national wealth as for a distribution of it specially favourable to themselves[46]."

Zusammengefaßt ist die konstruktive Kooperation bei Marshall also gekennzeichnet durch möglichst freiheitliche Organisationsformen, welche das Potential individueller unternehmerischer Fähigkeiten nicht einschränken, sondern wirksamer zur Entfaltung kommen lassen und

---

[44] Derselbe, Co-operation, S. 249.

[45] Derselbe, Industry and Trade, S. 589 ff.

[46] *A. Marshall,* Industry and Trade, S. 604 f., sinngemäß auch: S. 580 ff., S. 610, S. 623.

durch Zielsetzungen, welche auf ökonomische Leistungssteigerung unter den Bedingungen einer rasch fortschreitenden, laufende Prozesse von Vorstoß und Anpassung erfordernden Wirtschaftsentwicklung gerichtet sind, „free from any suspicion of danger to public interests“[47].

Das destruktive Element in Kooperationen dagegen ziele nicht auf die Sicherung und Verbesserung der wirtschaftlichen Existenz des einzelnen im Wege der Leistungssteigerung ab, sondern auf die Beeinflussung der Einkommensverteilung zugunsten der Kooperierenden im Wege ihrer Abschirmung gegen den Leistungszwang der freien Konkurrenz.

Dieses Vorgehen erfordert nach Marshall ein hohes Maß an Gruppendisziplin und Einschränkung der individuellen Entscheidungsfreiheit der Kooperierenden, tendiert zum Brachliegen unternehmerischer Fähigkeiten, zur Lähmung der Einzelinitiative und infolgedessen zur künstlichen Erhaltung überholter Produktionsmethoden. Dem Verteilungsvorteil der Kooperierenden stehen viel größere Einbußen an gesamtwirtschaftlicher Effizienz und Konsumentenversorgung gegenüber.

Der Hauptbereich konstruktiver Kooperation bei Marshall, die Realisierung interner und externer „economies of scale“, soll im folgenden systematisch dargestellt werden.

2. Konstruktive Kooperation als Konzept der Realisierung interner und externer „economies of scale“

Die ökonomisierenden und latente Produktivkräfte mobilisierenden Wirkungen der konstruktiven Kooperation finden in Marshalls Konzept der „internal“ und „external economies of scale“ eine produktionstheoretische Begründung.

Das Konzept der internen und externen Größenersparnisse[48] ist kurz wiederzugeben, bevor seine Anwendung auf Phänomene der Kooperation in den Schriften Marshalls systematisch herausgearbeitet werden soll.

„Internal economies of scale“ sind nach Marshall die Vorteile der größeren gegenüber der kleineren Unternehmung, welche durch die einzelwirtschaftliche Politik der Größengestaltung aufgrund besserer Organisation und besseren Managements erreicht werden können und somit von den Entscheidungen der einzelnen Unternehmungen abhängig sind[49].

---

47 *A. Marshall*, Industry and Trade, S. 694.

48 Zur ausführlichen dogmengeschichtlichen Analyse vgl. *J. Stigler*, Production and Distribution Theories, S. 68 ff.

„External economies of scale" liegen außerhalb des unmittelbaren Einflußbereichs der einzelnen Unternehmung und hängen von der allgemeinen Entwicklung des betreffenden Industriezweiges ab[50]. Die externen Ersparnisse ergeben sich aus den Vorteilen, welche die Unternehmungen einer Industrie, einer Volkswirtschaft oder sogar der Weltwirtschaft aus produktiven Ressourcen ziehen, die durch die allgemeine Entwicklung der Wirtschaft und die zunehmende Interdependenz der Wirtschaftsbeziehungen zum Allgemeingut geworden sind. So treten nach Marshall externe Ersparnisse besonders mit räumlich konzentriertem Wachstum von Industriezweigen auf, aber auch durch die befruchtenden Effekte der sich rapide erweiternden Verkehrs- und Kommunikationsmöglichkeiten.

Externe Ersparnisse gehen also auf die produktivitätssteigernden Effekte der Agglomeration in verkehrswirtschaftlich enger Interdependenz produzierender Unternehmungen zurück[51]. So bildet sich nach Marshall z. B. in bestimmten Wirtschaftsgebieten über Generationen hinweg ein in bezug auf bestimmte industrielle Fähigkeiten hochqualifizierter Stamm an Arbeitskräften heraus, das technische Wissen und die Erfindungsgabe in der Industrie werden kumulativ und stark entwickelt, die Produktionsverfahren aufgrund der gesammelten Erfahrungen der Gesamtbranche stetig verbessert. Es kommt zur Ansiedlung von produktivitätssteigernden und entwicklungsfördernden Hilfs- und Ergänzungsgewerben, mit den wachsenden Transport- und Kommunikationsmöglichkeiten durch technische Erfindungen wie Dampfantrieb, Telegraphie und Druckpresse ergeben sich externe „economies" auch aus der Verbundenheit mit räumlich entfernten Wirtschaftsgebieten:

"Some depend on the aggregate volume of production of the kind in the neighbourhood; while others again, especially those connected with the growth of knowledge and the progress of the arts, depend chiefly on the aggregate volume of production in the whole civilised world[52]."

Prüft man Marshalls Anwendung dieses Konzepts bei der Behandlung der Kooperation, so zeigt sich, daß er der freiwilligen wirtschaftlichen Zusammenarbeit als Instrument der Realisierung sowohl interner als auch externer Ersparnisse hervorragende und wachsende Bedeutung zumißt. Aus einzelwirtschaftlicher Sicht ist für Marshall die Kooperation ein durch individuelle management-Entscheidungen gewähltes Instrument der Wirtschaftssubjekte, sich durch die Organi-

49 *A. Marshall*, Principles of Economics, 1. Bd., S. 266; im gleichen Sinne auch S. 277 u. S. 314.

50 Ebenda, S. 265 f.; im gleichen Sinne auch S. 271, S. 277, S. 314, S. 317.

51 Ebenda, S. 271, S. 277, S. 317.

52 *A. Marshall*, Principles of Economics, 1. Bd., S. 265 f.

sation gemeinsamer, effizienterer Funktionserfüllung großbetriebliche „internal economies“ zu verschaffen. Die Kooperation wirkt sich jedoch über die einzelwirtschaftlichen Zielsetzungen hinaus auf die Entwicklung der jeweiligen Industrie, ja der Gesamtvolkswirtschaft und damit auf „external economies“ aus. Diese beiden Aspekte der Größenersparnisse sollen in der nun folgenden systematischen Darstellung der Kooperation im allgemeinen einschließlich der Genossenschaften im besonderen als Mittel zur Erzielung von „economies of scale“ gleichermaßen beachtet werden.

a) Möglichkeiten der Erhöhung der Ergiebigkeit produktiver Faktoren („economies of materials“) als allgemeiner Ansatzpunkt der genossenschaftlichen Bildungsfunktion

Mit wachsender Unternehmungsgröße nehmen nach Marshall die Möglichkeiten zu, Betriebsmittel möglichst ergiebig auszunutzen, z. B. Abfallprodukte durch Anwendungsforschung und Angliederung geeigneter Produktionsprozesse günstig zu verwerten[53].

Dieser Bereich fällt bei Marshall sowohl unter die Möglichkeiten der hilfswirtschaftlichen Kooperation bei Prozessen der Forschung und Entwicklung, welche weiter unten ausführlich darzustellen ist, als auch unter die Möglichkeiten der produktivgenossenschaftlichen Zusammenarbeit. Den Gedanken interner und externer Ersparnisse durch die Verbesserung der Ausnutzung der produktiven Faktoren wendet Marshall in analoger Betrachtung auf das Eignungspotential der breiten Arbeiterschaft an[54]. Er betrachtet dieses Potential als „most excellent material“ und stellt die Frage nach geeigneten Institutionen

„to utilise *the* great waste product — the higher abilities that are latent among the working classes“[55].

Um dieses Ziel mit Aussicht auf Erfolg anstreben zu können, müssen nach Marshall entsprechende Einrichtungen den Arbeitern „education, opportunity and ambition“[56] zu bieten imstande sein.

Eine Reihe sozialer Institutionen setzen nach Marshall an der Realisierung dieser Bedingungen an, doch die auf der breiten Basis der Kooperation der unteren Bevölkerungsschichten beruhende ausgedehnte geschäftliche Organisation der Genossenschaften biete ein besonders geeignetes Betätigungsfeld zur Herausbildung und Ausübung der latenten Fähigkeiten:

---

[53] *A. Marshall*, Principles of Economics, 1. Bd., S. 278 f. und besonders derselbe, Industry and Trade, S. 238 ff.

[54] Derselbe, Co-operation, S. 237 sowie sinngemäß derselbe, Economics of Industry, S. 397.

[55] Derselbe, Co-operation, S. 237 f. (Hervorhebung im Original).

[56] Ebenda.

"... but it is co-operation alone which has a sufficiently broad basis to be able to do this great work on a great scale[57]."

Die Zusammenfassung der bis dahin vereinzelten Kräfte der Arbeiter in eigengeleiteten Produktiv- oder Konsumgenossenschaften ermöglicht für Marshall den produktiven Einsatz ihrer latenten Fähigkeiten und führt somit einerseits zur internen Ersparnis der in herkömmlicher Produktionsweise auf den erwerbswirtschaftlichen Unternehmer oder auf die Manager entfallenden Leitungskosten, andererseits begünstigt die Ausbreitung der Genossenschaften externe Ersparnisse durch eine allgemeine qualitative Verbesserung des Arbeitskräftepotentials in der Gesamtvolkswirtschaft. Unter diesem Aspekt der externen Ersparnisse sind die Genossenschaften für Marshall ein bedeutendes Mittel

„to develop the great stores of business power and inventive resource that lie latent among the working classes, so that, production being economical and efficient, the National Dividend may be large"[58].

b) Produktionstechnische Vorteile der Großproduktion („economies of machinery") und die Kooperation

Die Produktion im Großen ermöglicht nach Marshall den Einsatz technisch effizienterer Einzweckmaschinen, während der Kleinbetrieb den Raumbedarf, die Anschaffungs- und Unterhaltungskosten dieser Maschinen kaum aufbringen und ihre Kapazität nicht optimal auslasten könne[59].

Zudem könne allein der Großbetrieb die kapitalaufwendige und risikoreiche Entwicklung neuer Maschinen und Produktionsverfahren in den Industriezweigen realisieren, in denen die Eigenentwicklung der technischen Anlagen und Verfahren üblich ist.

Sowohl beim Einsatz als auch bei der Entwicklung technischer Produktionsmittel weist Marshall zum Teil andeutungsweise, zum Teil sehr ausführlich auf die Möglichkeiten hin, Größeneinsparungen, die das Produktionsvolumen der individuellen Unternehmung überfordern, im Wege kooperativer Funktionserfüllung zu realisieren. Den Hauptvorteil der Kooperation in der Produktion sieht Marshall in der Möglichkeit der arbeitsteiligen Spezialisierung:

"... the chief economy in production ... is that of so parcelling out the demand for various sorts of the same class of product that each business can specialize its plant on a narrow range of work, and yet keep it running with but little interruption[60]."

---

[57] *A. Marshall*, Co-operation, S. 240.

[58] Derselbe, Economics of Industry, S. 397.

[59] Derselbe, Principles of Economics, 1. Bd., S. 280: "A small manufacturer must therefore have many things done by hand or by imperfect machinery, though he knows how to have them done better and cheaper by special machinery, if only he could find constant employment for it."

[60] *A. Marshall*, Industry and Trade, S. 601.

In der Landwirtschaft dürfte neben der genossenschaftlichen Verarbeitung von Produkten auch die schon bei Mill und Fawcett erwähnte Möglichkeit der mehrbetrieblichen Maschinenverwendung angesprochen sein, wenn Marshall schreibt:

"Co-operation might seem likely to flourish in agriculture and to combine the economies of production on a large scale with many of the joys and the social gains of small properties[61]."

Am Beispiel dänischer Milchverwertungsgenossenschaften[62] demonstriert Marshall die kooperative Anwendung bzw. Standardisierung der fortschrittlichsten Verarbeitungs- und Produktionsverfahren — Vorteile, die bei isoliertem Vorgehen nur Großbetrieben erreichbar sind. Technische Forschung und Entwicklung neuer Maschinen und Produktionsverfahren sind ebenso ein Hauptgegenstand der von Marshall besonders beachteten ergänzungswirtschaftlichen Kooperation der Textilindustrie, deren Funktionen jedoch vorwiegend unter den Bereich der „economies of skill" zu fassen und als solche weiter unten ausführlich zu behandeln sind.

c) Größeneinsparungen in Beschaffung und Absatz („economies of highly organized buying and selling") und die Kooperation

"The economies of highly organized buying and selling are among the chief causes of the present tendency towards the fusion of many businesses in the same industry or trade into single huge aggregates; and also of trading federations of various kinds, including German cartels and centralized co-operative associations[63]."

Kooperationen von Konsumenten, Landwirten, Handels- und Industrieunternehmungen können nach Marshall im Wege gemeinsamer Ausübung gleichgerichteter Funktionen die Rationalisierungsvorteile großbetrieblicher Beschaffungs- und Absatztätigkeit realisieren: Preiszugeständnisse durch Großeinkauf, Senkung der durchschnittlichen Distributionskosten, z. B. durch kooperative Einschränkung unproduktiver Aufwendungen im Reklamewettbewerb, durch Zusammenfassung von Marktforschungs-, Verkaufsförderungs-, Lagerungs- und Transportaufgaben sowie durch die Ausdehnung des beschaffungs- und absatzpolitischen Aktionsradius auf den Märkten[64]. Die Kooperation im Absatzbereich gewinnt bei Marshall spezifische Relevanz, da er für Produktion und Absatz unterschiedliche Kostenverläufe unterstellt

[61] Derselbe, Principles of Economics, 1. Bd., S. 655.

[62] Derselbe, Industry and Trade, S. 812.

[63] *A. Marshall*, Principles of Economics, 1. Bd., S. 281.

[64] Ebenda, S. 134 u. S. 655; derselbe, Co-operation, S. 231 ff.; derselbe, Industry and Trade, S. 599 ff.; derselbe, Some Aspects of Competition (1890), in: *A. C. Pigou* (Hrsg.), Memorials of Alfred Marshall, S. 278.

und die Expansionsschranke der Unternehmungen durch steigende Kosten des Absatzes bereits erreicht sieht, während die Kosten der Leistungserstellung noch im Sinken begriffen sind:

"There are many trades in which an individual producer could secure much increased 'internal' economies by a great increase of his output; and there are many in which he could market that output easily; yet there are few in which he could do both[65]."

Kooperatives Vorgehen im Absatz kann aus dieser Sicht Marshalls zu einer Synchronisierung der Kostenverläufe in den beiden Teilbereichen beitragen und die Hindernisse verringern, die sich bei der vollen Ausschöpfung der „economies of scale" in der Leistungserstellung aus Problemen des Absatzes ergeben[66].

Am Beispiel der konsumgenossenschaftlichen Kooperation der Konsumenten demonstriert Marshall „great inherent economies"[67] insbesondere durch die aufgrund der Nachfragezusammenfassung erreichbaren Preiszugeständnisse der Lieferanten und die aufgrund des Vertrauensverhältnisses zur Trägergruppe der Konsumenten mögliche Werbekostenersparnis — ein Aspekt, der später von Pigou aus wohlfahrtstheoretischer Sicht ausführlich abgehandelt wurde[68]. Je intensiver die Konsumenten kooperieren, ihre Nachfrage auf die Genossenschaft konzentrieren und damit deren Umsatzvolumen erweitern, desto größere „economies" können nach Marshall durch den horizontalen und vertikalen Ausbau der konsumgenossenschaftlichen Organisation erzielt werden. Verbundinterne Möglichkeiten der optimalen Kapazitätsauslastung, der Eigenproduktion, des finanziellen Ausgleichs und der Risikominderung ergeben nach Marshall Größenvorteile wie bei nichtgenossenschaftlichen Konzernen[69].

Auch für die Landwirtschaft[70] sieht Marshall die Möglichkeit der Ökonomisierung durch genossenschaftlichen Bezug und Absatz. Die genossenschaftliche Standardisierung von Produkten sei Vorbedingung zum genossenschaftlichen Massenabsatz möglichst homogener, auf die Ansprüche der Konsumenten abgestimmter Produktqualitäten. Am Beispiel genossenschaftlicher Absatzorganisationen für Zitrusfrüchte an der amerikanischen Westküste demonstriert Marshall die Möglichkeiten, durch genossenschaftliches Vorgehen räumlich weit entfernte Märkte zu

[65] *A. Marshall*, Principles of Economics, 1. Bd., S. 286.

[66] Unter dem Leitgedanken der relativ wachsenden Problematik des Absatzes gegenüber der der Produktion steht der Abschnitt über Absatzkooperation — insbesondere im Export — in Industry and Trade, S. 611 ff.

[67] *A. Marshall*, Co-operation, S. 232 ff.

[68] Vgl. dazu weiter unten Abschnitt B. II. 2. aa) dieses Kapitels.

[69] *A. Marshall*, Co-operation, S. 236.

[70] *A. Marshall*, Principles of Economics, 1. Bd., S. 134; derselbe, Industry and Trade, S. 812 f.

erkunden und zu erschließen. Durch den Zusammenschluß im Bereich des Absatzes könnten Produzenten auch dadurch Vorteile realisieren, daß sie die Möglichkeit erlangten, die Absatzbedingungen auf den nachfolgenden Marktstufen durch Integration zu beeinflussen. Dies gilt nach Marshall insbesondere bei der Ausschaltung überflüssiger Zwischenhändler. Neben ökonomisierenden Wirkungen könnten jedoch auch wettbewerbsbeschränkende Wirkungen einer solchen Kooperation beabsichtigt sein, die nicht konstruktiv auf Kostensenkung, sondern destruktiv auf die Erlangung monopolistischer Positionen gerichtet sind[71].

d) Größenersparnisse im Bereich des Managements („economies of skill") unter besonderer Berücksichtigung der Information und Innovation als Ansatzpunkte der Kooperation

Die Vorteile der Produktion im Großen durch erhöhte Arbeitsteilung und Spezialisierung im Bereich der technischen Aggregate sind nach Marshall analog auch im Bereich der menschlichen Arbeit zu erzielen[72]. Das Großunternehmen habe gegenüber dem Kleinunternehmen viel größere Möglichkeiten, sowohl für ausführende Arbeiten als auch für die schwierigsten Aufgaben der Unternehmensführung, welche den Erfolg der Unternehmung hauptsächlich bestimmten, die begabtesten und erfahrensten Personen auszuwählen und einzusetzen. Die ausgedehnte Arbeitsteilung in der Großunternehmung ermögliche dem Unternehmensleiter, sich neben der Aufgabe der Auswahl und Überwachung der Untergebenen ganz auf die Lösung der Probleme zu konzentrieren, die für Marshall den eigentlichen Kern unternehmerischer Planung und Disposition bilden:

> "He can keep his mind fresh and clear for thinking out the most difficult and vital problems of his business; for studying the broader movements of the markets, the yet undeveloped results of current events at home and abroad; and for contriving how to improve the organization of the internal and external relations of his business[73]."

Wie in den „Principles" und besonders in „Industry and Trade" deutlich wird, sieht Marshall unternehmerisches Handeln hauptsächlich in der Erfüllung der geistig-schöpferischen Aufgabe, relevante Zukunftsentwicklungen sowohl in größeren Zusammenhängen als auch in ihrer unmittelbaren Bedeutung für die eigene Unternehmung weitsichtig zu antizipieren und die Unternehmenspolitik flexibel darauf einzustellen.

---

71 Ebenda, S. 610.

72 Derselbe, Principles of Economics, 1. Bd., S. 283.

73 *A. Marshall*, Principles of Economics, 1. Bd., S. 284.

Angelsächsisches Unternehmertum[74] ist nach Marshall charakterisiert durch Initiative und Fortschrittsdenken,

„originating and organizing force", „vigorous and efficient management, ... promptness in inventing as well as in adopting and perfecting improvements in processes and organization"

und verträgt sich nicht mit bürokratischem Denken, mit Geduld, passiver Anpassung, Gleichgültigkeit und Bedächtigkeit.

Der Kleinunternehmer habe angesichts dieser Anforderungen — auch wenn er dazu fähig sei — zumeist nicht die Zeit zur Erfüllung dieser unternehmerischen Aufgaben. Er sei durch zuviel ausführende Routinearbeit belastet und werde daher mehr anpassend handeln, als initiativ vorzustoßen. Diesem Nachteil stehe aber der Vorteil einer strafferen und unbürokratischen Organisation der Kleinunternehmung gegenüber. In diesem organisatorischen Vorteil sieht Marshall die Stärke und langfristige Existenzchance des Kleinunternehmens, wenn es diesem gleichzeitig gelinge, den Großunternehmen ähnliche Informations- und Experimentiermöglichkeiten auszuschöpfen. In diesem Grundgedanken liegt der hauptsächliche Ausgangspunkt Marshalls zur Behandlung der Kooperation der Unternehmungen im Bereich der Information und Innovation.

Einerseits begründet Marshall besonders in „Industry and Trade" sehr ausführlich die Notwendigkeit kapitalaufwendiger, breit angelegter Forschungs- und Entwicklungsarbeit der Unternehmungen, um im „race of progress" bestehen zu können, andererseits sieht er jedoch besonders in den kapitalstarken Großunternehmungen und in der Trustbildung die Gefahren der bürokratischen Verknöcherung, der Abtötung potentieller „inventive power" durch ein zu ungünstiges Verhältnis des eingesetzten Kapitals zur Zahl der unternehmerisch-initiativ in der Organisation Tätigen[75]. Die durch sehr große Unternehmungen und Unternehmungszusammenschlüsse erzielten Erfolge im Bereich der wirtschaftlich-technischen Entwicklung führt Marshall eher auf die Anwendung vorhandenen Wissens als auf die Erweiterung des Wissens zurück und betont für die lange Sicht die Fruchtbarkeit der größeren Erfindungskraft einer Vielzahl unabhängiger Kleinunternehmer[76].

Die innovatorischen Vorteile einer größeren Zahl von Kleinunternehmen sind nach Marshall jedoch in Gefahr, leicht unterschätzt zu

[74] Vgl. dazu und zum folgenden: *A. Marshall,* Principles of Economics, 1. Bd., S. 284 f. Besonders ausführlich zeichnet Marshall das Bild des angelsächsischen Unternehmers in: Some Aspects of Competition (1890), S. 256 ff., insbes. S. 274 f.

[75] *A. Marshall,* Some Aspects of Competition (1890), S. 279 ff.

[76] Ebenda, S. 279 f.

werden, da sie nicht so sehr in aufsehenerregenden Neuentwicklungen wie bei Großunternehmen augenfällig würden, sondern sich kumulativ in einem Prozeß vielfältiger kleinerer Verbesserungen, die aufeinander aufbauen, auswirkten. Daher ist für Marshall die Lähmung der Einzelinitiative einer Vielzahl unabhängiger Unternehmer durch Unternehmungszusammenschlüsse unter einheitlicher Leitung, z. B. in Trusts, der Hauptgrund

„for regarding with some uneasiness any tendency there may be towards such consolidations of business“[77].

Den destruktiven Tendenzen von Großzusammenschlüssen stellt Marshall „rein konstruktive“ Formen freiwilliger Zusammenarbeit im Bereich der Information und Innovation gegenüber, welche unter Erhaltung der unternehmerischen Selbständigkeit der Mitglieder in den übrigen Bereichen durch kooperativen Einsatz großbetrieblicher Verfahren das unternehmerische Potential der Mitglieder fördern und zu höherer Wirksamkeit gelangen lassen. Gerade im Bereich der wissenschaftlichen Bewältigung technologischer Probleme der Industrie müsse die ökonomische Freiheit nicht in aggressiven Wettbewerb gegeneinander münden, sondern könne sinnvoller auf produktivere Kooperation der Wirtschaftssubjekte hinauslaufen:

"Many opportunities and occasions for cooperative effort, especially in relation to the scientific problems of industry, have been neglected[78]."

Gemäß der in „Industry and Trade“ vorherrschenden induktiven Methode verdeutlicht Marshall die „pure constructive cooperation“[79] am Musterfall der Zusammenarbeit in einem ergänzungswirtschaftlichen Gemeinschaftsbetrieb der Töpferei-Industrie mit Aufgaben in den Bereichen der Beschaffung, der Werbung, der Exportförderung, der Produktgestaltung, der Ökonomisierung der Produktionstechnik, der Auswertung von Patenten und der Beobachtung der branchenrelevanten Gesetzgebung. Andere mustergültige Beispiele[80] konstruktiver Kooperation sieht Marshall in ergänzungswirtschaftlichen Gründungen der Textilindustrie zum gemeinsamen, günstigeren Einkauf in großen Mengen, zur kooperativen Durchführung der Forschung und Ent-

---

77 *A. Marshall*, Some Aspects of Competition (1890), S. 279.

78 Derselbe, Industry and Trade, S. 179.

79 Ebenda, S. 604.

80 Mit der folgenden Aussage antizipiert *Marshall* bereits die These der heutigen Genossenschaftstheorie von der „kooperativen Diffusion von Innovationen“: "... this device is the cooperative dissemination throughout all members of an Association, ... of information as to improved methods, and even distinct inventions, that have been worked out by any of its members. In so far as this community of property in progress merely brings to the more backward members a practical acquaintance with the best technique that prevails in the industry concerned, its effects are wholly good." (Industry and Trade, S. 607.)

wicklung durch gemeinsame wissenschaftlich-technische Einrichtungen, zur Förderung des Informationsstandes und des Informationsaustausches unter den Mitgliedern[81] über Verbesserungen und Erfindungen, zur Vereinheitlichung der Kostenrechnungsverfahren und Durchführung von Betriebsvergleichen sowie zur Behandlung von Fragen der langfristigen Brancheninteressen.

Zusammenfassend ergibt sich: Interne und externe „economies of scale" durch zwischenbetriebliche Kooperation in den Bereichen der Unternehmensführung, der Information und Innovation spielen bei Marshall sowohl für die Einzelwirtschaften der Kooperierenden als auch für die Gesamtwirtschaft eine bedeutende Rolle. Aus einzelwirtschaftlicher Sicht verbessert sich die Existenzfähigkeit der Kleinunternehmung, indem ihre strukturellen Vorteile gegenüber der Großunternehmung erhalten und verstärkt sowie zugleich ihre Nachteile durch kooperative großbetriebliche Funktionserfüllung in geeigneten Teilbereichen zur Erzielung interner „economies of scale" gemindert werden. Unter gesamtwirtschaftlichem Aspekt hilft die Erhaltung einer Vielzahl selbständiger Unternehmer das für den wirtschaftlich-technischen Fortschritt notwendige Potential von Einzelinitiative und Erfindungskraft langfristig zu sichern und zu entwickeln. Über die einzelwirtschaftliche Bedeutung hinaus beschleunigt die kooperative Erfüllung von Aufgaben im Bereich der wirtschaftlich-technischen Entwicklung den Prozeß der allgemeinen Diffusion und Nutzung der erarbeiteten Ergebnisse. Die breitere Trägerbasis und größere Publizität der kooperativen gegenüber der individuellen Forschung und Entwicklung läßt die zunächst internen „economies" der Kooperationen beschleunigt zu externen „economies", d. h. über den Mitgliederkreis hinaus zu allgemein zugänglichen und zugunsten der Gesamtbranche und -volkswirtschaft auszuwertendem Allgemeingut werden[82]. Damit entspricht die Forschungs- und Entwicklungskooperation der nach Marshall allgemein zu verzeichnenden Tendenz der relativen Zunahme der externen, aus dem Entwicklungsstand der betreffenden Gesamtbranche oder -volkswirtschaft resultierenden Ersparnisse gegenüber den internen, die von der individuellen Unternehmenspolitik abhängig sind. Die institutionell auf eine breite Mitgliederbasis gestellte und auf größtmögliche Offenheit[83] hin konzipierte Forschung und Entwicklung durch

---

[81] *A. Marshall,* Industry and Trade, S. 605 ff.

[82] Die allgemeine Zugänglichkeit und möglichst schnelle und verbreitete Anwendung neuer Erkenntnisse ist ein Hauptbeurteilungskriterium *Marshalls* bei der Frage der optimalen Organisation betreffender Kooperationen (vgl. insbes. Industry and Trade, S. 606 ff.).

[83] Ausgehend von den Problemen — in heutiger Terminologie — des öffentlichen Gutes, des „free-riders" und der selektiven Anreize (vgl. z. B. *M. Olson*) diskutiert Marshall Möglichkeiten, die Kooperationen organisatorisch zu stabilisieren. Im übernationalen Bereich schlägt er z. B. aufgrund

zwischenbetriebliche Kooperation besitzt aus dieser Sicht Marshalls daher eine besonders entwicklungsfördernde Funktion.

Als zweiter Hauptbeitrag zur Behandlung der Genossenschaften in der englischen Neoklassik gehört in dieses Kapitel der Beitrag von Arthur Cecil Pigou, des Schülers und Nachfolgers Marshalls auf dem Lehrstuhl von Cambridge. Im folgenden sollen die genossenschaftswissenschaftlichen Auffassungen Pigous möglichst vollständig und in systematischem Zusammenhang dargelegt werden. In dem darauffolgenden Resumé des Kapitels soll der Gesamtbeitrag der beiden englischen Neoklassiker zur Genossenschaftslehre durch eine dogmengeschichtliche Einordnung und Würdigung abschließend charakterisiert werden.

B. Die wohlfahrtsökonomischen Wirkungen der Genossenschaften in der Theorie der „Economics of Welfare“ bei Pigou

I. Pigous wohlfahrtstheoretisches System und die Ansatzpunkte der Einbeziehung der Genossenschaften

1. Die Bezugsgrößen der Wohlfahrtsanalyse: „general welfare“, „economic welfare“ und „national dividend“

Das wohlfahrtstheoretische Werk Pigous geht gemäß der utilitaristischen Tradition der englischen Klassik und Neoklassik von dem programmatischen Selbstverständnis aus, für die praktische Realisierung gesellschaftlich-wirtschaftlichen Fortschritts wissenschaftliche Entscheidungsgrundlagen beizutragen:

> “The goal sought is to make more easy practical measures to promote welfare ...”, “... to learn ... how its magnitude would be affected by the introduction of causes which it is in the power of statesmen or private persons to call into being[1].”

Die umfassendste Bezugsgröße der Wohlfahrtstheorie ist bei Pigou wie schon bei Bentham die Summe aller Bedürfnisbefriedigungen aller Gesellschaftsmitglieder, das Aggregat der „greatest happiness of the greatest number“, wenn er formuliert:

---

des kosmopolitischen Charakters des industriellen Fortschritts ein Abkommen aller Staaten vor: “... that every State should endow research for the purposes of industry, in proportion to its industrial strength: and provide that all knowledge to which its aid contributes, shall become public at once.” (Industry and Trade, S. 609.)

[1] *A. C. Pigou*, The Economics of Welfare, S. 10, S. 12. Zum utilitaristischen Ansatz der Wohlfahrtstheorie Pigous vgl. ausführlich: *P. Keller*, S. 303 ff.

"The welfare of society is the sum total of the welfares individuals, and the welfare of an individual is the sum total of the satisfactions he experiences[2]."

Unter diesen weitesten Wohlfahrtsbegriff „welfare", „general welfare" oder „total welfare" fallen wie schon bei J. St. Mill nicht nur materielle, sondern auch immaterielle Bedürfnisbefriedigungen, die z. B. aus kulturellen, ethischen oder ästhetischen Werten erlangt werden. Der Inhalt dieses Begriffs ist so weit, daß Pigou nur zwei allgemeine Merkmale formuliert: Die Wohlfahrt setzt sich aus Bewußtseinszuständen der Individuen zusammen, und diese Bewußtseinszustände sind ordinal unter den Kategorien „größer" oder „kleiner" zu messen[3]. Als nicht-ökonomischen Faktor der Wohlfahrt zieht Pigou z. B. neben dem ökonomischen Faktor der Lohnhöhe die Arbeitsbedingungen der Beschäftigten heran[4]. Aus der Sicht der „general welfare" berührt die Arbeiterfrage demnach sowohl ein ökonomisches Problem, wieviel die Arbeiter verdienen, als auch ein nicht-ökonomisches Problem, in welcher Weise, unter welchem Status das Einkommen erzielt wird. Dabei verwendet Pigou den Begriff der Qualität des Lebens:

"For the surroundings of work react upon the quality of life[5]."

Qualitätsbestimmend in diesem Sinne sei z. B., ob die Arbeit unter Knechtschaft oder künstlerisch-schöpferisch geleistet wird, in welchem Grade sie Unabhängigkeit oder Unterordnung bedeutet oder ob sie z. B. die monotone Wiederholung der gleichen Tätigkeiten beinhaltet. Zum weiteren ist die allgemeine, nicht-ökonomische Wohlfahrt bei Pigou berührt von der Art der Einkommensverwendung[6]. Durch die Wirkungen der Befriedigung bestimmter Konsumbedürfnisse auf den menschlichen Charakter komme der Konsumwahl Wohlfahrtsbedeutung zu: Ausgaben für Bildung und Hygiene seien z. B. Ausgaben für Barbesuche aufgrund des positiven „reflex effect" wohlfahrtstheoretisch vorzuziehen. Die Befriedigung physischer Grundbedürfnisse gehe Luxusbedürfnissen vor, die Förderung von Literatur und Kunst könne wiederum der Befriedigung der Grundbedürfnisse nach Erreichung eines bestimmten Sättigungsgrades vorzuziehen sein.

Neben der Bestimmung der oben angeführten Grundmerkmale der „total welfare" und der beispielhaften Anführung praktisch relevanter

---

[2] *A. C. Pigou*, Some Aspects of Welfare Economics, in: *P. C. Newman*, *A. D. Gayer*, *M. H. Spencer* (Hrsg.), Source Readings in Economic Thought, New York 1954, S. 679.

[3] *A. C. Pigou*, The Economics of Welfare, S. 10: "It will be sufficient to lay down more or less dogmatically two propositions; first, that the elements of welfare are states of consciousness and, perhaps, their relations; secondly, that welfare can be brought under the category of greater and less."

[4] Ebenda, S. 14 ff.

[5] Ebenda, S. 14.

[6] *A. C. Pigou*, The Economics of Welfare, S. 17 ff.

Wohlfahrtsfaktoren geht Pigou nicht weiter auf eine Klärung des Inhalts der allgemeinen Wohlfahrt ein, sondern gliedert zum Zwecke der wissenschaftlichen Quantifizierbarkeit denjenigen Teilbereich der allgemeinen Wohlfahrt als eigentlichen Betrachtungsgegenstand aus, „on which analytical machinery can get a firm grip". Es ist dies der Bereich der mit dem Maßstab des Geldes erfaßbaren „economic welfare":

"... that part of social welfare that can be brought directly or indirectly into relation with the measuring — rod of money[7]."

Die ökonomische Wohlfahrt ist demnach die Summe der in Geld, d. h. in Preisen meßbaren Bedürfnisbefriedigungen, die aus den produzierten Gütern und Dienstleistungen gezogen werden.

Die Güter und Dienstleistungen, d. h. das objektive Gegenstück der wirtschaftlichen Wohlfahrt, sind der Inhalt des engsten Wohlfahrtsbegriffs bei Pigou, der „national dividend"[8]. Die Nationaldividende als objektives Aggregat der in einer Wirtschaftsperiode erstellten Güter und Dienstleistungen unterscheidet sich bei Pigou von der „economic welfare" dadurch, daß je nach der Verteilung des Produktionsergebnisses aufgrund des abnehmenden Grenznutzens des Einkommens unterschiedliche Ergebnisse an ökonomischer Wohlfahrt erzielt werden können. In diesem Zusammenhang führt Pigou z. B. aus:

"Any cause which increases the absolute share of real income in the hands of the poor, provided that it does not lead to a contraction in the size of the national dividend from any point of view, will, in general, increase economic welfare[9]."

Nachdem die durch sukzessive Einschränkung des Betrachtungsbereichs gebildeten Begriffsebenen der allgemeinen Wohlfahrt, der ökonomischen Wohlfahrt und der Nationaldividende skizziert sind, sollen die Beziehungen zwischen den drei Wohlfahrtsgrößen bei Pigou kurz dargelegt werden, um zu zeigen, auf welche Ebenen des Begriffssystems die Behandlung der Wohlfahrtswirkungen der Genossenschaften bezogen ist.

Die ökonomische Wohlfahrt ist der Hauptgegenstand der Wohlfahrtstheorie Pigous. Der Schwerpunkt liegt in der Analyse der Wirkungen der Handlungen oder Unterlassungen privater oder staatlicher Entscheidungsträger auf das Produktionsergebnis der Nationaldividende und die gemäß den Verteilungsbedingungen daraus resultierende ökonomische Wohlfahrt.

---

7 Ebenda, S. 11.

8 Ebenda, S. 31.

9 *A. C. Pigou,* The Economics of Welfare, S. 89.

Für das Problem der Korrelation der ökonomischen Wohlfahrt zur allgemeinen Wohlfahrt wählt Pigou die folgende Lösung[10]: da umfassendes und genaues Wissen über die Effekte der ökonomischen Wohlfahrtsmehrung auf die Größe der Gesamtwohlfahrt nicht gegeben sei, sieht Pigou die Wahrscheinlichkeitannahme („unverified probability“) als gerechtfertigt an, daß Schlußfolgerungen über die Wirkungen bestimmter Ursachen auf die ökonomische Wohlfahrt zwar nicht quantitativ, aber qualitativ der Richtung nach auch auf die allgemeine Wohlfahrt zu beziehen seien.

Die ökonomische Wohlfahrt könne also nicht als Index der allgemeinen Wohlfahrt dienen, dennoch aber könne aus der — positiven oder negativen — Richtung von Veränderungen der ökonomischen Wohlfahrt synchron auf die Richtung der Veränderung der allgemeinen Wohlfahrt geschlossen werden, solange nicht das Gegenteil bewiesen sei.

Neben dem eigentlichen Objekt der Analyse Pigous, den Faktoren der ökonomischen Wohlfahrt, geht er nur in grundsätzlichen Vorbemerkungen[11] auf Faktoren der nichtökonomischen Wohlfahrt ein und wählt als Demonstrationsobjekt u. a. das Genossenschaftswesen:

"In the great co-operative movement, for example, there is a non-economic side at least as important as the economic[12]."

Während die ökonomischen Wirkungen der Genossenschaften, die Pigou im Hauptteil der „Economics of Welfare“ ausführlich analysiert, in der Veränderung der Nationaldividende zum Ausdruck gelangen, seien nicht-ökonomische Wirkungen denkbar durch positive Einflüsse auf die Wirtschaftsgesinnung, „on the general tone of life“, wenn die Elemente der Irreführung und des gegenseitigen Mißtrauens, die in manchen Formen gewöhnlicher Konkurrenz im Vordergrund stünden, durch genossenschaftlichen Zusammenschluß, durch Ehrlichkeit und Loyalität ersetzt würden[13]. Feindschaftliche Beziehungen zwischen Arbeitnehmern und Arbeitgebern als negatives Element nicht-ökonomischer Wohlfahrt könnten u. a. in produktivgenossenschaftlichen Unternehmen beseitigt werden. Unter dem Grundgedanken

„non-economic welfare is liable to be modified by the manner in which income is earned“[14]

seien z. B. Pläne zur Reform der Betriebsverfassung, zur demokratisch-parlamentarischen Kontrolle nationalisierter Industrien oder

[10] Ebenda, S. 12, S. 20.

[11] *A. C. Pigou*, The Economics of Welfare, S. 14 ff.

[12] Ebenda, S. 15.

[13] Ebenda, S. 16.

[14] Ebenda, S. 14.

Pläne des Gildensozialismus zu untersuchen. Eine Erhöhung der allgemeinen Wohlfahrt durch solche Änderungen der Wirtschaftsorganisation z. B. kann nach Pigou gleichsam in einem Nettoeffekt auch dann denkbar sein, wenn die ökonomische Wohlfahrt nicht erhöht oder sogar vermindert wird[15].

Über diese grundsätzlichen Erwägungen hinaus geht Pigou allgemein und auch speziell bei der Behandlung der Genossenschaften nicht weiter auf die Fragen der nicht-ökonomischen Wohlfahrt ein und konzentriert die Untersuchung der Genossenschaften auf ihre Wirkungen auf die Nationaldividende und insoweit auf die ökonomische Wohlfahrt. Auf die Frage, ob Genossenschaften über produktivitätssteigernde Effekte auf die Nationaldividende hinaus auch durch Verteilungswirkungen die ökonomische Wohlfahrt beeinflussen können, geht Pigou nicht ein.

2. *Die Maximierung der Nationaldividende durch optimale Faktorallokation als wirtschaftspolitisches Problem und Ansatzpunkt wohlfahrtsökonomischer Funktionen der Genossenschaften*

Pigous teleologische Analyse der Zweckmäßigkeit privater und staatlicher Handlungen und Unterlassungen für die Maximierung der ökonomischen Wohlfahrt bezieht sich auf zwei Hauptbereiche des Maximierungsproblems. Gegenstand des ersten Hauptbereichs sind die Bedingungen der Realisierung eines maximalen realen Produktionsergebnisses in der Volkswirtschaft mittels der Einweisung der produktiven Faktoren in die ergiebigsten Verwendungen, der zweite Hauptbereich behandelt die Bedingungen, unter denen aus dem realen Produktionsergebnis die maximale Bedürfnisbefriedigung durch eine optimale, den abnehmenden Grenznutzen des Einkommens berücksichtigende Einkommensverteilung zu erzielen ist.

In den ersten Hauptbereich der Wohlfahrtsanalyse bezieht Pigou die Genossenschaften ein und untersucht ihre Wirkungsmöglichkeiten und -grenzen zur Verbesserung des volkswirtschaftlichen Produktionsergebnisses der Nationaldividende. Um die Basis für eine möglichst systematische und die Verwurzelungen im theoretischen System Pigous aufzeigende Darstellung der Einzelausführungen zu den Genossenschaften bei Pigou zu schaffen, soll zunächst sein Ansatz zur Lösung des wohlfahrtstheoretischen Zentralproblems, der optimalen Faktorallokation, skizziert werden.

Der zentrale Ausgangsgedanke in der Wohlfahrtstheorie Pigous ist das Theorem des Ausgleichs der volkswirtschaftlichen Grenzerträge

---

[15] *A. C. Pigou*, The Economics of Welfare, S. 17.

produktiver Ressourcen in allen Verwendungen[16]. Die Nationaldividende erreicht allgemein betrachtet dann ihr Maximum, wenn die Wirtschaftssubjekte aus ökonomischem Selbstinteresse im freien Spiel der Kräfte und unter der Bedingung, daß keine Informationsschranken und keine Faktorbewegungskosten (costs of movement) existieren, die Ressourcen so auf die unterschiedlichen Verwendungen verteilen, daß die Grenzerträge in allen Verwendungen gleich werden, daß also niemand mehr durch eine Umverteilung von Produktionsfaktoren zusätzliche Erträge erlangen kann. Dies ist der Idealfall der die Ergiebigkeit der Ressourcen vollausschöpfenden optimalen Faktorallokation. Die einschränkenden Prämissen weisen auf die erste Gruppe wohlfahrtspolitischer Maßnahmen hin, für die bei Pigou auch die Genossenschaften eine wichtige Rolle spielen: In der Wirklichkeit existieren Informationsschranken und Reallokationskosten, die die Tendenz des freien Spiels der Kräfte zur optimalen Faktorallokation behindern und sich zum Schaden der Nationaldividende auswirken[17]. Maßnahmen zum Abbau der Hindernisse zur optimalen Faktorallokation, speziell der „ignorance" und der „costs of movement" sind dann gesamtwirtschaftlich positiv, wenn die aus ihnen resultierende Erhöhung der Erträge die Kosten dieser Maßnahmen übersteigt. Von diesem Grundgedanken leitet Pigou produktionspolitische Funktionen der Genossenschaften ab, die in einem gesonderten Abschnitt ausführlich darzustellen sind[18].

Geht Pigou bei der wohlfahrtsökonomischen Behandlung der Faktortransferhindernisse noch von der Identität privatwirtschaftlicher und volkswirtschaftlicher Grenzerträge aus, so hebt er diese Annahme in den darauffolgenden Kapiteln auf und analysiert Fälle und deren Lösungsmöglichkeiten, in denen das einzelwirtschaftliche Produktionsoptimum vom gesamtwirtschaftlichen Optimum abweicht[19]. Pigou unterscheidet den privaten Grenzreinertrag einer Investitionseinheit (marginal private net product) vom volkswirtschaftlichen oder sozialen Grenzreinertrag (marginal social net product). Beinhaltet der erste Begriff den physischen Grenzertrag der Investitionseinheit multipliziert mit seinem Marktpreis, so wie er dem privaten Investor zufällt, so bedeutet der zweite die Summe aller durch die Investition entstehenden, in Geld meßbaren Effekte für die Volkswirtschaft[20]. Da aus volkswirtschaftlicher Sicht zur Maximierung der Nationaldividende der Ausgleich der sozialen Grenzreinerträge entscheidend ist, kommt es darauf an, die privaten und sozialen Grenzreinerträge zur Überein-

16 Vgl. *A. C. Pigou*, The Economics of Welfare, S. 136 und S. 142 f.

17 Ebenda, Teil II, Kapitel V, S. 144 ff.

18 Siehe unten, Teil II, 1. des 3. Kapitels dieser Arbeit.

19 *A. C. Pigou*, The Economics of Welfare, Teil II, Kapitel IX - XI, S. 172 ff.

20 Ebenda, Teil II, Kapitel II, insbes. S. 134 ff.

stimmung zu bringen, d. h. dafür zu sorgen, daß das freie Spiel der Kräfte bei der Faktorverteilung gemäß dem privaten Selbstinteresse mit der einzelwirtschaftlich optimalen zugleich den volkswirtschaftlich optimalen Ausgleich der Grenzreinerträge in allen Verwendungen zustandekommen läßt.

Die Divergenzen privater und sozialer Grenzreinerträge bilden folglich den Ansatzpunkt privater und staatlicher Maßnahmen in zwei Richtungen[21]: Liegt der volkswirtschaftliche Grenzreinertrag einer produktiven Einheit über dem privatwirtschaftlichen Grenzreinertrag, indem der private Produzent positive externe Effekte bewirkt, für die er keine Entgelte verlangen kann und die daher nicht in sein Nutzenkalkül der Faktorallokation einbezogen sind, so werden die Investitionen unter privatwirtschaftlichen Interessen nicht so weit ausgedehnt, wie es unter volkswirtschaftlichem, die externen Effekte einbeziehendem Nutzenkalkül sinnvoll wäre. Eine Ausweitung der Investitionen durch private und staatliche Eingriffe kann hier also wohlfahrtserhöhend wirken. Übersteigt dagegen der private Grenzreinertrag den volkswirtschaftlichen, indem der private Produzent negative externe Effekte bewirkt, für die er keine in sein Nutzenkalkül des Faktoreinsatzes eingehende Kompensationen zu leisten hat, so werden die Investitionen weiter ausgedehnt, als es unter volkswirtschaftlicher Sicht richtig wäre. Einschränkungen des Faktoreinsatzes im Wege privater und staatlicher Maßnahmen sind in diesen Fällen wohlfahrtspolitisch zweckmäßig.

Die volkswirtschaftlichen Fehlallokationen, soweit sie den Divergenzen privat- und volkswirtschaftlicher Grenzreinerträge zuzurechnen sind, sind nach Pigou hauptsächlich determiniert einerseits durch die Gestaltung der Produktionsverfassung, insbesondere in Abhängigkeit von der organisatorischen Struktur und Größe der Einzelwirtschaften[22], andererseits durch die Marktverhältnisse in den jeweils gegebenen Marktformen, ausgehend von der reinen Konkurrenz („simple competition") zu den verschiedenen Graden der Monopolisierung: Oligopol (Pigou verwendet den Terminus „monopolistic competition" oder „multiple monopoly"), Monopol („simple monopoly") sowie preisdifferenzierendes Monopol („discriminating monopoly")[23].

Damit sind die beiden Hauptansatzpunkte der wohlfahrtstheoretischen Behandlung der Genossenschaften bei Pigou offengelegt: Während die produktionsverfassungsbedingten Divergenzen der wichtigste Ansatzpunkt der Behandlung der Produktivgenossenschaften ist, wer-

---

21 Ebenda, Teil II, Kapitel XI, S. 213 ff.

22 *A. C. Pigou*, The Economics of Welfare, Teil II, Kapitel X, S. 204 ff.

23 Ebenda, Teil II, Kapitel XIV - XVII, S. 250 ff.

den Beschaffungs- und Absatzgenossenschaften vorwiegend unter dem Aspekt marktformenbedingter Divergenzen privater und sozialer Grenzerträge als wohlfahrtsökonomische Instrumente miteinbezogen. Beide Bereiche sollen weiter unten in gesonderten Abschnitten dargestellt werden[24].

Wenn der Einsatz wohlfahrtsökonomischer Instrumente mit Kosten verbunden ist, wird der Nettoeffekt entscheidend, der aus den volkswirtschaftlichen Mehrerträgen abzüglich der Kosten des Mitteleinsatzes besteht. Der Effizienz und den Anwendungsgrenzen der wohlfahrtsökonomischen Instrumente gilt ein Hauptaugenmerk bei Pigou. Die Beurteilung der Genossenschaften unter diesem Aspekt soll im letzten Abschnitt der Darstellung hervorgehoben werden[25].

II. Die Wirkungen der Genossenschaften auf die volkswirtschaftlich optimale Faktorallokation

1. Der Ausgleich der Grenzerträge bei Konvergenz privater und volkswirtschaftlicher Grenzerträge als Ansatzpunkt genossenschaftlicher Wirkungen auf die Optimalverteilung der Faktoren

Nicht nur bei Divergenz, sondern selbst bei Konvergenz volks- und privatwirtschaftlicher Grenzerträge stellt sich nach Pigou oft nicht ein Ausgleich in den unterschiedlichen Verwendungen und somit das Maximum an Nationaldividende ein. Drei Gruppen von Hindernissen stehen nach Pigou der optimalen Mobilität der Faktoren entgegen und sind Ansatzpunkte wirtschaftsorganisatorischer Verbesserungen[26].

Die erste Gruppe ergebe sich aus Problemen der Information über die gewinnbringendsten Kapitalanlagemöglichkeiten. Die Informationsprobleme resultierten zum einen aus der mangelnden Publizität der oft als Geschäftsgeheimnisse behandelten Gewinne in den jeweiligen Branchen, zum anderen müßten Investitionsentscheidungen von Zukunftsgewinnerwartungen ausgehen und erforderten daher ein hohes Maß an Datenübersicht und Urteilsfähigkeit.

Die Lösung der Aufgabe der Informationssammlung und -auswertung, der Entscheidungen und Kontrollen im Bereich des industriellen Kapitalverkehrs erfolge daher zunehmend in spezialisierten Finanzierungsinstitutionen unter Einsatz von Spezialkräften und modernen Kommunikationsmöglichkeiten.

---

24 Siehe unten, Teil II, 2. des 3. Kapitels dieser Arbeit

25 Siehe unten, Teil II, 3. des 3. Kapitels dieser Arbeit.

26 *A. C. Pigou*, The Economics of Welfare, Teil II, Kapitel VI - VIII, S. 149 ff.

Die Finanzierungsinstitutionen könnten sowohl über den Nachweis gewinnträchtiger Kapitalverwendungsmöglichkeiten als auch über die Organisation risikomindernder Überwachung der Investitionserfolge die Kapitalallokation gesamtwirtschaftlich verbessern helfen. In diesen Zusammenhang stellt Pigou wohlfahrtsökonomische Wirkungen der Kreditgenossenschaften: Die Eigenschaft der Kreditkunden als Mitglieder und Träger der Bank zugleich und der hohe Grad der gegenseitigen Bekanntschaft ermöglichten eine risikomindernde Beurteilung der Kreditfähigkeit der Genossen, darüber hinaus erlaube die örtliche Überschaubarkeit der Genossenschaft eine sorgfältige Beurteilung der Investitionsvorhaben und eine wirksamere Kontrolle der Kreditverwendung und des Investitionserfolges.

"The general tendency of this arrangement is to lessen the number of investments made under the impulse of ignorance in undertakings that yield an abnormally low return, and so indirectly to augment the national dividend[27]."

Eine zweite Gruppe von Hindernissen für die optimale Kapitalmobilität resultiere aus der traditionellen Verbindung von zwei Elementen der Kapitalbereitstellung, des Wartens und der Unsicherheit. Während z. B. beim selbstfinanzierenden Einzelunternehmer noch beide Elemente verbunden aufträten — sowohl der Konsumverzicht als auch das Verlustrisiko — bilde sich mit der Entwicklung von Finanzierungstechniken und -institutionen zunehmend die Trennung von Warten und Unsicherheit heraus. Die Absicherung gegen das Verlustrisiko durch vielfältige Garantieformen, z. B. bei Sparkassen oder durch Wechselkredite, verlange den Kapitalgebern nur noch das Warten ab und mobilisiere dadurch den Fluß des Kapitals in die produktivsten Verwendungen. Die Garantiegrundlage der solidarischen Haftpflicht bei Kreditgenossenschaften stellt Pigou in diesen Zusammenhang[28].

Eine dritte Gruppe von Hindernissen für eine die Grenzerträge ausgleichende Allokation der Ressourcen besteht nach Pigou in Nachfrageschwankungen und in dem daraus resultierenden Problem der optimalen Kapazitätsauslastung[29]. Rapide Nachfrageschwankungen überforderten die Flexibilität der Anbieter, durch Reallokation der Faktoren den laufend veränderten Gleichgewichtslagen gerecht zu werden. Dieser Gedanke ist ein Angelpunkt für die Behandlung der genossenschaftlichen Integration bei Pigou: Wenn Nachfrager nur noch den variablen Teil ihrer Nachfrage bei erwerbswirtschaftlichen Anbietern tätigten und für den konstanten Teil eine eigene Beschaffungs- oder Verarbeitungsgenossenschaft gründen würden, z. B. eine Konsum-

27 *A. C. Pigou,* The Economics of Welfare, S. 157.

28 *A. C. Pigou,* The Economics of Welfare, S. 163.

29 Ebenda, S. 177 ff.

oder Molkereigenossenschaft, würden sie den konstanten Teil ihrer Nachfrage kontinuierlich auf den eigengetragenen Hilfsbetrieb konzentrieren und dort somit eine bessere Kapazitätsauslastung als bei den erwerbswirtschaftlichen Marktpartnern erzielen. Denn wenn, so Pigou, eine Unternehmung im Durchschnitt einen Output von A produziert, der sich aus den Einzelwerten (A + a) des einen Jahres und (A — a) des nächsten Jahres ergibt, werden seine Kosten niedriger sein als bei dem gleichen Durchschnittsoutput, der sich aus den Einzelwerten (A + 2 a) und (A — 2 a) ergibt, denn im letzteren Falle muß die Kapitalausstattung auf die Spitzenkapazität von (A + 2 a) eingestellt werden, während im ersten Falle der gleiche Durchschnittsoutput mit einer Kapitalausstattung erzielt werden kann, die dem Jahresoutput von (A + a) entspricht[30]. Auf diese Weise führe die Ersetzung des Marktverhältnisses durch genossenschaftliche Loyalität zu einer effizienteren Kapitalallokation.

Die Ersparnis der genossenschaftlichen Betriebe durch die verbesserte Kapazitätsauslastung bedeute selbst bei Verlagerung der Nachfrageschwankungen auf die nichtgenossenschaftlichen Unternehmungen der gleichen Marktstufe auch eine gesamtwirtschaftliche Ersparnis. Und zwar um so mehr, je mehr die Fluktuationen nicht Änderungen der Gesamtnachfrage des Marktes, sondern nur Verlagerungen innerhalb des der Höhe nach unveränderten Marktvolumens zuzurechnen seien:

"... in so far as the aggregate demand or supply of a market is constant, and fluctuations in the parts are due to other causes than fluctuations in the whole, the introduction of steadiness in one part cannot increase, but necessarily diminishes, the fluctuations of other parts. Hence it is probable that a considerable part of the economies which co-operative concerns derive from loyality represent a net increase in efficiency for the community as a whole as well as for themselves[31]."

2. Der Ausgleich der Grenzerträge bei Divergenz privater und volkswirtschaftlicher Grenzerträge als Ansatzpunkt genossenschaftlicher Wirkungen auf die Optimalverteilung der Faktoren

a) Divergenzen privater und volkswirtschaftlicher Grenzerträge nach den einzelwirtschaftlichen Organisationsformen und die wohlfahrtsökonomische Bedeutung der genossenschaftlichen Bildungsfunktion

Divergenzen zwischen privat- und volkswirtschaftlichen Grenzerträgen variieren nach Pigou nicht nur nach Produktionszweigen, sondern zudem nach den einzelwirtschaftlichen Formen, unter denen die Pro-

---

30 *A. C. Pigou*, The Economics of Welfare, S. 255.

31 Ebenda, S. 324.

duktion in den verschiedenen Branchen jeweils organisiert ist[32]. Obwohl das Gesetz der Substitution auch bei der Organisation der Produktion dazu tendiere, daß die eine Methode die andere ersetze, wenn sie privatwirtschaftlich unmittelbare Kostenvorteile erbringe, bleiben nach Pigou aber oft mittelbare, volkswirtschaftliche Auswirkungen der privaten Organisationsentscheidungen außer Betracht. Solche Auswirkungen verursachten also Divergenzen zwischen dem privat- und volkswirtschaftlichen Ertrag einer Einheit von Ressourcen, je nachdem, unter welchen einzelwirtschaftlichen Organisationsformen investiert werde. Pigou versucht hier mit wohlfahrtstheoretischem Instrumentarium Gedankengänge exakt zu fassen, die zum Problem der volkswirtschaftlichen Wirkungen der einzelwirtschaftlichen Produktionsverfassung in der englischen Klassik und Neoklassik bei Mill, Cairnes, Fawcett und Marshall immer wieder sehr ähnlich vertreten worden sind.

Ein Hauptfaktor für Divergenzen privat- und volkswirtschaftlicher Grenzerträge in Abhängigkeit von der Unternehmungsorganisation sind nach Pigou die langfristigen Auswirkungen auf die Entfaltungsspielräume und Aufstiegschancen für unternehmerisch begabte Individuen[33]. Unter volkswirtschaftlicher Sicht sei die Organisation also nicht nur Produktionsinstrument, sondern diene zusätzlich in mehr oder weniger hohem Maße „as a training ground of business capacities". Die Auswirkungen der einzelwirtschaftlichen Organisationsformen auf die Chancen für breite Bevölkerungsschichten, nicht nur ausführende und unselbständige Arbeit zu verrichten, sondern ihre wirtschaftlich-unternehmerischen Fähigkeiten zu entwickeln und über eine auch nach unten hin weit gefächerte Skala von Unternehmensgrößen zur unternehmerischen Selbständigkeit aufzusteigen, sind für Pigou ein wichtiges Kriterium ihrer wohlfahrtsökonomischen Beurteilung. Während Pigou aus dieser Sicht vor allzu großen Unternehmungen und Trustbildungen warnt, empfiehlt er für die untersten Stufen zur unternehmerischen Selbständigkeit Partnerunternehmungen und Produktivgenossenschaften unter Arbeitern als gewerbliche Organisationsform, unter der Investitionen aufgrund der Bildungswirkungen beträchtlich höhere volkswirtschaftliche als privatwirtschaftliche Grenzerträge erzielten:

„So kann behauptet werden, daß genossenschaftliche Vereinigungen der Arbeiter einen bedeutenden Wert ergeben, für den kein besonderes Entgelt geleistet wird und zu deren Erhaltung kein Beitrag eingehoben wird. Dieser Wert ist: Schaffung einer Trainingsmöglichkeit, durch welche die latenten Unternehmer- und Verwaltungsfähigkeiten der Arbeiterklasse entwickelt werden können[34]."

---

[32] *A. C. Pigou*, The Economics of Welfare, S. 204 ff.

[33] Ebenda, S. 205 f.

[34] *A. C. Pigou*, Volkswirtschaftlicher und privatwirtschaftlicher Reinertrag und die Lehre von der Maximalbefriedigung, S. 47.

Wo also der gesamtvolkswirtschaftliche Grenzertrag von Investitionen in Produktivgenossenschaften den privatwirtschaftlichen, den Mitgliedern der Genossenschaften zufallenden Grenzertrag übersteigt, liegt nach Pigou prima facie ein Grund für staatliche oder private Anregungsmaßnahmen zur Gründung von Genossenschaften vor[35].

b) Divergenzen privater und volkswirtschaftlicher Grenzerträge durch Marktbeziehungen und die wohlfahrtsökonomische Rolle der genossenschaftlichen Integration

Eine große Gruppe von Fehlallokationen produktiver Ressourcen aus gesamtwirtschaftlicher Sicht führt Pigou auf die Divergenzen privater und volkswirtschaftlicher Grenzerträge in Abhängigkeit von den Marktformen in den jeweiligen Branchen zurück[36].

In allen Marktformen — „simple competition, monopolistic competition, simple monopoly, discriminating monopoly" — treten nach Pigou Divergenzen auf, wenn die Allokation der Ressourcen allein an den privatwirtschaftlichen Grenzerträgen der Investoren orientiert sei und den Ausgleich der wohlfahrtsökonomisch allein entscheidenden volkswirtschaftlichen Grenzerträge in allen Verwendungen zu einem Maximum an Nationaldividende behindere.

Von der Feststellung ausgehend, daß allen Marktformen der Grundtatbestand eines Marktgegensatzes zwischen Verkäufern und Käufern zugrunde liege, daß die Güter von einer Gruppe von Menschen produziert und von einer anderen Gruppe gekauft würden, wirft Pigou die Frage auf, ob die den verschiedenen Marktformen zuzurechnenden Divergenzen zwischen privatwirtschaftlichen und volkswirtschaftlichen Grenzerträgen nicht durch die Aufhebung des Marktgegensatzes überhaupt zu beseitigen seien:

> "Could not these failures be eliminated by the device of voluntary groups of purchasers undertaking for themselves the supply of the goods and services they need[37]?"

Damit stellt Pigou die Frage nach den wohlfahrtsökonomischen Wirkungen eines Grundverfahrens der genossenschaftlichen Vorgehensweise, nämlich der vertikalen Integration[38]. Die Mitglieder der Genossenschaften schließen sich zusammen, um im Wege eines gemeinsam getragenen Geschäftsbetriebes die Leistungen einer vor- oder nachgelagerten Marktstufe in eigene Regie zu übernehmen. Als Träger und Kunden des Genossenschaftsbetriebes zugleich schalten sie für die

---

35 Derselbe, The Economics of Welfare, S. 206.

36 Ebenda, Teil II, Kapitel XI - XVII, S. 213 ff.

37 *A. C. Pigou*, The Economics of Welfare, Teil II, Kapitel XI - XVII, S. 318.

38 Vgl. *H. Ohm*, Die Genossenschaft und ihre Preispolitik, S. 24 ff.

vom Genossenschaftsbetrieb übernommenen Leistungen die Marktbeziehungen zur vor- bzw. nachgelagerten Marktstufe aus[39].

Das wohlfahrtsökonomisch Wesentliche an einer Einkaufsgenossenschaft liegt nun nach Pigou darin, daß ihre Geschäftspolitik darauf gerichtet ist, die Differenz zwischen dem aggregierten Nutzen und den aggregierten Kosten für die angeschlossenen Käufer zu maximieren, also einen möglichst hohen Nettovorteil zu erzielen. Die Genossenschaft muß nach Pigou daher unter der Voraussetzung, daß externe Effekte für Nichtmitglieder ausgeschlossen sind — daß also ihre einzelwirtschaftlichen Erträge mit den gesamtwirtschaftlichen Erträgen konvergieren — genau die Ausbringungsmenge an Leistungen realisieren, welche den volkswirtschaftlichen Grenzertrag der eingesetzten Ressourcen mit dem Wert des allgemeinen volkswirtschaftlichen Grenzertrages zum Ausgleich bringt[40].

Dieser Bestimmung des idealtypischen ökonomischen Verhaltens der Genossenschaft bei Pigou liegt als Vorbild der wohlfahrtstheoretische Musterfall der „archetypal industry"[41] zugrunde: dort realisiert die „ideale Investition" sowohl die Gleichheit des privaten und volkswirtschaftlichen Grenzertrags als auch gleichzeitig deren Übereinstimmung mit dem „central value of marginal social net products" — dem für alle Industrien repräsentativen, zentralen Niveau der Grenzerträge — und erbringt damit den maximalen Beitrag zur Nationaldividende[42].

Diese a-priori-Bestimmung der Zielsetzung der Genossenschaften impliziert eine starke Einschränkung der empirischen Relevanz der Analyse der genossenschaftlichen Wohlfahrtswirkungen bei Pigou. Sie fixiert den Betrachtungsaspekt ausschließlich auf die Möglichkeiten der Genossenschaften, volkswirtschaftlich produktivitätssteigernde Wirkungen durch die Verbesserung der Faktorallokation zu erzielen und schließt gegenteilige Wirkungen von vornherein aus. Der Aspekt, daß Genossenschaften Wettbewerbsbeschränkungen und die bei Pigou allgemein-wohlfahrtstheoretisch ausführlich behandelten Wirkungen des monopolistischen Wettbewerbs, wie z. B. Angebotsbeschränkung, Rückständigkeit der Produktqualitäten und Produktionsmethoden sowie Marktzugangshindernisse nicht nur bekämpfen, sondern auch selbst hervorrufen könnten, bleibt bei Pigou gänzlich außer Betracht. Hatte

[39] *H. Lampert* z. B. spricht von der Marktkettenverkürzung als grundsätzlicher Möglichkeit zur Erzeugung genossenschaftlichen Förderungspotentials (Zur Zielfunktion von Genossenschaften in der wachsenden Wirtschaft, S. 349).

[40] *A. C. Pigou*, The Economics of Welfare, S. 318.

[41] Ebenda, S. 213.

[42] Ebenda, S. 213 f., S. 223 f.

Pareto negative Wohlfahrtseffekte durch unter Wettbewerbsbeschränkungen ermöglichte, vom wohlfahrtsökonomischen Optimum abweichende Fixierung der Produktionskoeffizienten am Beispiel staatlich geförderter Produktivgenossenschaften angedeutet[43], so greift Pigou diesen speziellen Aspekt nicht auf, geschweige denn, daß er ihn allgemein-genossenschaftstheoretisch weiterentwickelt[44].

Die genossenschaftliche Übernahme von Leistungen der Marktgegenseite, also der Vorgang der vertikalen genossenschaftlichen Integration, könnte durch die Beseitigung von Marktbeziehungen volkswirtschaftliche Fehlallokationen korrigieren, welche den Marktgegensätzen in den verschiedenen Marktformen zuzurechnen sind. Dies ist der allgemeine Grundgedanke der nun darzustellenden speziellen Behandlung genossenschaftlicher Wirkungsbereiche bei Pigou.

aa) Die Einsparung von Werbungskosten

Die Marktform der „monopolistic competition“[45] ist bei Pigou gegeben, wenn zwei oder mehr Verkäufer einen beträchtlichen Teil des Marktes versorgen, mit dem sie verbunden sind; in heutiger Terminologie bezieht sich der Begriff auf das Teilduopol und Teiloligopol. In dieser Marktform tendieren die Anbieter nach Pigou dazu, aus privatwirtschaftlichem Interesse hohe Werbeinvestitionen vorzunehmen, die aus volkswirtschaftlicher Sicht Fehlallokationen und damit Verschwendung von produktiven Ressourcen bedeuten[46]. Dies trifft nach Pigou auf die Art der Werbung zu, die nicht dem Ziel der Verbraucherinformation dient, sondern allein dem Vorsatz folgt, die Nachfrage für ein Konsumgut von einem Anbieter zum anderen überzulenken. Pigou wählt dafür den Begriff „competitive advertisement“.

Während unter reiner Konkurrenz annahmegemäß kein Grund für solche Werbeausgaben bestehe, da der Markt zum gegebenen Preis soviel aufnehme, wie jeder der vielen kleinen Anbieter verkaufen wolle, komme es unter „monopolistic competition“ zum aufwendigen Werbewettbewerb im Kampf um die Anteile an der Nachfrage des Marktes, und zwar besonders dort, wo die gehandelten Güter nicht uniform und leicht vergleichbar, sondern schwierig zu prüfen und

---

43 Siehe oben, Abschnitt B, II, 2 a des 2. Kapitels.

44 Diese Akzentsetzung dürfte hauptsächlich durch die traditionell positive Einstellung der englischen Klassik und Neoklassik zu den Genossenschaften als Selbsthilfe-Einrichtungen sozial und wirtschaftlich schwacher einerseits und durch die hervorstechende zeitgenössische Entwicklung der nicht nur institutionell den Konsumenteninteressen gewidmeten, sondern ihnen auch weithin real dienenden Konsumgenossenschaften in England zu begründen sein.

45 *A. C. Pigou*, The Economics of Welfare, S. 196 u. S. 268.

46 Ebenda, S. 196 ff.

durch verschiedenartige Verpackungen künstlich zu differenzieren sind. Während nur ein Teil der Werbeinvestitionen der Verbraucherinformation diene und auch volkswirtschaftlich nützlich sei, sieht Pigou für den überwiegenden Teil des „strictly competitive advertisement" eine erhebliche Differenz zwischen den privatwirtschaftlichen und volkswirtschaftlichen Grenzerträgen. Die Kurve der volkswirtschaftlichen Grenzerträge sukzessiver Investitionsbeträge für den Werbewettbewerb werde dann über den gesamten Verlauf negativer Werte und damit eine vollständige Verschwendung der Ressourcen aus volkswirtschaftlicher Sicht anzeigen, wenn die Werbeausgaben der Wettbewerber sich gegenseitig neutralisieren und die Marktsituation so bleibt, wie wenn keiner der Anbieter etwas für Werbung ausgegeben hätte. Im Falle, daß die Werbeausgaben zur Umverteilung der Marktnachfrage unter den Anbietern führten, komme es unter volkswirtschaftlicher Sicht auf die Kostengünstigkeit der Produktion bei den jeweiligen Anbietern an. Bei konstantem Kostenverlauf und gleichen Stückkosten aller Anbieter ist die Umverteilung der Nachfrage aus der Sicht der volkswirtschaftlichen Erträge nach Pigou wirkungslos, die aufgewendeten Werbekosten erzielten dann einen volkswirtschaftlichen Ertrag von Null. Führe die Umsatzverlagerung jedoch zu einer Änderung der Gesamtkosten der Produktion des Marktangebots durch die Verschiebung der Marktanteile bei unterschiedlich kostengünstig produzierenden Anbietern, könne sich aber auch ein positiver oder negativer Wert der volkswirtschaftlichen Erträge der Werbeinvestitionen einstellen. Nach Pigou ist aber zu vermuten, daß weniger effizient produzierende Anbieter durch relativ höhere Werbeausgaben drohende Nachfrageverluste an effizienter produzierende Konkurrenten verhindern werden.

Abschließend kommt Pigou zu einer durchweg negativen wohlfahrtsökonomischen Beurteilung des Werbewettbewerbs auf monopolistischen Märkten, wenn er schreibt:

"... speaking generally, the social net product of any r^th^ increment of resources invested in competitive advertisement is exceedingly unlikely to be as large as the private net product[47]."

An der wohlfahrtspolitischen Lösung des Problems müssen nach Pigou Selbstbeschränkungsabkommen der Anbieter, staatliche Besteuerungs- und Verbotsmaßnahmen und letztlich Maßnahmen zur Beseitigung monopolistischer Märkte überhaupt ansetzen[48]. Als eine solche Maßnahme interpretiert Pigou die genossenschaftliche Aufhebung des Marktgegensatzes zwischen Verkäufer und Käufer. Die Aufhebung der Marktbeziehung durch die Identität zwischen Eigentümern und Kunden der Genossenschaft lasse volkswirtschaftlich un-

---

[47] *A. C. Pigou*, The Economics of Welfare, S. 199.

[48] Ebenda, S. 199 f.

produktive Werbeinvestitionen auch privatwirtschaftlich sinnlos werden. Sowohl durch Satzungsvereinbarungen als auch durch das Eigentümerinteresse der Mitglieder an der Genossenschaft kann diese nach Pigou die Nachfrage der Mitglieder auf sich konzentrieren, ohne wie nichtgenossenschaftliche Konkurrenten erhebliche Werbeaufwendungen zu tätigen. Da die Genossenschaft ihren Kunden nicht nur den Vorteil billiger Güter, sondern auch das Gefühl der Teilhaberschaft an einem bedeutenden Wirtschaftsbetrieb vermittele, habe sie von vorneherein einen werbenden Vorteil vor einem erwerbswirtschaftlichen Anbieter. Selbst wenn die Genossenschaft herkömmliche Werbung betreibt, ist nach Pigou weniger als bei nichtgenossenschaftlichen Konkurrenten nötig, um das gleiche Resultat zu erzielen. Die wohlfahrtsökonomische Effizienz sei also ceteris paribus größer als bei erwerbswirtschaftlichen Konkurrenten[49].

bb) Die Einsparung volkswirtschaftlicher Kosten bilateral-monopolistischer Marktspannungen

In bilateral-monopolistischen Märkten, wo die Marktbeziehungen zwischen individuellen Käufern und Verkäufern nicht durch die sie jeweils umgebenden Marktverhältnisse determiniert sind, eröffnet nach Pigou das Element der theoretischen Indeterminiertheit den Marktkontrahenten die Möglichkeit, Ressourcen mit Aussicht auf Gewinn eigens in den Verteilungskampf um das Tauschverhältnis zu investieren,

„... the employment of activities and resources in efforts to modify the ratio of exchange in favour of one or other of the monopolists“[50].

Diese Investitionen können nach Pigou zwar große privatwirtschaftliche, aber in keinem Falle volkswirtschaftliche Erträge an Nationaldividende erzielen, sondern bedeutenden zumeist volkswirtschaftliche Verluste. Pigou teilt die im Verteilungskampf des bilateralen Monopols entwickelten Aktivitäten in zwei Bereiche ein[51]: erstens die Aktivitäten und Aufwendungen des eigentlichen Verhandelns, zweitens Techniken der Täuschung in wiederum zwei Ausprägungen: die Täuschung über die physische Beschaffenheit des Handelsobjekts sowie die Täuschung über die Zukunftserträge des Handelsobjekts. Besonders in rückständigen Bereichen des Einzelhandels würden Täuschungen über die gehandelten Waren im Form falscher Gewichte und Maße, Warenverfälschung, Ettikettenschwindel und unehrliche Werbung praktiziert. Diese Aktivitäten seien zwar privatwirtschaftlich bis zu einem gewissen Punkt vorteilhaft, trügen aber volkswirtschaftlich nichts zur Erhöhung

[49] *A. C. Pigou*, The Economics of Welfare, S. 323.
[50] Ebenda, S. 200.
[51] Ebenda.

der Nationaldividende bei, sondern führten im Gegenteil oft noch zur Ausweitung der Produktion minderwertiger Schwindelfabrikate. In der Regel sind nach Pigou Täuschungsmanöver bilateral monopolistischer Märkte also volkswirtschaftlich nutzlos bis schädlich und daher Gegenstand gesetzlicher Verbote, aber auch Ansatzpunkte genossenschaftlicher Wohlfahrtswirkungen:

"In other fields the evil can be met in a more direct way by the establishment of Purchasers' Associatons, in which the interests of the sellers and the buyers are unified[52]."

Die Aufhebung des Interessengegensatzes der Marktkontrahenten durch den Vorgang der genossenschaftlichen vertikalen Integration beseitigt die Grundlage von Täuschungsmanövern und läßt kostspielige Vorkehrungen zur Kontrolle entbehrlich werden. Diesen Gedanken wendet Pigou besonders auf Versicherungs- und Kreditgenossenschaften an. Gegenüber erwerbswirtschaftlichen Versicherungen und Kreditinstituten hätten die Genossenschaften viel geringere Überwachungskosten aufzubringen, denn die Risiken des Kredit- und Versicherungsschwindels seien gemindert sowohl durch die geringere Neigung, als auch durch die geringere Erfolgschance der Mitglieder, bei nachbarschaftlich-genossenschaftlicher Zusammenarbeit zu betrügen[53].

cc) Die Verbesserung der vertikalen Diffusion von Innovationen

Pigou greift die schon bei Marshall hervorgehobene genossenschaftliche Funktion der Diffusion von Innovationen auf und stellt die Frage nach einem wohlfahrtsökonomischen Vergleich der Intensität dieser Funktion unter dem Marktverhältnis des erwerbswirtschaftlichen Anbieters zu seinen Kunden einerseits und dem Verhältnis des Genossenschaftsbetriebes zu seinen Trägern und Mitgliedern andererseits.

Pigou deutet, ohne die Fragestellung theoretisch weiter zu explizieren, an praktischen Beispielen mögliche Ergebnisse eines solchen Vergleichs an[54]. So fördere z. B. die genossenschaftliche Organisation von Landwirten allgemein die Aufnahmebereitschaft für Forschungsergebnisse zur Verbesserung der Produktionstechnik. Während z. B. ein erwerbswirtschaftliches Milchverwertungsunternehmen den Landwirt nur als Tauschpartner betrachte und auf die Qualität seiner angelieferten Milch nur über den Preis reagiere, ziele ein genossenschaftliches Milchverwertungsunternehmen institutionell darüber hinaus darauf ab, den Landwirt beratend zu fördern, damit er höhere Qualitäten und Preise erzielen könne.

---

[52] *A. C. Pigou*, The Economics of Welfare, S. 203.

[53] Ebenda, S. 325.

[54] *A. C. Pigou*, The Economics of Welfare, S. 324.

Der Grundgedanke liegt also darin, daß die Aufhebung von Marktbeziehungen durch das genossenschaftliche Verfahren der vertikalen Integration den vertikalen Informations- und Innovationsfluß zwischen den Produktionsstufen verbessern könne.

3. Determinanten der Effizienz und der Anwendungsgrenzen des wohlfahrtsökonomischen Instruments der genossenschaftlichen Kooperation

Die dargestellten Möglichkeiten genossenschaftlicher Wirkungen auf den produktivitätssteigernden Ausgleich der volkswirtschaftlichen Grenzerträge sind bei Pigou nur die eine Seite der Beurteilung der wohlfahrtsökonomischen Effizienz des genossenschaftlichen Grundverfahrens, Marktbeziehungen durch Kooperation und vertikale Integration zu ersetzen.

Für Pigou müssen, um ein realistisches Bild der Anwendbarkeit der genossenschaftlichen Vorgehensweise zu gewinnen, den möglichen Vorteilen die organisatorischen Probleme gegenübergestellt werden, welche bei der Genossenschaftsbildung zu überwinden sind. Diese Überwindung erfordert Kosten, welche die rein theoretische Effizienz der genossenschaftlichen Aufhebung der Marktbeziehungen praktisch herabmindern können. Die Schwierigkeiten können darüber hinaus so groß sein, daß die Genossenschaft erst gar nicht zustandekommt. Pigou stellt also dem möglichen Nutzen der genossenschaftlichen Kooperation die Schwierigkeiten der Organisation der Kooperation als Kosten im weitesten Sinne gegenüber und beurteilt von dieser Basis die wohlfahrtsökonomische Effizienz und die Anwendungsgrenzen der Genossenschaften. Dieser Ansatz basiert auf dem allgemeinen wohlfahrtstheoretischen Grundgedanken bei Pigou, daß Veränderungen der Faktorallokation — und darum geht es auch bei der Genossenschaftsbildung — „costs of movement" verursachen, daß also die Erfüllung der organisatorischen Aufgabe der Reallokation für sich schon Kosten erfordert, deren Wert gegen den erwarteten Nutzenwert der Neuverteilung der Faktoren aufzurechnen ist[55]. Erfordert z. B. die Überleitung eines Produktionsfaktors von der Verwendung A in die Verwendung B Reallokationskosten, die — auf die zukünftige Nutzungsdauer des Faktors verteilt — einen jährlichen Betrag von n shilling ausmachen, so wird nach Pigou die Nationaldividende durch den Faktortransfer von A nach B nur so lange gesteigert, als der Wert des jährlichen Grenzprodukts des Faktors in der Verwendung B den Wert des jährlichen Grenzprodukts in der Verwendung A um mehr als n shilling übersteigt. Die Nationaldividende wird verringert, wenn der Reallokationsertrag unter

---

55 *A. C. Pigou,* The Economics of Welfare, S. 138 f.

die Reallokationskosten sinkt. Fallen also „costs of movement“ an, ist nach Pigou nicht die nach dem alleinigen Vergleich der Grenzerträge absolut beste, sondern nur die nach dem Saldo von Reallokationserträgen und -kosten relativ beste Faktorallokation wohlfahrtsökonomisch optimal[56].

Dieser Gedanke des Nettoeffekts liegt auch der Behandlung der Genossenschaften bei Pigou zugrunde. Zur wohlfahrtsökonomischen Gesamtwürdigung der Genossenschaften weist Pigou zunächst zwei Vergleichsansätze zurück[57]: So sei es falsch, die wohlfahrtsökonomische Effizienz der Genossenschaften aus dem Vergleich der großbetrieblichen Leistungserstellung des vor der Genossenschaftsgründung isoliert wirtschaftenden Mitgliedsbetriebes zu bestimmen. Der Vorteil der Produktion im Großen ist nach Pigou nicht spezifisch den Genossenschaften als wohlfahrtsökonomischer Vorteil zuzurechnen, da er auch bei nichtgenossenschaftlicher Marktorganisation durch erwerbswirtschaftliche Marktpartner, z. B. durch großbetriebliche Landhandelsunternehmen anstatt Absatzgenossenschaften, realisiert werden könne. Auch historische Vergleichsansätze weist Pigou zurück: So könne die wohlfahrtsökonomische Wirkung der Konsumgenossenschaften nicht durch einen historischen Vergleich mit den vor ihrem Auftreten herrschenden ineffizienten Produktionsmethoden im Einzelhandel bestimmt werden, sondern dies erfordere einen Vergleich der genossenschaftlichen, bedarfswirtschaftlichen Warendistribution mit derselben durch erwerbswirtschaftliche, ebenfalls großbetriebliche Konkurrenten, wie z. B. Warenhäuser.

Unter wohlfahrtsökonomischem Aspekt kommt es für Pigou also auf die Frage an, ob die genossenschaftliche Aufhebung von Marktbeziehungen durch die Gründung bedarfswirtschaftlicher Hilfsbetriebe zu effizienterer Funktionserfüllung als unter marktwirtschaftlichen Tauschbeziehungen führt, es geht — in heutiger Terminologie[58] — um einen wohlfahrtsökonomischen Vergleich der beiden Mechanismen Koordination durch den Markt und Koordination durch Kooperation.

Für die ökonomische Effizienz und die Anwendungsbereiche der genossenschaftlichen Kooperation gegenüber marktmäßigen Tauschbeziehungen sind bei Pigou zwei Hauptfaktoren maßgeblich: Erstens gehen alle ökonomischen Vorteile der genossenschaftlichen Kooperation, wie verbesserte Kapazitätsauslastung durch geringere Nachfrageschwankungen, Werbekostenersparnisse oder Kontrollkostenersparnisse auf ein konstitutives Element zurück, nämlich den genossenschaftlichen

---

56 Ebenda, S. 138.

57 Ebenda, S. 319 f.

58 Vgl. *M. Neumann*, Konflikt- oder Harmonietheorie der Genossenschaften, S. 56.

Zusammenhalt der Mitglieder: "'loyalty' makes for economy[59]." Dieser Zusammenhalt, sei er durch rechtliche Verpflichtungen, durch das Trägergefühl der Mitglieder oder durch außerökonomische Motive begründet, äußert sich für Pigou in kooperationsadäquatem Verhalten der Mitglieder. Sie konzentrieren ihre Nachfrage auf die Bezugsgenossenschaft, ihr Angebot auf die Absatzgenossenschaft, sie achten gegenseitig auf die Einhaltung der beschlossenen Regeln und erreichen so durch aktive Beteiligung die Realisierung der auf Teilnahme möglichst Vieler beruhenden Vorteile der Kooperation.

Ist bei Pigou also der erste, konstitutive Hauptfaktor der ökonomischen Effizienz der Kooperation der dauerhafte Zusammenhalt der Interessen, so ergibt sich der zweite, restriktive Hauptfaktor aus den Schwierigkeiten und Kosten, diesen Zusammenschluß zu organisieren.

Organisatorisch erfordere die genossenschaftliche Zusammenarbeit eine gesellschaftsrechtliche Struktur, die dem Aufbau der Aktiengesellschaft ähnele[60]. Die Genossenschaft gehöre den Anteilseignern und werde von Managern unter der Überwachung des von den Mitgliedern gewählten Aufsichtsrats geführt. Als einzelwirtschaftlich-strukturelle Alternativen der genossenschaftlichen Gesellschaftsform nennt Pigou die Einzelunternehmung und die nichtgenossenschaftliche Gesellschaftsunternehmung. In der Effizienz des Managements dürften nach Pigou die Genossenschaft und die nichtgenossenschaftliche Gesellschaftsunternehmung der Einzelunternehmung gleichviel unterlegen sein, insoweit als ihren kollegialen Leitungsgremien die höhere Flexibilität und der größere Anreiz des Eigentümer-Einzelunternehmers fehlten. Dennoch kann nach Pigou dieser Nachteil bei Genossenschaften in gewissem Grade durch ein besonderes Engagement, durch „public spirit" der Genossenschaftsleiter ausgeglichen werden.

Eine weitere Schwierigkeit für die Effizienz der genossenschaftlichen Organisation sieht Pigou in der Tatsache, daß die Trägerschaft der Genossenschaften sich vorwiegend aus ökonomisch Schwachen zusammensetzt und die Qualität der Entscheidungen der Manager durch zu enge Handlungsvollmachten, Kleinlichkeit in der Gehaltsfrage und zu wenig Geschäftserfahrung seitens der Aufsichtsräte beeinträchtigt werden könne[61].

Eine Begrenzung des Anwendungsbereichs der genossenschaftlichen Kooperation trotz günstiger ökonomischer Erfolgsaussichten sieht Pigou auch in den Mindestbedingungen an Einsicht und Initiative, die bei wirtschaftlich sehr Schwachen nicht erfüllt werden könnten[62]. Die in

---

59 *A. C. Pigou*, The Economics of Welfare, S. 323.

60 Ebenda, S. 321.

61 *A. C. Pigou*, The Economics of Welfare, S. 322.

62 Ebenda, S. 326.

Aussicht stehenden ökonomischen Vorteile der Genossenschaftsbegründung könnten aber auch zu gering oder leichter durch alternative Maßnahmen zu erreichen sein, so daß die Errichtung einer Genossenschaft unterbleibe[63].

Die einzelwirtschaftliche Struktur, insbesondere die organisatorische Stellung des Kapitals in der Genossenschaft läßt diese Unternehmensform für Pigou auch dort ungeeignet erscheinen, wo spekulative, mit großem Wagnis verbundene Kapitalinvestitionen erforderlich sind[64]. Wenn Kapital risikoreich eingesetzt werde, erwarteten die Kapitalgeber, daß die Verteilung der Dispositionsrechte und Gewinne mehr oder weniger in Proportion zur Risikotragung vorgenommen werde. Genossenschaften aber würden aufgrund der festen Anteilsverzinsung und ihres Modus der Überschußverteilung, welcher nicht an der Kapital-, sondern der Umsatzbeteiligung orientiert sei, diese Erwartung nicht erfüllen können, so daß ihnen der Bereich risikoreicher Geschäfte verschlossen bleibe.

Die Organisierbarkeit von Käufern zum Zweck der Aufhebung des Marktverhältnisses zwischen Produktion und Konsum sei auch dann besonders schwierig, wenn die Produktion von Gütern aus Wirtschaftlichkeitsgründen zentralisiert, der Konsum aber räumlich weit zerstreut sei und in unregelmäßigen Zeitintervallen stattfinde .

Allgemein gilt für Pigou zudem das Argument, daß die Verbraucher neben ihrer Wählerrolle als Staatsbürger zumeist keinen gesonderten und funktionsfähigen Wählerverband als Konsumenten eines Gutes bilden, um direkte Kontrolle über seine Produktion auszuüben[65].

Den wohlfahrtsökonomisch positiven Wirkungsmöglichkeiten der Genossenschaften, durch die Aufhebung von Marktbeziehungen Anpassungsfehler des Faktorallokationsprozesses zu beseitigen, sind demnach durch die strukturellen Probleme der genossenschaftlichen Selbsthilfe-Organisation Grenzen gesetzt. Die Anwendung weiterer Mittel, insbesondere staatlicher Maßnahmen, ist nach Pigou daher erforderlich[66].

C. Zusammenfassende Charakteristik der Behandlung der Genossenschaften bei Marshall und Pigou

In ihrer Zielsetzung knüpft die Genossenschaftslehre der englischen Neoklassiker weitgehend an das Bestreben der Spätklassiker Mill, Fawcett und Cairnes an, die Eignung der Genossenschaften als gesell-

63 Ebenda, S. 326.
64 Ebenda, S. 327.
65 *A. C. Pigou*, The Economics of Welfare, S. 327.
66 Ebenda, S. 328.

schaftlich-wirtschaftliche Reformeinrichtungen aus der Sicht der utilitaristischen Auffassung der Wirtschafts- und Gesellschaftsentwicklung und mit Hilfe ökonomisch-theoretischer Denkinstrumente wissenschaftlich zu analysieren und sowohl zur einzelwirtschaftlichen Gestaltung als auch zur gesamtwirtschaftlichen Beurteilung der Genossenschaften Maßstäbe zu setzen.

Der spezifisch sozialpolitische, an der Problematik der Arbeiterfrage ansetzende Aspekt, der in der spätklassischen Genossenschaftslehre stark dominiert, verliert bei Marshall und Pigou zwar relativ an Gewicht, behält aber dennoch einen hohen Stellenwert. Während in der englischen Spätklassik die *Notwendigkeit* des produktivgenossenschaftlichen Weges zur Lösung der Arbeiterfrage lohn- und bevölkerungstheoretisch zu begründen versucht wurde, ergibt sich für Marshall die besondere *Wünschbarkeit* dieses Lösungsweges aus seiner sozialpolitischen Idealvorstellung, die Lebensbedingungen der Arbeiterschaft über die Gewährung möglichst großer Anreize und Gelegenheiten zur aktiven Selbstentfaltung auf ein hohes gesellschaftliches und wirtschaftliches Niveau anzuheben.

Neben dem sozialpolitischen Aspekt stehen in der Genossenschaftslehre bei Marshall und Pigou verstärkt produktions-, wettbewerbs-, wohlfahrts- sowie entwicklungstheoretische und -politische Gesichtspunkte im Vordergrund.

In Übereinstimmung mit den englischen Spätklassikern, aber ganz im Gegensatz zu Pareto und Pantaleoni führen Marshall und Pigou die Entstehung der Genossenschaften letztlich nicht allein auf ökonomische Motive zurück, sondern messen metaökonomischen Bestrebungen ebenso hohe Bedeutung zu. Während Pantaleoni außerökonomische, nicht auf die Maximierung des wirtschaftlichen Eigennutzes abzielende Motive des genossenschaftlichen Zusammenschlusses strikt negiert und Pareto außerwirtschaftliche Motive zwar konzediert, aber allein unter dem Aspekt ihrer ökonomischen Wirkungen analysiert, fassen Marshall und Pigou die Genossenschaften im Grundansatz als Gebilde auf, die gleichermaßen sozialen als auch ökonomischen Zielen gewidmet sind. Ausgehend von diesem Grundansatz legen Marshall und Pigou den Schwerpunkt ihrer genossenschaftswissenschaftlichen Arbeit in die Anwendung des theoretischen Instrumentariums der ökonomischen Analyse auf die Fragen der Funktionsweise, der Erfolgsbedingungen, der zweckmäßigen einzelwirtschaftlichen Organisation und der volkswirtschaftlichen Beurteilung der Genossenschaften.

Ähnlich wie Mill die Entstehung, Entwicklung und letztliche Vorherrschaft der genossenschaftlichen Einzelwirtschaften mit einer allgemeinen entwicklungsgesetzlichen Tendenz des menschlichen Verhaltens zu immer mehr freiwilliger Zusammenarbeit verbunden sieht, gründet auch die Auffassung Marshalls zur Entstehung und Entwicklung der Genossenschaften auf einer allgemeinen entwicklungsgesetzlich geprägten Handlungstheorie, dem Konzept der Selbstverwirklichung der Menschen, der „wants in relation to activities". Der permanente Entwicklungsprozeß der auf gesellschaftlich-wirtschaftlichen Fortschritt abzielenden, rationalistisch geleiteten Gestaltungsbedürfnisse der Menschen schlägt sich unter den wirtschaftlich und sozial schwächeren Schichten für Marshall besonders im „Genossenschaftsglauben" („cooperative faith") nieder, d. h. im Selbstvertrauen der Arbeiterschaft auf die Stärke und Wirksamkeit ihrer gemeinsamen Anstrengungen, im Wege vernunftgeleiteter Selbsthilfe mit eigenen Mitteln ihre wirtschaftliche und soziale Lage Schritt für Schritt zu verbessern.

Werden die Entstehungsgründe der Genossenschaften also weitgehend in metaökonomischen Entwicklungstendenzen der Bestrebungen und des Verhaltens der Menschen gesehen, so bedürfen gleichwohl die Fragen der ökonomischen Erfolgsbedingungen, die Fragen der zweckmäßigen einzelwirtschaftlichen Organisation und der volkswirtschaftlichen Beurteilung der Genossenschaften der Anwendung des Instrumentariums der ökonomischen Analyse. Dieser Fragenkreis bildet den Hauptinhalt der Genossenschaftslehre bei Marshall und Pigou.

Das Forschungsobjekt der wirtschaftlichen Kooperation im allgemeinen und des Genossenschaftswesens im besonderen wird bei Marshall nicht lediglich am Rande oder beiläufig, sondern schon vom Grundansatz her in seine ökonomische Lehre integriert, da er nicht allein die Konkurrenz als dominierendes Koordinationsprinzip der freien Wirtschaft postuliert, sondern unter dem übergeordneten Merkmal der ökonomischen Freiheit sowohl Konkurrenz einerseits als auch Kooperation andererseits als grundsätzliche Verhaltensalternativen der Wirtschaftsteilnehmer miteinbezieht.

Auf der Basis dieses allgemeinen Ansatzes und speziell im Vorfeld der später im Anschluß an sein Werk entwickelten Theorie des unvollständigen Wettbewerbs geht Marshall bei der Analyse und Interpretation der wirtschaftlichen Wirklichkeit nicht von den polaren Grenzfällen der reinen Konkurrenz einerseits und des reinen Monopols andererseits aus, sondern wendet sich besonders in „Industry and Trade" der empirischen Untersuchung vielfältiger Kooperations- und Verflechtungsformen der Einzelwirtschaften zu und versucht, ihre volkswirtschaftlichen Auswirkungen unter den Kriterien der Konstruktivität und Destruktivität zu bestimmen.

Diese Kriterien beziehen sich bei Marshall auf einen Komplex sowohl kurz- als auch langfristiger Wirkungen der jeweiligen Kooperationsformen. Es werden also nicht allein die kurzfristigen Effekte auf die Produktionskosten, die Effizienz der Leistungserstellung oder die Konsumentenversorgung zur Beurteilung herangezogen, sondern zumindest ebenso wichtig erscheinen Marshall die langfristig wirksam werdenden Effekte der vielfältigen Kooperationserscheinungen auf die Herausbildung gesellschaftlich und wirtschaftlich relevanter Einstellungen, Gesinnungen und Fähigkeiten der Wirtschaftsteilnehmer. Aus diesem Aspekt erscheinen Formen der Kooperation bei Marshall um so konstruktiver, je mehr sie das Potential individuellen Gestaltungswillens, individueller Befähigungen und materieller Ressourcen der einzelnen nicht durch uniforme Organisation und Unterordnung in der Entfaltung beeinträchtigen, sondern es durch freiwillige Zusammenarbeit ergänzungswirtschaftlich unterstützen, befruchten und zu höherer Wirksamkeit gelangen lassen. Der nach Marshall erwünschte Effekt konstruktiver Kooperation ist die Dynamisierung und Leistungssteigerung der autonom bleibenden Einzelwirtschaften bei der Bewältigung der rasch fortschreitenden wirtschaftlich-technischen Entwicklungsprozesse. Im Gegensatz zur konstruktiven Kooperation stehen nach Marshall destruktive Tendenzen der Zusammenarbeit, die darauf abstellen, durch Abschirmung gegen den Leistungszwang des Wettbewerbs nicht Leistungssteigerungen, sondern Verteilungsvorteile zu erzielen. Konstruktive Kooperation ist in der Vorstellung Marshalls föderalistisch strukturiert, beruht auf freiwilligen Entscheidungen selbständiger Einzelwirtschaften und führt durch die gemeinsame Erfüllung wirtschaftlicher Funktionen auf breiterer und effizienterer Basis zu einzelwirtschaftlichen und gesamtwirtschaftlichen Vorteilen zugleich.

Das Konzept der internen und externen „economies of scale“ ist das theoretische Kernstück der volkswirtschaftlichen Beurteilung der Kooperation bei Marshall. Mit der Anwendung dieses Konzepts auf die Kooperation im allgemeinen und das Genossenschaftswesen im besonderen hat Marshall in Anknüpfung an die im ersten Kapitel dieser Arbeit angeführten ersten Ansätze bei J. St. Mill einen wichtigen Beitrag für die ökonomisch-theoretische Behandlung der Genossenschaften geleistet, der trotz seiner starken Beachtung, Diskussion und Weiterentwicklung innerhalb der allgemeinen volkswirtschaftlichen Produktionstheorie im Bereich der Genossenschaftswissenschaft bis heute nicht für eine systematisch-theoretische Analyse der „economies of scale“ durch Genossenschaftsbildung nutzbar gemacht worden ist.

Ein gleiches Maß der Nichtbeachtung, mangelnden Diskussion und Weiterführung innerhalb der Genossenschaftswissenschaft gilt für die Beiträge zur Behandlung der Genossenschaften bei Pigou. Dieser Autor unternimmt den Versuch, ein Großteil der volkswirtschaftlichen Wirkungen der Genossenschaften, die seit J. St. Mill, Fawcett, Cairnes und Marshall aus unterschiedlichen Aspekten und mit unterschiedlichen theoretischen Instrumenten herausgestellt worden waren, unter dem einheitlichen Aspekt und theoretischen Instrumentarium der Wohlfahrtsanalyse zu behandeln. Dabei beschränkt Pigou die Untersuchung der genossenschaftlichen Wirkungen zwar hauptsächlich auf das Kriterium der ökonomischen Wohlfahrt, sieht aber — im Gegensatz zu den französisch-italienischen Neoklassikern Pareto und Pantaleoni — die nichtökonomischen Wirkungen der Genossenschaften, z. B. auf die „Lebensqualität" als zwar theoretisch schwieriger analysierbar, aber nicht minder wichtig an. Während Pigou die Relevanz *außerökonomischer* Faktoren für die allgemeine Wohlfahrt und die Bedeutung der Genossenschaften in diesem Bereich demgemäß nur andeutet, ohne näher darauf einzugehen, bezieht er die Genossenschaften dagegen ausführlich in die theoretische Analyse der *ökonomischen* Wohlfahrtsfaktoren mit ein. Zum einen werden den Genossenschaften hier auf der Basis des Theorems des Ausgleichs der volkswirtschaftlichen Grenzerträge investitionspolitische Wirkungen zugeordnet. Zum anderen erscheinen die Genossenschaften aus der Sicht des Theorems der Divergenz privat- und volkswirtschaftlicher Grenzerträge partiell geeignet, durch ihre spezifische Unternehmensverfassung einerseits und durch die genossenschaftliche Aufhebung von vertikalen Marktbeziehungen andererseits wohlfahrtsökonomisch positive Effekte zu bewirken. Die wohlfahrtsökonomische Relevanz der Aufhebung der Marktbeziehung durch genossenschaftlich-hilfswirtschaftliche Kooperation sieht Pigou besonders in der Ökonomisierung der betrieblichen Faktorkombination, der Einsparung von Werbekosten, der Einsparung von Aufwendungen für bilateral-monopolistische Marktkämpfe und der Verbesserung der vertikalen Diffusion von Innovationen zwischen den Produktionsstufen.

Nicht allein zur Analyse der möglichen volkswirtschaftlichen Wirkungen, sondern ebenso zur Untersuchung der Bedingungen der einzelwirtschaftlichen Organisierbarkeit, Stabilität und Effizienz der genossenschaftlichen Kooperation hat Pigou damit schon sehr früh Anregungen und Ansatzpunkte beigetragen, die bislang unverdient wenig beachtet geblieben sind.

Schluß

Zusammenfassung und Rückblick aus heutiger genossenschaftswissenschaftlicher Sicht

Ausgehend von dem Eindruck, daß die Genossenschaftswissenschaft schon sehr lange dazu neigt, sich als Spezialdisziplin abzukapseln und nicht ausreichend mit relevanten Beiträgen in der allgemein-wirtschaftswissenschaftlichen, nicht primär genossenschaftswissenschaftlichen Literatur zu kommunizieren, versuchte die vorliegende dogmengeschichtliche Untersuchung dazu beizutragen, bisher nahezu vollkommen ignorierte Ansätze zur Genossenschaftswissenschaft in bedeutenden Werken der allgemeinen Nationalökonomie wieder ans Licht zu heben und zur Diskussion zu stellen.

Mit der Erfüllung dieser Aufgabe sollte nicht nur ein größeres dogmenhistorisches Geschichtsbewußtsein der heutigen Genossenschaftswissenschaft, sondern auch die vermehrte Anwendung allgemeinwirtschaftswissenschaftlicher Ansätze in ihrem Bereich angeregt werden. Aus diesen beiden Grundanliegen der Arbeit heraus — dem rein dogmengeschichtlichen einerseits und dem aktuell genossenschaftswissenschaftlichen andererseits — wurde zum einen aufzuzeigen versucht, daß die Behandlung der Genossenschaften in Hauptwerken der älteren Volkswirtschaftslehre nicht nur beiläufig, gleichsam in Randbemerkungen und ohne tieferen theoretischen Zusammenhang erfolgte. sondern explizit und implizit mit den Grundansätzen und den darauf aufbauenden Teilbereichen der einzelnen Lehrsysteme eng verflochten ist.

Zum anderen wurden aus dem Anliegen heraus, die aktuelle genossenschaftswissenschaftliche Forschung anzusprechen und anzuregen, die historischen Beiträge — soweit die Originaltreue dies zuließ — dergestalt systematisch geordnet und terminologisch so wiedergegeben, daß sowohl aus den inhaltlichen als auch den methodischen Aspekten der heutigen Genossenschaftswissenschaft aufschlußreiche Vergleiche gezogen, Parallelen und Diskrepanzen aufgedeckt, geleistete Doppelarbeiten und chronische Versäumnisse herausgestellt, Kritik- und Anknüpfungspunkte aufgewiesen werden können.

Bevor zum Abschluß der Arbeit einige Aspekte zur Problematik einer rückblickenden Stellungnahme und der Weiterverwendung der historischen Beiträge aus der Sicht der heutigen Genossenschaftswissenschaft anzusprechen sind, soll ein zusammenfassender Überblick über die Hauptergebnisse der dogmengeschichtlichen Untersuchung gegeben werden, der, ohne Einzelaussagen zu wiederholen, nur die Grundrichtungen und Hauptinhalte der behandelten Genossenschaftslehren hervorheben soll.

Alle in der vorliegenden Arbeit untersuchten Beiträge wählen Gestaltungsentwürfe der genossenschaftlichen Ideengeschichte und reale genossenschaftliche Erscheinungsformen zum Betrachtungsgegenstand, um — in jeweils unterschiedlicher Akzentuierung — sowohl beschreibend und erklärend die Entstehung sowie die strukturellen und funktionellen Besonderheiten der Genossenschaften zu ergründen, als auch den möglichen, erwünschten bzw. vorhersehbaren Beitrag der Genossenschaften zur Erreichung volkswirtschaftspolitisch relevanter wirtschaftlich-sozialer Ziele zu bestimmen.

Gemäß der jeweiligen Akzentuierung auf die Aufgabe vorwiegend der Beschreibung und der analytischen Erklärung einerseits bzw. vorwiegend der normativ-beratenden Stellungnahme andererseits können — bei allen Vorbehalten, die bei jeder Kategorisierung individueller wissenschaftlicher Werke zu beachten sind — zwei Grundrichtungen[1] unter den in dieser Arbeit behandelten genossenschaftswissenschaftlichen Ansätzen unterschieden werden.

In der einen Grundrichtung wird die Anwendungsmöglichkeit der Genossenschaften teleologisch gleichsam als Teilkonzeption aufgefaßt, welche, integriert in den Rahmen einer wirtschafts- und gesellschaftspolitischen Gesamtkonzeption, in spezifischen Teilbereichen — primär in denen der Sozialpolitik, der Einzelwirtschaftsordnungspolitik, der Wettbewerbs- und Entwicklungspolitik — auf institutionellem Wege angestrebte wirtschaftlich-soziale Ziele realisieren soll.

Dieser breit angelegten Grundrichtung der Behandlung der Genossenschaften in der Volkswirtschaftslehre als normative Ökonomik ist eine andere gegenüberzustellen, welche die Genossenschaften weniger volkswirtschaftspolitisch auf ihren instrumentalen Beitrag zur Lösung eines Bündels wirtschaftlich-sozialer Probleme untersucht, sondern sie mehr aus rein ökonomisch abstrahierender Sicht auf der Basis eines theoretisch-analytischen Ordnungsmodells erklären und interpretieren will.

Die erstgenannte Grundrichtung der wissenschaftlichen Behandlung der Genossenschaften im Rahmen normativer Ökonomik trifft be-

[1] Die folgende Einteilung stützt sich weitgehend auf die Terminologie bei *H. Giersch*, S. 141 ff. sowie *H. G. Schachtschabel*, Wirtschaftspolitische Konzeptionen, S. 33 ff.

sonders deutlich bei den Spätklassikern Mill, Fawcett und Cairnes, aber auch bei den Neoklassikern Walras und Marshall zu. Das aufschlußreichste Beispiel bieten die Beiträge der englischen Spätklassiker. Dort werden die Genossenschaften daraufhin untersucht, beurteilt und zur praktischen Ausgestaltung beraten, wie sie in geeigneten Teilbereichen einen größtmöglichen Beitrag zu einer Wirtschafts- und Gesellschaftsgestaltung erbringen können, die dem utilitaristischen, individualistischen und evolutionistischen Normensystem des Leitbildes der Spätklassiker entspricht.

Die Genossenschaften werden hier also nicht nur am Rande, sondern vielmehr von zentralen Punkten her einbezogen. Aus der Verknüpfung des Normensystems der Spätklassik mit ihren analytischen Sätzen der Ordnungs-, Wettbewerbs-, Produktions-, Lohn- und Bevölkerungstheorie werden die Genossenschaften als systemkonforme ökonomisch-soziale Einrichtungen in diese Lehre integriert.

Auch der französische Neoklassiker Walras entwickelt seine Genossenschaftslehre im Rahmen und als Teil seiner in Grundzügen entworfenen liberalen wirtschafts- und gesellschaftspolitischen Gesamtkonzeption und versucht aus dieser übergreifenden ordnungspolitischen Sicht die volkswirtschaftliche Einordnung sowie die einzelwirtschaftlichen Strukturen und Aufgaben der Genossenschaften zu bestimmen.

Das allgemeine programmatische Anliegen im volkswirtschaftlichen Werk von Alfred Marshall, an die Lehre der englischen Spätklassiker anzuknüpfen und sie fortzuentwickeln, schlägt sich auch in seinen Genossenschaftsauffassungen nieder. Sie bestehen ähnlich wie bei den Spätklassikern aus dem Leitbild und der Erwartung einer im utilitaristischen Sinne günstigen wirtschaftlich-sozialen Zukunftsentwicklung einerseits und aus dem Versuch andererseits, die Kooperation und das Genossenschaftswesen mit Hilfe der wirtschaftswissenschaftlichen Analyse als adäquate Erscheinungen der erwünschten und vorausgesehenen Entwicklung zu interpretieren sowie ihre optimale Gestaltung und Wirkung zu bestimmen.

Während die Genossenschaften bei den englischen Spätklassikern sowie bei Marshall demnach im allgemeinen Rahmen eines sehr weit gesteckten Wissenschaftsprogramms behandelt werden, eines Wissenschaftsprogramms, welches im utilitaristischen Sinne zumindest der Zielsetzung nach möglichst viele — materielle wie immaterielle, quantitative wie qualitative — Faktoren der Wohlfahrt zu beachten sucht, gehen die italienischen Neoklassiker, insbesondere Pareto, Pantaleoni und Barone, aber auch der englische Neoklassiker Pigou gemäß der oben genannten zweiten Grundrichtung von einer viel engeren, aber analytisch exakteren Basis aus.

Obwohl auch Pigou den Genossenschaften metaökonomische Motive und Wirkungen zugesteht, liegt sein spezifischer genossenschaftswissenschaftlicher Beitrag gleich wie bei Pareto, Pantaleoni und Barone in der Behandlung der genossenschaftlichen Struktur und Funktionen im Rahmen rein ökonomischer Modelltheorie.

Während Pareto und Pantaleoni die Existenz- und Wirkungsmöglichkeiten der Genossenschaften in der Realität in betonter Antithese zum kooperativistischen Ordnungsmodell von Gide auf der Basis des Ordnungsmodells der freien Konkurrenz und der darin implizierten Produktions-, Kosten- und Preistheorie in idealtypischen Grundzusammenhängen erklären und bestimmen wollen, versucht Pigou die wohlfahrtstheoretische und -politische Relevanz der genossenschaftlichen Kooperation aus seinem wohlfahrtstheoretischen Modell der optimalen Faktorallokation abzuleiten.

Wie die Ergebnisse der vorliegenden Untersuchung zeigen, hat die Behandlung der Genossenschaften in der allgemeinen Volkswirtschaftslehre eine unverdient wenig beachtete, aber alte und vielfältige Tradition.

Sind die behandelten Beiträge der älteren Autoren nun in die Erinnerung zurückgerufen und deutlich gemacht, so ist aus der Sicht der heutigen Forschung abschließend die Fragestellung anzuknüpfen, wie der Wert einer dogmengeschichtlichen Rückschau optimal für den aktuellen Fortschritt der Genossenschaftswissenschaft genutzt werden kann.

Eine Grundvoraussetzung zur fruchtbaren Auseinandersetzung der heutigen genossenschaftswissenschaftlichen Forschung mit den aufgezeigten historischen Ansätzen dürfte die Einsicht sein, daß die älteren Beiträge aus dem wissenschaftlichen Entwicklungsstand ihrer Zeit heraus zu verstehen sind und daher zu einem Teil an Problemstellungen ansetzen und Erkenntnismethoden verwenden, die mit den Fortschritten seit jener Zeit in den entsprechenden Bereichen der wirtschaftlich-sozialen Wirklichkeit bzw. der Wirtschaftswissenschaft überholt, zumindest aber in ihrer Relevanz in Frage gestellt worden sind.

Die dargestellten genossenschaftswissenschaftlichen Ansätze können also nicht als fertige, heute noch unverändert zu verwendende wissenschaftliche Resultate aufgefaßt werden, sondern sollen zunächst vielmehr als Anschauungsmaterial für die Vielfalt und die Qualität bereits unternommener Ansätze zur wirtschaftswissenschaftlichen Behandlung der Genossenschaften dienen. Als solches können die älteren Lehren durch die Vermittlung anregender, orientierender und korrigierender Einsichten der heutigen Genossenschaftswissenschaft bei der

Wahl ihrer einzuschlagenden und zu vermeidenden Wege von unschätzbarem Nutzen sein[2].

Der orientierende und anregende Wert einer dogmengeschichtlichen Rückbesinnung für die Richtung und Intensität des trial-and-error-Prozesses[3] bei der Weiterentwicklung der Problemstellungen und Methoden einer wissenschaftlichen Disziplin ist innerhalb der neueren Genossenschaftswissenschaft nur unzureichend genutzt worden. Nur wenig scheint hier die von Schumpeter[4] aufgestellte Regel zu gelten, daß in jeder Disziplin die herrschenden Probleme und Methoden die Errungenschaften einer Arbeit verkörpern und die Narben einer Arbeit tragen, die in der Vergangenheit unter ganz anderen Bedingungen geleistet wurde.

Die Vielfalt von möglichen Fragestellungen und Methoden und deren Problematik in der heutigen Genossenschaftswissenschaft kann aber viel besser übersehen und beurteilt werden, wenn man mit den voraufgegangenen Problemstellungen und Methoden vertraut ist, deren Ergebnisse man kennt und beurteilen kann.

So kann z. B. die dogmengeschichtliche Analyse der Voraussage Mills zur allgemeinen Durchsetzung der Produktivgenossenschaften ein interessantes Lehrstück für die These von der Unhaltbarkeit von Entwicklungsgesetzen[5] im Bereich der Wirtschafts- und Sozial-, insbesondere im Bereich der Genossenschaftswissenschaft bieten. Denn Mill stützt seine produktivgenossenschaftliche Entwicklungsvoraussage weitgehend auf den psychologischen Faktor der vermeintlichen, mit dem Fortschritt der Zivilisation stets wachsenden Tendenz der Menschen zur freiwilligen Zusammenarbeit[6]. Das Genossenschaftswesen wird bei Mill also nicht nur als Mittel zur Erzielung sozialer und ökonomischer Vorteile analysiert, sondern seine Entwicklung und allgemeine Durchsetzung wird darüber hinaus als gleichsam zwangsläufig vorausgesagt, nämlich als Konkretisierung der mit dem intelektuellen und moralischen Fortschritt der Menschen stets wachsenden Neigung zur

---

[2] Zur spezifischen Relevanz der dogmengeschichtlichen Analyse speziell in der Wirtschaftswissenschaft vgl. ausführlich: *J. Schumpeter,* Geschichte der ökonomischen Analyse, 1. Bd., S. 32 ff.

[3] Zur Interpretation des wissenschaftlichen Erkenntnisfortschritts als trial-and-error-Prozeß vgl. *K. R. Popper,* Was ist Dialektik?, in: *E. Topitsch* (Hrsg.), Logik der Sozialwissenschaften, Köln—Berlin 1965, S. 262 ff.

[4] Vgl. *J. Schumpeter,* Geschichte der ökonomischen Analyse, 1. Bd., S. 33.

[5] Vgl. *K. R. Popper,* Die offene Gesellschaft und ihre Feinde, 2 Bde., 2. Bd., Bern 1958, S. 116 ff.; derselbe, Prognose und Prophetie in den Sozialwissenschaften, in: *E. Topitsch* (Hrsg.), Logik der Sozialwissenschaften, S. 113 ff.

[6] Zur psychologischen Begründung der entwicklungsgesetzlichen Anschauungen bei J. St. Mill vgl. ausführlich: *K. R. Popper,* Die offene Gesellschaft und ihre Feinde, 2. Bd., S. 115 ff. sowie *J. M. Robson,* The Improvement of Mankind — The Social and Political Thought of J. St. Mill, S. 168.

Kooperation. Aus der Sicht der heutigen Erkenntniskritik Poppers betrachtet, müßte diese psychologisch begründete Voraussage Mills nicht als Prognose, sondern als Prophetie gewertet werden, da Entwicklungsgesetze wohl für Systeme — etwa aus dem Bereich der Naturwissenschaften — möglich sind, die als isoliert, stationär und zyklisch beschrieben werden können, nicht aber für den Fortschritt der menschlichen Gesellschaft[7].

Die genossenschaftliche Konzeption und Zukunftsvision Mills ist mit den zeitgenössischen Institutionen und Traditionen der damaligen wirtschaftlich-sozialen Wirklichkeit und Wissenschaft eng verbunden und kann — mit Popper gesprochen — die Veränderungen dieser ihrer Ausgangsbedingungen nicht mit unverändertem Geltungsanspruch überstehen[8]. So resultieren die produktivgenossenschaftlichen Auffassungen Mills in ihrer Begründung und in ihrem Nachdruck aus der zeitgenössischen, von der Lohnfonds- und Bevölkerungstheorie gestützten Überzeugung, daß die Schwierigkeiten schier unüberwindlich seien, die Arbeiterfrage bei Aufrechterhaltung der Trennung von kapitalbesitzenden Arbeitgebern und lohnabhängigen Arbeitnehmern zu lösen. Da die Voraussage Mills doch weitgehend auf der Lohnfonds- und Bevölkerungstheorie beruht, auf einer Unterschätzung der Entwicklung der Gewerkschaften und der staatlichen Sozialpolitik sowie auf einem zeitgebundenen Vorstellungsbild von der Größe und Komplexität der Unternehmungen, mußten die Revision der genannten Theorien im Bereich der Wissenschaft sowie der Aufstieg der Gewerkschaften, die Entwicklung der staatlichen Sozial-, insbesondere Arbeitsmarktpolitik sowie die unvorhergesehene Größen- und Komplexitätsentwicklung der Unternehmungen im Bereich der Praxis die anfängliche Dringlichkeit und Überzeugungskraft der produktivgenossenschaftlichen Aussagen Mills entscheidend abschwächen.

Als ein weiteres Objekt aufschlußreicher Methodenkritik könnte z. B. die Genossenschaftsanalyse Pantaleonis dienen, der als Resultat der Anwendung der Annahmen und Ergebnisse der neoklassischen Modelltheorie auf die Genossenschaften das apodiktisch zur Wirklichkeitsgeltung — zur „organischen und notwendigen Tatsache"[9] — erhebt, was aus der Sicht der heutigen methodologischen Kriterien des empirischen Gehalts und der Falsifizierbarkeit[10] zunächst lediglich als

---

[7] *K. R. Popper,* Prognose und Prophetie in den Sozialwissenschaften, S. 117 f.

[8] Nach *K. R. Popper* (Die offene Gesellschaft und ihre Feinde, 2. Bd., S. 118) sind die Forderungen oder Vorschläge einer Gesellschaft „mit ihren Institutionen und Traditionen eng verbunden, und sie können die Zerstörung der Institutionen und Traditionen einer Gesellschaft nicht überleben".

[9] Vgl. oben 2. Kapitel, Abschnitt B. II. 2. b.

[10] Vgl. dazu *K. R. Popper,* Logik der Forschung, 2. Aufl., Tübingen 1966; *H. Albert,* Modell-Platonismus — Der neoklassische Stil des ökonomischen

logische Richtigkeit des Ableitungszusammenhangs bezeichnet werden müßte.

Auch Marshalls im Konzept der „wants in relation to activities" implizierte und auf seine Genossenschaftsauffassungen ausstrahlende entwicklungsgesetzliche Denken[11] könnte anhand der These Poppers zur Unhaltbarkeit von Entwicklungsgesetzen analysiert und in Frage gestellt werden, während für Pigou gleich wie für Pantaleoni die Frage des realwissenschaftlichen Gehalts und der empirischen Überprüfbarkeit der wohlfahrtsökonomisch-modelltheoretischen Ergebnisse diskutiert werden könnte.

Die Diskussion der älteren Beiträge anhand von Kriterien der neueren Methodologie soll also lehrreiche Aufschlüsse liefern, darf jedoch nicht zur Selektion und einem achtlosen Beiseiteschieben der älteren Beiträge führen. Ein geschichtsblinder methodologischer Purismus würde steril wirken, wenn er z. B. auch heute noch plausible Hypothesen aufgrund von Bedenken über die Art ihres Zustandekommens ignorierte. Für den Bereich der allgemeinen Nationalökonomie beklagt Albert zwar den geringen empirischen Gehalt der reinen Theorie, hält diese aber für die einzige bisher einigermaßen entwickelte Theorieform im Bereich des ökonomischen Denkens und sieht in der Reformulierung, Relativierung, Prüfung und Revision der im Bereich der reinen Theorie vorhandenen Ansätze einen aussichtsreichen Weg zur Weiterentwicklung in Richtung auf eine empirisch gehaltvolle Nationalökonomie[12].

Um im gleichen Sinne eine Auswertung der relevanten Beiträge der älteren Volkswirtschaftslehre für die heutige Genossenschaftswissenschaft anzustreben, erscheint es wenig aussichtsreich, dort — gleichsam vom Standpunkt eines *methodologischen* Modell-Platonismus aus — nach Ansätzen gemäß der heutigen Wissenschaftstheorie wertfreier, anhand von Logik und Erfahrung falsifizierbarer Hypothesen zu suchen. Es dürfte dagegen weit fruchtbarer sein, an die älteren Ansätze mit einem weniger eingeschränkten und einem offeneren Theorieverständnis heranzutreten. Eine solche Auffassung[13] sieht z. B. in der national-

---

Denkens in kritischer Beleuchtung, in: *E. Topitsch* (Hrsg.), Logik der Sozialwissenschaften, S. 406 ff.; *G. Fleischmann,* Nationalökonomie und sozialwissenschaftliche Integration, Tübingen 1966, S. 3 ff.

11 Zur Kritik von Marshalls Lehre der unilinearen sozialen Evolution und ihrer psychologischen Fundierung vgl. *T. Parsons,* Economics and Sociology: Marshall in Relation to the Thought of his Time.

12 Vgl. *H. Albert,* Der moderne Methodenstreit und die Grenzen des Methodenpluralismus, in: *R. Jochimsen, H. Knobel* (Hrsg.), Gegenstand und Methoden der Nationalökonomie, Köln 1971, S. 267.

13 Vgl. dazu *J. Schumpeter,* Gustav v. Schmoller und die Probleme von heute, S. 123; *E. Schneider,* Einführung in die Wirtschaftstheorie, IV. Teil, Ausgewählte Kapitel der Geschichte der Wirtschaftstheorie, S. 1 ff.

ökonomischen Theorie nicht schon die Erklärung der konkreten Wirklichkeit, sondern zunächst nur das Instrumentarium zur selbst noch nicht gelieferten Wirklichkeitserkenntnis. Diese Form der ökonomischen Theorie ist für Marshall „not a body of concrete truth, but an engine for the discovery of concrete truth“[14]. Robinson spricht im gleichen Sinne von der „box of tools“[15] der wirtschaftswissenschaftlichen Analyse. Tritt man z. B. mit diesem instrumentalistischen Verständnis von Theorie an die ältere Literatur heran, so fördert man nach Schumpeter zwar nicht so sehr unmittelbar verwendbare Resultate zutage, aber Erkenntnisse über das Rüstzeug, mit welchem Wirtschaftswissenschaftler ihr Erkenntnisobjekt geformt haben und an dessen Probleme herangetreten sind[16]. Es werden eine Vielzahl von Fragestellungen, Auffassungsweisen und Instrumente zu Problemlösungen deutlich, sowohl in der Form rein analytischer, als auch normativer Wissenschaft.

Wenn nun die heutige Genossenschaftswissenschaft im Zuge einer verstärkten Kommunikation mit der allgemeinen Wirtschaftswissenschaft nach fruchtbaren Fragestellungen, Denkwerkzeugen und Methoden zur Weiterentwicklung der wissenschaftlichen Genossenschaftsanalyse und -politik sucht, dürfte die Kenntnis und Diskussion der bereits vorliegenden relevanten Ansätze aus der älteren Nationalökonomie eine anregende und lehrreiche Erfahrung sein. Ein interessantes Beispiel stellt die normative Genossenschaftslehre der englischen Spätklassiker dar, die auf die Lösbarkeit vom zeitgenössischen spätklassischen Normensystem geprüft und in ihrem sonstigen konzeptionellen Gehalt auf Anwendbarkeit in der heutigen Entwicklungspolitik untersucht werden könnte. Es ergeben sich Anzeichen, daß die Entwicklung in Ländern der „Dritten Welt“ sich unter ganz anderen Voraussetzungen zu vollziehen hat, als sie in Westeuropa gegeben waren[17], somit könnte dort die Anwendung in Westeuropa nicht bewährter wirtschaftsorganisatorischer Versuche durchaus sinnvoll werden. Die Renaissance des produktivgenossenschaftlichen Gedankens in der Entwicklungspolitik[18] basiert auf der Vorstellung, die technische,

---

[14] Vgl. oben Teil A. des 3. Kapitels.

[15] *J. Robinson*, The Economics of Imperfect Competition, 2. Aufl., London 1969, S. 1.

[16] *J. Schumpeter*, Gustav v. Schmoller und die Probleme von heute, S. 123.

[17] Zur Unübertragbarkeit speziell von umfassenden Systemen der staatlichen Sozialpolitik aus den entwickelten Ländern auf die Entwicklungsländer aus Gründen der kulturellen und sozialen Unterschiede sowie der ökonomischen Leistungsfähigkeit vgl. *W. Schreiber*, Art. Sozialpolitik, in: *H. Besters, E. Boesch* (Hrsg.), Entwicklungspolitik, Handbuch und Lexikon, Berlin—Mainz 1966, Sp. 618 sowie *R. Clapham*, Probleme der sozialpolitischen Orientierung in Entwicklungsländern — Beobachtungen und Vorschläge, in: Wirtschaftspolitische Chronik des Instituts für Wirtschaftspolitik an der Universität zu Köln, Heft 2, Köln 1970, S. 57 ff.

soziale und wirtschaftliche Dimension des Entwicklungsprozesses institutionell zu verbinden[19] und in Anknüpfung an überlieferte Sozialstrukturen Lebens-, Erwerbs- und Sicherungsgemeinschaften zu errichten, die traditionale Strukturen und Werte mit entwicklungsbezogenen verbinden. Gegenüber dieser heutigen Programmatik dürfte der in der spätklassischen Volkswirtschaftslehre von Cairnes vor nunmehr 100 Jahren hervorgehobene Modellfall der „Co-operation in the Slate Quarries of North Wales" durchaus aktuell geblieben sein.

Die älteren normativen Ansätze der Behandlung der Genossenschaften in der Volkswirtschaftslehre sind jedoch nicht allein aus dem Aspekt der heutigen wissenschaftlichen Genossenschaftspolitik, sondern ebenso unter dem Aspekt der ökonomisch-theoretischen Genossenschaftsanalyse beachtlich. Denn auch in normativen Lehren der älteren politischen Ökonomie sind Grundsätze und Rezepte nach Schumpeter oft nur der Mantel über einer großen analytischen Leistung[20].

Eine hervorragende Bestätigung dieser These bildet Marshalls normatives Konzept der konstruktiven und destruktiven Kooperation. Dieses Konzept impliziert sowohl theoretisch-analytische als auch im Vorfeld der Analyse stehende empirische Betrachtungen über die Wirkungen der Kooperation auf interne und externe „economies of scale", auf den Vollkommenheitsgrad des Wettbewerbes sowie auf die industrielle Entwicklung, insbesondere auf Prozesse der Information und Innovation. Daß Marshalls Ansätze in der Genossenschaftswissenschaft bis heute nicht systematisch diskutiert und weiterentwickelt worden sind, demonstriert den Nachholbedarf bei der Aufarbeitung anwendbaren wirtschaftswissenschaftlichen Instrumentariums im Bereich der ökonomisch-theoretischen Genossenschaftsanalyse.

Auch für weiterführende Schritte der Genossenschaftswissenschaft über die rein ökonomisch-entscheidungslogische Analyse hinaus in Richtung auf die Formulierung empirisch-theoretischer, an der Wirklichkeit überprüfbarer Hypothesen dürften bisher entwickelte Denkinstrumente fruchtbar zu verwenden sein[21]. Denn auch die empirisch-theo-

---

18 Zur Rolle der Genossenschaften, insbesondere der Produktivgenossenschaften in der Entwicklungspolitik, vgl. G. *Weisser*, Einzelwirtschaftspolitik in Entwicklungsländern, in: Archiv für öffentliche und freigemeinwirtschaftliche Unternehmen, Bd. 5, Göttingen 1961, S. 195 ff.; *A. G. Ghaussy*, Das Genossenschaftswesen in den Entwicklungsländern, Freiburg 1964; *P. Trappe*, Die Entwicklungsfunktion des Genossenschaftswesens am Beispiel ostafrikanischer Stämme, Neuwied 1966.

19 Vgl. *R. Behrend*, Gesellschaftliche Aspekte der Entwicklungsförderung, in: *B. Frisch* (Hrsg.), Entwicklungsländer, Köln—Berlin 1968, S. 115.

20 Vgl. *J. Schumpeter*, Geschichte der ökonomischen Analyse, 1. Bd., S. 73.

21 Zu möglichen Verfahrensweisen der Integration entscheidungslogischer Ansätze in erfahrungswissenschaftliche Theorien vgl. *G. Fleischmann*, Nationalökonomie und sozialwissenschaftliche Integration, S. 74 ff.

retische Genossenschaftswissenschaft[22] bedarf — mit Max Weber[23] gesprochen — zum Zweck der kausalen Zurechnung empirischer Vorgänge rationaler Gedankenkonstruktionen, welche auf die Frage antworten, wie bei absolut rationaler, empirischer und logischer „Richtigkeit" und „Widerspruchslosigkeit" ein Sachverhalt aussehen würde. Die „engines for the discovery of concrete truth", die „box of tools" der rein ökonomischen Theorie können also als eine Sammlung heuristischer Hilfsmittel zur Formulierung empirisch-theoretischer Hypothesen nutzbar gemacht werden, wenn erkannt wird, daß ohne theoretische Gesichtspunkte nicht einmal relevante Beobachtungen zu machen sind[24].

Anhand welcher Problemstellungen und mit welchen Methoden die vorhandenen Auffassungsweisen und Denkwerkzeuge in der Vergangenheit entwickelt worden sind, ob sie in normativer oder wertneutraler Formulierung auftreten, in entwicklungsgesetzlichem Zusammenhang, durch generalisierende Abstraktion, durch Wesensschau oder Intuition entstanden sind, spielt für ihre Anwendung als heuristische Hilfsmittel zur Entwicklung empirisch-theoretischer Ansätze kaum eine Rolle[25]. Richtungsweisend für eine unvoreingenommene Hinwendung der heutigen Genossenschaftswissenschaft zu relevanten Ansätzen der allgemeinen Wirtschaftswissenschaft könnte das Wort Machlups sein: „Wie ein neues Werkzeug gemacht werden kann, ist wichtig für den Werkzeugmacher, nicht aber für jene, die es verwenden. Und wie die bereits vorhandenen Werkzeuge gemacht wurden oder woher sie kamen, ist ganz unwesentlich, sofern sie nur brauchbar sind[26]."

---

22 Zur Programmatik der empirisch-theoretischen Genossenschaftsforschung vgl. *W. W. Engelhardt*, Unternehmensgestalter und Unternehmensmorphologe, dem verstorbenen Präsidenten der Deutschen Genossenschaftskasse, Prof. Dr. Dr. h.c. Georg Draheim, zum Gedächtnis, noch nicht veröffentlichtes Manuskript.

23 Vgl. *M. Weber*, Der Sinn der „Wertfreiheit" der soziologischen und ökonomischen Wissenschaften, in: *M. Weber*, Methodologische Schriften, Frankfurt/M. 1968, S. 272.

24 Vgl. dazu *H. Albert*, Der moderne Methodenstreit und die Grenzen des Methodenpluralismus, S. 258.

25 Vgl. ebenda, S. 258 f.

26 *F. Machlup*, Idealtypus, Wirklichkeit und Konstruktion, in: *R. Jochimsen*, *H. Knobel* (Hrsg.), Gegenstand und Methoden der Nationalökonomie, S. 250.

Literaturverzeichnis

Albert, H.: Modell- Platonismus — Der neoklassische Stil des ökonomischen Denkens in kritischer Beleuchtung, in: E. Topitsch (Hrsg.), Logik der Sozialwissenschaften, Köln—Berlin 1965, S. 406 ff.

— Der moderne Methodenstreit und die Grenzen des Methodenpluralismus, in: R. Jochimsen, H. Knobel (Hrsg.), Gegenstand und Methoden der Nationalökonomie, Köln 1971

Bain, A.: John Stuart Mill, in: H. C. Recktenwald (Hrsg.), Lebensbilder großer Nationalökonomen — Einführung in die Geschichte der Politischen Ökonomie, Köln—Berlin 1965, S. 258 ff.

Barone, E.: Il ministro della produzione nello stato collettivista, Giornale degli Economisti, Rom 1908

— Grundzüge der theoretischen Nationalökonomie, übersetzt v. H. Staehle, Bonn 1927

Beck, O.: Die Genossenschaft als Objekt der wirtschaftswissenschaftlichen Theorie, Diss. Münster 1960

Beckerath, E. v. und *Kloten*, N.: Art. Pareto, in: Staatslexikon, 6. Aufl., 6. Bd., Freiburg 1961, Sp. 168 ff.

Beckerath, E. v.: Art. Pantaleoni, Maffeo, in: Handwörterbuch der Sozialwissenschaften, 8. Bd., Göttingen 1964, S. 182 f.

Benecke, W.: Kooperation und Wachstum in Entwicklungsländern, Tübingen 1972

Behrend, R.: Gesellschaftliche Aspekte der Entwicklungsförderung, in: B. Fritsch (Hrsg.), Entwicklungsländer, Köln—Berlin 1968, S. 95 ff.

Blaug, M.: Economic Theory in Retrospect, Homewood, Ill. 1968

Boettcher, E.: Genossenschaften — Demokratie und Wettbewerb, in: Zeitschrift für das gesamte Genossenschaftswesen, Bd. 22, Göttingen 1972, S. 107 ff.

— Kommunistische Genossenschaftspolitik, in: K. Alewell (Hrsg.), Betriebswirtschaftliche Strukturfragen, Wiesbaden 1967

Bohnen, A.: Die utilitaristische Ethik als Grundlage der modernen Wohlfahrtsökonomik, Diss. Köln 1962

Boson, M.: Léon Walras, fondateur de la politique économique scientifique, Rennes 1950

— La pensée sociale et coopérative de Léon Walras, Paris 1963

O'Brien, G.: J. S. Mill and J. E. Cairnes, in: Economica, Bd. X, Cambridge 1943, S. 273 ff.

Braeuer, W.: Handbuch zur Geschichte der Volkswirtschaftslehre, Frankfurt 1952

Cairnes, J. E.: Some Leading Principles of Political Economy — Newly Expounded, London 1874

Cairnes, J. E.: Co-operation in the Slate Quarries of North Wales, in: derselbe, Essays in Political Economy, London 1873, Neudruck New York 1965, S. 166 ff.

Clapham, R.: Probleme der sozialpolitischen Orientierung in Entwicklungsländern — Beobachtungen und Vorschläge, in: Wirtschaftspolitische Chronik des Instituts für Wirtschaftspolitik an der Universität zu Köln, Heft 2, Köln 1970, S. 57 ff.

Cole, G. D. H.: Ein Jahrhundert englische Genossenschaftsbewegung, Hamburg 1950

Dal Pane, L.: Die Genossenschaftsbewegung und die italienische Wirtschaftswissenschaft, in: Annalen der Gemeinwirtschaft, 36. Bd., Lüttich 1967, S. 145 ff.

Devadhar, Y. C.: Alfred Marshall über das Genossenschaftswesen, in: Annalen der Gemeinwirtschaft, 41. Bd., Lüttich 1972, Heft 1, S. 19 ff.

Downs, A.: Ökonomische Theorie der Demokratie, Tübingen 1968

Draheim, G.: Die Genossenschaft als Unternehmungstyp, Göttingen 1952

— Zur Ökonomisierung der Genossenschaften, Göttingen 1967

Edgeworth, F. Y.: Reminiscences, in: A. C. Pigou (Hrsg.), Memorials of Alfred Marshall, London 1925, S. 66 ff.

Eisermann, G.: Wirtschaft und Gesellschaft, Stuttgart 1964

Emelianoff, I. V.: Economic Theory of Cooperation, Washington 1948

Engelhardt, W. W.: Art. Produktivgenossenschaften, in: Handwörterbuch der Sozialwissenschaften, 8. Bd., Göttingen 1964, S. 610 ff.

— Robert Owen und die sozialen Reformbestrebungen seit Beginn der Industrialisierung, Bonn 1972

— Robert Owen als früher freiheitlicher Sozialist, in: H. Flohr, K. Lompe, L. Neumann (Hrsg.), Freiheitlicher Sozialismus, Festschrift zum 75. Geburtstag von G. Weisser, Bonn—Bad Godesberg 1973, S. 3 ff.

— Unternehmensgestalter und Unternehmensmorphologe, dem verstorbenen Präsidenten der Deutschen Genossenschaftskasse, Prof. Dr. Dr. h. c. Georg Draheim, zum Gedächtnis, noch nicht veröffentlichtes Manuskript.

Eschenburg, R.: Ökonomische Theorie der genossenschaftlichen Zusammenarbeit, Tübingen 1971

— Konflikt- oder Harmonietheorie der Genossenschaften — Bemerkungen zur gleichnamigen Kritik von Manfred Neumann, in: Zeitschrift für das gesamte Genossenschaftswesen, Bd. 23, Göttingen 1973, S. 101 ff.

Eucken, W.: Grundsätze der Wirtschaftspolitik, 3. Aufl., Tübingen—Zürich 1960

Fawcett, H.: Manual of Political Economy, 8. Aufl., London 1907.

Fay, C. R.: Co-operation at Home and Abroad, 3. Aufl., London 1925

Fleischmann, G.: Nationalökonomie und sozialwissenschaftliche Integration, Tübingen 1966

Gans, J.: Karl Marx et la Coopération, in: Revue d'Etudes Coopératives, Bd. 47, Paris 1968, S. 97 ff.

Gerhard, H. W.: Art. Pareto, Vilfredo, in: Handwörterbuch der Sozialwissenschaften, 8. Bd., Göttingen 1964, S. 204 ff.

Ghaussy, A. G.: Das Genossenschaftswesen in den Entwicklungsländern, Freiburg 1964

Gide, Ch. und *Rist,* Ch.: Geschichte der volkswirtschaftlichen Lehrmeinungen, 3. Aufl., Jena 1923

Gide, Ch.: Has Cooperation introduced a new Principle into Economics?, in: Economic Journal, 8. Bd., London 1898, S. 490 ff.

— La Coopération, Paris 1922

— Das Genossenschaftsprogramm, in: V. Totomianz, Anthologie des Genossenschaftswesens, Berlin 1923

— Le Programme Coopératiste et l'Economie politique libérale, Paris 1923/24

Giersch, H.: Allgemeine Wirtschaftspolitik, 1. Bd., Wiesbaden 1960

Gobbi, U.: Trattato di economia, 2 Bde., 2. Aufl., Mailand 1924

Guillebaud, C. W.: Art. Marshall, Alfred, in: Handwörterbuch der Sozialwissenschaften, 7. Bd., Göttingen 1961, S. 182 ff.

Gutenberg, E.: Grundlagen der Betriebswirtschaftslehre, 1. Bd., Die Produktion, 16. Aufl., Berlin, Heidelberg, New York 1969

Hall, F. und *Watkins,* W. P.: Co-operation, A Survey of the History, Principles, and Organization of the Co-operative Movement in Great Britain and Ireland, Manchester 1948

Hansmeyer, K. H.: Lehr- und Methodengeschichte, in: W. Ehrlicher, J. Esenwein-Rothe, H. Jürgensen, K. Rose (Hrsg.), Kompendium der Volkswirtschaftslehre, 3. Aufl., 1. Bd., Göttingen 1972, S. 466 ff.

Harris, A. L.: Economics and Social Reform, New York 1958

Jevons, W. St.: Die Theorie der politischen Ökonomie, London 1879, übersetzt v. O. Weinberger, Jena 1924

Keller, P.: Dogmengeschichte des wohlfahrtspolitischen Interventionismus, Diss Zürich, Winterthur 1955

Keynes, J. M.: Alfred Marshall, 1842 - 1924, in: A. C. Pigou (Hrsg.), Memorials of Alfred Marshall, London 1925, S. 1 ff.

Kruse, A.: Geschichte der volkswirtschaftlichen Theorien, 4. Aufl., Berlin 1959

Kulemann, W.: Die Genossenschaftsbewegung, Berlin 1922

Lambert, P.: La Doctrine Coopérative, 2. Aufl., Paris 1959

Lampert, H.: John Stuart Mill im Lichte seiner Entwicklungstheorie, in: Jahrbücher für Nationalökonomie und Statistik, Bd. 175, Stuttgart 1963, S. 301 ff.

— Preistheoretische und wettbewerbspolitische Probleme mehrstufiger Produktion und mehrstufigen Absatzes, in: Schmollers Jahrbuch für Gesetzgebung, Verwaltung und Volkswirtschaft, 86. Jg., Berlin 1966, S. 1 ff.

— Art. Sozialpolitik, in: Evangelisches Staatslexikon, hrsg. v. H. Kunst und S. Grundmann in Verbindung mit W. Schneemelcher und R. Herzog, Stuttgart und Berlin 1966, Sp. 2077 ff.

— Zur Zielfunktion von Genossenschaften in der wachsenden Wirtschaft, in: Zeitschrift für das gesamte Genossenschaftswesen, Bd. 22, Göttingen 1972, S. 341 ff.

— Die Wirtschafts- und Sozialordnung der Bundesrepublik Deutschland, 4. völlig überarbeitete Aufl., München—Wien 1973

Lampert, W.: Die Wirtschaftsordnung — Begriffe, Funktionen und typologische Merkmale, in: WiSt, Wirtschaftswissenschaftliches Studium, Heft 8/9, München—Frankfurt 1973, S. 393 ff.

Lassalle, F.: Offenes Antwortschreiben, in: E. Bernstein (Hrsg.), Ferdinand Lassalle, Gesammelte Reden und Schriften, 12 Bde., 3. Bd., Berlin 1919

Ludwig, M.: Die Sozialethik des John Stuart Mill, Zürich 1963

Machlup, F.: Idealtypus, Wirklichkeit und Konstruktion, in: R. Jochimsen, H. Knobel (Hrsg.), Gegenstand und Methoden der Nationalökonomie, Köln 1971, S. 226 ff.

Malthus, Th. R.: Eine Abhandlung über das Bevölkerungsgesetz, 6. Aufl., London 1826, übersetzt von V. Dorn, 2 Bde., Jena 1905

Marshall, A.: The Future of the Working Classes (1873), in: A. C. Pigou (Hrsg.), Memorials of Alfred Marshall, London 1925, S. 101 ff.

— The Present Position of Economics (1885), in: A. C. Pigou (Hrsg.), Memorials of Alfred Marshall, London 1925, S. 152 ff.

— Co-operation, Presidential address to the Cooperative Congress (1889), in: A. C. Pigou (Hrsg.), Memorials of Alfred Marshall, London 1925, S. 227 ff.

— Some Aspects of Competition (1890), in: A. C. Pigou (Hrsg.), Memorials of Alfred Marshall, London 1925, S. 256 ff.

— Economics of Industry, 3. Aufl., London 1899, Neudruck London 1949

— Industry and Trade, London 1923

— Principles of Economics, 1. Bd.: Text und 2. Bd.: Anmerkungen, hrsg. nach der 8. Aufl., London 1920, von C. W. Guillebaud, London 1961

Mill, J. St.: On Liberty, London 1859, Neudruck New York 1947

— Thornton on Labour and its Claims, in: Fortnightly Review, London Mai 1869

— Grundsätze der politischen Ökonomie mit einigen ihrer Anwendungen auf die Sozialphilosophie, 7. Aufl., London 1871, übersetzt von H. Gehrig, 2 Bde., Jena 1924

— Utilitarianism, New York—Bombay 1897

— Letters, hrsg. v. H. S. R. Elliot, 2 Bde., London 1910

— Autobiography, New York 1924

— Closing Speech on the Co-operative System, o. Jg., abgedruckt unter dem Titel: Further reply to the debate on Population, in: Archiv für Sozialwissenschaft und Sozialpolitik, 62. Bd., Tübingen 1929, S. 225 - 239 und S. 466 - 467

Mladenatz, G.: Histoire des Doctrines Coopératives, Paris 1933

Myrdal, G.: Das politische Element in der nationalökonomischen Doktrinbildung, Neuauflage Hannover 1963

Neumann, M.: Konflikt- oder Harmonietheorie der Genossenschaften?, in: Zeitschrift für das gesamte Genossenschaftswesen, Bd. 23, Göttingen 1973, S. 46 ff.

Noll, W.: Art. Pigou, Arthur Cecil, in: Handwörterbuch der Sozialwissenschaften, 8. Bd., Göttingen 1964, S. 304 ff.

Ohm, H.: Stand und neuere Entwicklung der Genossenschaftstheorie in den USA, in: Zeitschrift für das gesamte Genossenschaftswesen, Bd. 5, Göttingen 1955, S. 102 ff.

— Die Genossenschaft und ihre Preispolitik, Karlsruhe 1955

Olson, M.: Die Logik des kollektiven Handelns, Tübingen 1968

Oppenheimer, F.: Die Siedlungsgenossenschaft, 3. Aufl., Jena 1922

Ott, A. E.: Grundzüge der Preistheorie, Göttingen 1968

Oulès, F.: L'Ecole de Lausanne, Paris 1950

Packe, J.: The Life of J. St. Mill, New York 1954

Pantaleoni, M.: Principii di Economia Pura, Florenz 1889, Neudruck Mailand 1931

— An Attempt to analyse the Concepts of „Strong and Weak" in their Economic Connection, in: Economic Journal, Bd. VIII, London 1898, S. 183 ff.

— Esame critico dei principii teorici della cooperazione, in: Giornale degli Economisti, Rom 1898, S. 202 - 220, S. 308 - 323, S. 404 - 421

Pareto, V.: Cours d'économie politique, 2 Bde., Lausanne 1896/97

— Lettre a Maffeo Pantaleoni 1890 - 1923, 2 Bde., besorgt von G. de Rosa, Rom 1960

— Les systèmes socialistes, 2 Bde., 2. Aufl., Paris 1926

— Lettre d'Italie: Les sociétés coopératives, in: G. Busino (Hrsg.), Oeuvres complètes de V. Pareto, 4. Bd., Libre-Echangisme, Protectionnisme et Socialisme, Genf 1965, S. 126 ff.

— Solidarité sociale, in: G. Busino (Hrsg.), Oeuvres complètes de V. Pareto, 4. Bd., Libre-Echangisme, Protectionnisme et Socialisme, Genf 1965, S. 266 ff.

Parsons, T.: Wants and Activities in Marshall, in: Quarterly Journal of Economics, Bd. 46, Cambridge, Mass. 1932, S. 101 ff.

— Economics and Sociology: Marshall in Relation to the Thought of His Time, in: Quarterly Journal of Economics, Bd. 46, Cambridge, Mass. 1932, S. 316 ff.

Phillips, R.: Economic Nature of the Cooperative Association, Diss. Ames, Iowa 1952

Pigou, A. C.: In Memoriam: Alfred Marshall, in: A. C. Pigou (Hrsg.), Memorials of Alfred Marshall, London 1925, S. 81 ff.

— Volkswirtschaftlicher und privatwirtschaftlicher Reinertrag und die Lehre von der Maximalbefriedigung, in: H. Mayer (Hrsg.), Die Wirtschaftstheorie der Gegenwart, 3. Bd., Einkommensbildung, Wien 1928, S. 45 ff.

— The Economics of Welfare, 4. Aufl., 1932, Neudruck London 1952

— Income Tax and Co-operative Societies, in: A. C. Pigou, Essays in Applied Economics, London 1923

— Some Aspects of Welfare Economics, in: P. C. Newman, A. D. Gayer, M. H. Spencer (Hrsg.), Source Readings in Economic Thought, New York 1954, S. 675 ff.

Pirou, G.: Histoire des doctrines économiques en France depuis 1870, Paris 1925

Popper, K. R.: Die offene Gesellschaft und ihre Feinde, 2 Bde., Bern 1957/58

— Das Elend des Historizismus, Tübingen 1965

— Prognose und Prophetie in den Sozialwissenschaften, in: E. Topitsch (Hrsg.), Logik der Sozialwissenschaften, Köln—Berlin 1965, S. 113 ff.

Popper, K. R.: Was ist Dialektik?, in: E. Topitsch (Hrsg.), Logik der Sozialwissenschaften, Köln—Berlin 1965, S. 262 ff.

— Logik der Forschung, 2. Aufl., Tübingen 1966

Robbins, L.: The Theory of Economic Policy in English Classical Political Economy, London 1952

Robinson, J.: The Economics of Imperfect Competition, 2. Aufl., London 1969

Robson, J. M.: The Improvement of Mankind, The Social and Political Thought of John Stuart Mill, London 1968

Rothschild, K. W.: Lohntheorie, Berlin—Frankfurt 1963

Sassen, J. L.: Die Entwicklung der Genossenschaftstheorie im Zeitalter des Kapitalismus, München 1914

Schachtschabel, H. G.: Wirtschaftspolitische Konzeptionen, Berlin—Köln—Mainz 1967

— Geschichte der volkswirtschaftlichen Lehrmeinungen, Stuttgart 1971

Schneider, E.: Einführung in die Wirtschaftstheorie, IV. Teil, Ausgewählte Kapitel der Geschichte der Wirtschaftstheorie, Tübingen 1962

Schreiber, W.: Art. Sozialpolitik, in: H. Besters, E. Boesch (Hrsg.), Entwicklungspolitik, Handbuch und Lexikon, Berlin—Mainz 1966, Sp. 614 ff.

Schumpeter, J.: Alfred Marshall 1842 - 1924, in: J. Schumpeter, Dogmenhistorische und biographische Aufsätze, Tübingen 1954, S. 285 ff.

— Geschichte der ökonomischen Analyse, 2 Bde., Göttingen 1965

— Gustav v. Schmoller und die Probleme von heute, in: R. Jochimsen, H. Knobel (Hrsg.), Gegenstand und Methoden der Nationalökonomie, Köln 1971, S. 118 ff.

Seraphim, H. J.: Theorie der allgemeinen Volkswirtschaftspolitik, 2. verb. u. erw. Aufl., Göttingen 1963

Smith, A.: An Inquiry into the Nature and Causes of the Wealth of Nations, hrsg. v. E. Cannan, London 1904

Stavenhagen, G.: Geschichte der Volkswirtschaftstheorie, 3. Aufl., Göttingen 1964

Stigler, G. J.: Production and Distribution Theories, New York 1948

— The Nature and Role of Originality in Scientific Progress, in: Economica, Bd. XXII, London 1955, S. 293 ff.

Thiemeyer, Th.: Gemeinwirtschaftlichkeit als Ordnungsprinzip, Berlin 1970

Trappe, P.: Die Entwicklungsfunktion des Genossenschaftswesens am Beispiel ostafrikanischer Stämme, Neuwied 1966

Viner, J.: Marshalls Economics in Relation to the Man and to His Times, in: American Economic Review, Bd. 31, Evanston, Ill. 1941, S. 223 ff.

Walras, L.: Les Associations populaires de consommation, de production et de crédit, Paris 1865, Neudruck Rom 1969

— Etudes d'économie sociale, Lausanne—Paris 1896

— Etudes d'économie politique appliquée, Lausanne—Paris 1898

Webb, B.: Die britische Genossenschaftsbewegung, Leipzig 1893

Webb, S. und *Webb*, B.: Theorie und Praxis der englischen Gewerkvereine, übersetzt von C. Hugo, 2 Bde., Stuttgart 1898

Weber, M.: Der Sinn der „Wertfreiheit" der soziologischen und ökonomischen Wissenschaften, in: M. Weber, Methodologische Schriften, Frankfurt/M. 1968, S. 229 ff.

Weisser, G.: Einzelwirtschaftspolitik in Entwicklungsländern, in: Archiv für öffentliche und freigemeinwirtschaftliche Unternehmen, Bd. 5, Göttingen 1961, S. 195 ff.

— Genossenschaften, Hannover 1968

Wiese, L. v.: Art. Mill, John Stuart, in: Handwörterbuch der Sozialwissenschaften, 7. Bd., Göttingen 1961, S. 343 ff.

— Art. Wettbewerb, in: Handwörterbuch der Sozialwissenschaften, 12. Bd., Göttingen 1965, S. 25 ff.

Woll, A.: Der Wettbewerb im Einzelhandel — Zur Dynamik der modernen Betriebsformen, Berlin 1964

Wygodzinski, W.: Das Genossenschaftswesen in Deutschland, Leipzig 1911

FSC
www.fsc.org
MIX
Papier | Fördert
gute Waldnutzung
FSC® C083411

Kolibri 360 GmbH
Ferdinand-Jühlke-Straße 7
99095 Erfurt, Deutschland
produktsicherheit@kolibri360.de

Druck:
CPI Druckdienstleistungen GmbH
im Auftrag der
Kolibri 360 GmbH
Ferdinand-Jühlke-Str. 7
99095 Erfurt